MIKOS TARSIS

DEMOCRAZIA SOCIALISTA
E TERZOMONDIALE

Il problema dell'economia di mercato libera
è che richiede tante guardie per farla funzionare.

Neal Ascherson

Nato a Milano nel 1954, laureatosi a Bologna in Filosofia nel 1977,
già docente di storia e filosofia, Mikos Tarsis (alias di Enrico Galavotti)
si è interessato per tutta la vita a due principali argomenti:
Umanesimo Laico e Socialismo Democratico, che ha trattato in homolaicus.com e che ora sta trattando in quartaricerca.it e in socialismo.info.
Ha già pubblicato *Pescatori di favole. Le mistificazioni nel vangelo di Marco*, ed. Limina Mentis; *Contro Luca. Moralismo e opportunismo nel terzo vangelo*, ed. Amazon.it; *Protagonisti dell'esegesi laica*, ed. Amazon.it; *Metodologia dell'esegesi laica*, ed. Amazon.it; *Amo Giovanni*, ed. Bibliotheka.
Per contattarlo info@homolaicus.com o info@quartaricerca.it o info@socialismo.info
I suoi testi sono su Lulu.com e su Amazon

Introduzione

Che cosa s'intende per "socialismo democratico"?

Per "socialismo democratico" s'intendono molte cose ma sostanzialmente due:
1. la proprietà comune dei mezzi produttivi,
2. l'autoconsumo di quanto prodotto.

La democrazia politica è una conseguenza di quella socio-economica.

Qui devono essere chiarite due cose.
1. Quando si parla di abolire la proprietà privata dei principali mezzi produttivi (quelli che danno sostentamento a un'intera comunità) non s'intende abolire la proprietà privata dei mezzi "personali", né trasferire allo Stato o a un qualunque altro organo che si ponga al di sopra della comunità locale, la proprietà dei mezzi produttivi.
2. Quando si parla di "autoconsumo" s'intende escludere ogni dipendenza da mercati esterni alla comunità produttiva. La comunità può vendere sul mercato il surplus che ottiene dalla propria produzione, e può ovviamente acquistare quanto non riesce a produrre. Ma il *valore d'uso* deve prevalere sul valore di scambio e il *baratto* dovrebbe sostituire l'uso della moneta.

Una comunità basata sulla proprietà comune dei mezzi produttivi e sull'autoconsumo, ovviamente è caratterizzata dall'*autogestione*.

Cooperazione e Autogestione sono i princìpi fondanti la democrazia politica, che è per forza di cose "diretta" e che, quando è "delegata", cioè "indiretta", lo è solo temporaneamente, o comunque un qualunque rappresentante della comunità, come è stato eletto, così deve poter essere rimosso, se la sua volontà non è conforme al mandato ricevuto.

Una democrazia *diretta*, *autogestita*, impedisce gli abusi di potere, o comunque obbliga a far ricadere il peso di decisioni sbagliate sull'intera comunità, che così si assume la responsabilità delle proprie azioni.

Una comunità autogestita è nel contempo una comunità socio-economica, politica e militare. Si tratta infatti di gestire una porzione limitata di territorio, e di difenderla da eventuali aggressori esterni.

Qualunque trasmissione del sapere deve essere funzionale alle esigenze di riproduzione e di sviluppo della stessa comunità.

Indicativamente e progressivamente vanno superate tutte le forme di divisione del lavoro (manuale e intellettuale) e della conoscenza (astratta-concreta, scientifica-umanistica).

È ovvio che in una comunità del genere la prevalenza va data all'ambiente rurale, rispetto a quello urbano. La città può essere usata per manifestazioni commerciali o fieristiche, ma va esclusa categoricamente qualunque dipendenza organica, strutturale, della campagna nei confronti della città.

p.s. Queste pagine di diario sono state scritte, prevalentemente, negli anni Ottanta e Novanta, ma non mancano cose più recenti.

La metà di niente è il doppio di niente

Riflessioni sul passaggio dall'Ottantanove al Diciassette

Quando si tratta di valutare l'esperienza dell'Ottantanove alla luce del Diciassette la miglior tesi che, dal punto di vista della sinistra progressista, si sente sostenere è la seguente: la rivoluzione francese ha proclamato libertà e uguaglianza, ma la libertà è stata contraddetta da un'uguaglianza mai raggiunta; l'Ottobre ha puntato tutto sull'uguaglianza, eliminando la libertà personale; ergo: occorre trovare una sintesi tra est e ovest.

Detto in maniera così approssimata, il ragionamento incontra meno eccezioni di quante ne incontrerebbe se si scendesse nei particolari; ma, poiché spesso succede che l'ambiguità di certe definizioni fa pensare una cosa mentre in realtà ne produce un'altra, siamo convinti che una breve puntualizzazione gioverà alla causa della trasparenza.

Correlata infatti alla tesi suddetta è la seguente argomentazione ideopolitica: la *Dichiarazione dei diritti* dell'Ottantanove, pur affermando il valore universale della democrazia, non contemplava i *diritti economici*, che invece abbiamo acquisito in virtù dell'Ottobre, il quale però è fallito perché non ha accettato sino in fondo quella *Dichiarazione*: cosa che invece ha saputo fare il socialismo occidentale e che impedirà a quest'ultimo di fare la stessa fine. La riprova della verità di questa tesi sta proprio nello smantellamento del socialismo di stato.

Dunque, mentre la storia *politica* del concetto di *libertà* ha raggiunto con l'Ottantanove - stando a detta sinistra - uno dei suoi punti più alti, nonostante gli insuccessi sul piano della giustizia sociale; la storia *economica* del concetto di *uguaglianza* ha invece trovato nell'Ottobre una realizzazione molto parziale e riduttiva, alla quale però i paesi ex-comunisti sapranno porre rimedio se accetteranno l'idea di attribuire alla libertà un ruolo di primo piano.

Cos'è che non quadra in questo ragionamento? Fondamentalmente la convinzione che l'Ottobre non abbia saputo affermare, anche in sede *politica* e proprio in virtù del rilievo dato alle questioni *economiche*, un concetto di democrazia superiore a quello dell'Ottantanove, ovvero - perché qui bisogna sempre distinguere il leninismo dallo stalinismo - che le degenerazioni cui è andato incontro il socialismo est-europeo siano state un'inevitabile conseguenza della mancanza di democrazia borghese.

Ora, non si vuol certo qui aprire un'indagine storica che ci porterebbe molto lontano dall'economia del nostro discorso, però sarebbe interessante se gli storici verificassero la fondatezza di una tesi opposta a quella appena detta, e cioè: le peggiori contraddizioni del cosiddetto "socialismo reale" si sono avute proprio là dove ha più pesato l'influenza della democrazia borghese, ovvero i risultati ottenuti da un Ottobre "senza libertà" sono stati comunque superiori a quelli dell'Ottantanove "privo di uguaglianza".

Peraltro la *Dichiarazione* dell'Ottantanove neppure accennava alla *democrazia economica*. Questa lacuna verrà colmata, in parte, solo dalla *Costituzione* del 1793, sotto la spinta delle masse popolari, per quanto non si riuscirà mai a modificare qualitativamente la definizione di *proprietà*, il vero zoccolo duro di tutta la rivoluzione francese.

Il più democratico dei deputati giacobini, Robespierre, sebbene favorevole all'uso collettivo della proprietà, rimase sempre sordo alle rivendicazioni dei contadini poveri e non riuscì mai ad accettare una vera e propria riforma agraria.

Sotto questo aspetto, obiettivamente, il massimo che si potrebbe sostenere è che la rivoluzione francese, ovvero la democrazia borghese, è stata progressiva solo rispetto all'assolutismo feudale e al suo concetto di rendita, ma da allora, proprio perché non ha mai voluto risolvere il problema dell'uguaglianza economica, questa democrazia rappresenta la quintessenza del conservatorismo, cui, di tanto in tanto, la classe operaia, i ceti marginali, il popolo lavoratore cerca di opporre una qualche resistenza (la Comune di Parigi, ad es., la prima esperienza socialista rivoluzionaria dell'Europa occidentale, è stata un'esperienza più significativa della rivoluzione francese, benché di breve durata e geograficamente circoscritta).[1]

---

[1] Le masse, nelle civiltà antiche, erano viste molto negativamente dai poteri costituiti. Il lavoro era solo per gli schiavi o per chi, pur essendo libero, non aveva sufficienti proprietà. Tutte le civiltà, a partire da quelle egizie, assiro-babilonesi, passando per quelle mediterranee, sono un concentrato di disprezzo assoluto per le masse, in nome dell'affermazione della proprietà privata o imperiale, della forza, della guerra ecc. Le masse vengono usate per assicurare ricchezze e dominio ai potenti della Terra, in netta contrapposizione a quanto era avvenuto per migliaia di anni nella cosiddetta "preistoria". Le masse vengono alla ribalta, in maniera propositiva, con i fenomeni ereticali di mille anni fa, che sono sfociati nel grande fenomeno di massa che è stata la riforma protestante. Dopo di allora si ritrovano le masse nel corso delle rivoluzioni francese e americana (parzialmente in quella inglese, che fu piuttosto il frutto di un compromesso tra borghesia e nobiltà). Le masse sono di nuove presenti nella Comune di Parigi, nelle rivoluzioni borghesi che portarono alle unificazioni nazionali (poi tradite quando

Ma torniamo a noi. La domanda che, a questo punto, vien spontaneo porsi è la seguente: *esiste vera libertà senza uguaglianza?* La storia dell'Ottantanove ha semplicemente dimostrato che la libertà appartiene a chi può vantare un certo potere economico.

Da sempre la democrazia borghese sostiene, anche contro l'evidenza dello sfruttamento coloniale e neocoloniale, che, nonostante il fallimento dell'idea di uguaglianza, il valore della libertà rimane integro, universalmente valido. Da noi in fondo non costa nulla sostenere che "la democrazia è un valore universale". Si ha forse coscienza in occidente che la libertà di pochi europei o americani viene pagata con la schiavitù di molti africani, asiatici, sudamericani...? il benessere di pochi milioni con la miseria di interi continenti?

Ci siamo indignati dei gulag sovietici: ma tutto il Terzo mondo non è forse un gigantesco "gulag" gestito dall'occidente? La "democrazia" parlamentare che abbiamo la pretesa di esportare in tutto il mondo, non è forse la maschera della "dittatura" del capitale?

Se gli storici liberali (ma anche quelli di sinistra) fossero riusciti a vedere la ricchezza smisurata dell'occidente e la profonda miseria del Terzo mondo in uno stretto rapporto di causa ed effetto, forse, quando parlavano della situazione del sistema socialista mondiale, avrebbero capito meglio che in questo sistema l'idea di uguaglianza ha cercato di affermarsi *da sola*, senza l'ausilio di apporti esterni (per quanto sia vero che lo stalinismo ha sfruttato risorse interne in maniera vergognosa; ma che cosa ha fatto, tanto per fare un esempio, il centro-nord dell'Italia nei confronti del proprio sud?).

Il compito di dimostrare come si può vivere la libertà e insieme la giustizia sociale senza colonialismi e imperialismi è così difficile da realizzare in occidente - abituati come siamo a campare sulle spalle degli altri - che sarà quasi impossibile realizzarlo senza immani tragedie e devastazioni. Già Lenin l'aveva detto: se all'est, a causa dell'arretratezza, è

---

la borghesia andrà al potere), nella Repubblica di Weimar, nel Biennio Rosso in Italia e soprattutto nella rivoluzione bolscevica, poi in quella cinese e nelle altre esperienze social-comuniste, in cui alla borghesia subentra l'operaio e il contadino. Le masse, strumentalizzate dalla borghesia, sono attive, pur contro i loro stessi interessi, anche nel nazi-fascismo, e ovviamente nel suo contrario: la resistenza partigiana. Fuori dell'Europa sono molto presenti nei processi di decolonizzazione, inaugurati con certa forza a partire dal dopoguerra (p.es. le grandi masse guidate da Gandhi). Infine in quel fenomeno chiamato contestazione operaio-studentesca che è andato dal '68 al '77 all'incirca. Questo per quanto riguarda il passato. Nel presente occorre andarle a cercare nell'esigenza di abbattere il socialismo autoritario, quindi nella caduta del muro di Berlino, nel processo di autonomia dei paesi del blocco sovietico ecc.

duro portare avanti il socialismo; all'ovest, a causa dell'enorme potere della borghesia, è addirittura arduo cominciarlo.

Si badi, nessuno vuol mettere in discussione il valore in sé della democrazia. Fino a qualche tempo fa si diceva che "non c'è democrazia senza socialismo". Oggi, dopo il fallimento del cosiddetto "socialismo da caserma", si dice il contrario, al punto che i nostri ex-comunisti italiani sono riusciti a ottenere da parte della prestigiosa rivista "Kommunist" le scuse per aver trattato troppo male la segreteria berlingueriana all'inizio degli anni '80 del Novecento, in occasione della crisi polacca (cfr. l'art. di Naumov su "Rinascita", n. 3/1989).

In realtà entrambi i princìpi restano veri: democrazia e socialismo non possono sussistere separatamente. Ma se questo è assodato, non basta più affermare che "la democrazia è un valore universale"; bisogna aggiungere che anche "il socialismo è un valore universale", che da tempo si sta cercando di mettere in pratica e che fino ad oggi ha coinvolto almeno 1/3 dell'umanità.

In effetti, che oggi in Russia si affermi soprattutto il principio secondo cui "non c'è socialismo senza democrazia", lo si può capire in considerazione del fatto che "certo" socialismo è finalmente in via di superamento.

Ma che questo lo si dica da noi, senza aggiungere anche il contrario, significa solo una cosa: fare un favore alla società borghese, la quale ha tutto l'interesse a mascherare il carattere universale della propria dittatura economica col valore universale della propria democrazia politica, come d'altra parte ha interesse a far credere che il socialismo est-europeo si stia "occidentalizzando".

Insomma, si ha l'impressione che la sinistra europea voglia salvaguardare di più le libertà borghesi che non l'esigenza di una democrazia socialista, o comunque voglia sostenere che è più facile alla democrazia occidentale diventare socialista che non al socialismo orientale diventare democratico.

Qui naturalmente non si pretendono, da parte della sinistra europea (quella americana quasi non esiste), affermazioni astratte del tipo: l'uguaglianza socialista, nonostante i suoi grandi limiti storici, resta ancora in questo momento il massimo dell'uguaglianza possibile; oppure: l'Ottobre è stato il compimento e il superamento dell'Ottantanove, ecc. Affermazioni che hanno sempre bisogno di una cento mille verifiche pratiche.

Si vorrebbe però evitare di vedere certi militanti di sinistra sostenere che l'uguaglianza socialista, senza democrazia borghese, è uguale al totalitarismo. Anche perché affermazioni del genere rischiano di portare ad altre, tutt'altro che favorevoli ai lavoratori, come ad es. questa: una democrazia borghese, corretta con elementi di socialismo (i cosiddetti "diritti economici"), rende superflua la rivoluzione.

La storia ha dimostrato che non si può porre in modo adeguato il problema della *libertà* se prima non si affronta quello dell'*uguaglianza*, e il problema dell'uguaglianza non può essere affrontato seriamente se non si parte anzitutto da quello della *proprietà*.

Non a caso proprio sul tema della proprietà le ambiguità della sinistra europea sono le più forti. Anzi, ora che il cosiddetto "socialismo reale" ha dimostrato quanto sia utopica l'equivalenza automatica di "proprietà statale" e "proprietà sociale" o di "proprietà collettiva" e "benessere sociale", sembra che la suddetta sinistra voglia approfittare di questa crisi storica del socialismo per ribadire a viva voce le proprie opinioni sul concetto di "prassi rivoluzionaria", che è il principale mezzo per abolire la proprietà privata dei mezzi produttivi.

Si lascia trasparire un certo fastidio per le rivoluzioni in genere, per il concetto stesso di "rivoluzione", che ormai è stato relegato a una delle forme di politica romantica o, peggio, equiparato alla mera demagogia giacobina.

Ciò che più spaventa la sinistra europea è l'eccessivo dislivello che si verifica in ogni rivoluzione tra gli ideali di giustizia e libertà e la prassi concreta del governo rivoluzionario. Al massimo si concede che l'Ottantanove fu giusto e inevitabile la violenza che si usò, poiché i diritti mancavano e sul piano storico-politico dominava l'assolutismo.

Oggi però è diverso. Oggi - si sostiene - la storia non ha più bisogno della violenza, in quanto appunto si è appreso che la democrazia è un *valore universale*, che esiste il pluralismo, cioè l'esigenza di rispettare la diversità. Questo significa che la rivoluzione si può anche fare senza violenza (vedi p.es. quella relativa all'emancipazione femminile). Questa rivoluzione si chiama "riformismo forte", e questo riformismo è decisamente superiore sia al marxismo che al liberismo, sia all'Ottantanove che al Diciassette.

È senza dubbio vero che l'uso della violenza in un mondo che conosce la democrazia si giustifica sempre meno, ma può una sinistra europea trasformare questa aspirazione etico-politica in una certezza metafisica? Il capitalismo, con le sue leggi economiche, è un milione di volte più violento del più violento dittatore politico e nei confronti di questa violenza, spesso mascherata e apparentemente "legale", il proletariato deve essere pronto a tutto. Chi può dire, a priori, che il capitalismo non userà mai il massimo della violenza per impedire la transizione al socialismo?

E come si può essere sicuri che non la userà contro coloro che in questo momento si dichiarano per la "non violenza"?

Certo, con la non-violenza Gandhi ha reso l'India politicamente indipendente, ma forse l'ha fatta anche uscire dal capitalismo? È vero, con la non-violenza le donne occidentali hanno acquisito molti diritti, ma quanti rischiano di perderne se non collegano la loro emancipazione di genere al più generale processo di emancipazione dal capitale?

In fondo i classici del marxismo hanno parlato così poco contro la violenza non perché la ritenevano giusta e necessaria: la violenza è sempre un fatto mostruoso, ma semplicemente perché un discorso astratto pro o contro la violenza non ha senso. La violenza va verificata caso per caso, di volta in volta.

Sul piano dei principi il proletariato può anche dichiarare d'essere assolutamente contrario alla violenza, ma questo non potrà impedirgli di usare la *legittima difesa* dei propri interessi, né di praticare la *lotta di classe*.

L'importante è non legare le mani di un partito o di una classe ad affermazioni di principio che potrebbero creare di fatto situazioni regressive, anche perché una cosa è il socialismo democratico, un'altra la semplice razionalizzazione del capitale, frutto dell'illusione di poter realizzare il socialismo senza lotta di classe, con gli strumenti della democrazia borghese.

D'altra parte la sinistra europea non fa mistero dei mezzi che intende usare per portare l'Europa al socialismo. Essi sono il controllo sull'informazione e sulla produzione economica (nel senso che va salvaguardato l'intervento dello Stato nell'economia, ma anche nel senso di una possibile cogestione dell'impresa, i cui dipendenti acquistano quote di società, partecipano agli utili ecc.). Ma si parla anche di formazione degli Stati Uniti d'Europa, per cercare di arginare lo strapotere statunitense e le velleità autonomistiche delle maggiori nazioni del vecchio continente, soprattutto le pretese monopolistiche delle loro industrie più forti.

Il rischio è quello di recitare la parte di una comparsa, proprio mentre si crede d'essere dei registi. Dopo il generale pentimento d'aver desiderato un socialismo rivoluzionario, oggi si plaude alle libertà borghesi, fino a ieri giudicate formali e ipocrite. Proprio queste libertà vengono ritenute la metà del nuovo tutto che si vuole realizzare. Ma la matematica non è un'opinione: la metà di niente è il doppio di niente.

Democrazia tra capitalismo e socialismo

Nelle democrazie borghesi la concezione dello Stato è analoga a quella che della divinità si aveva nel periodo feudale. Lo Stato borghese è una sorta di divinità laicizzata. Esso appare come un'entità astratta che, proprio perché astratta, si deve presumere sia oggettiva, indipendente dalla volontà dei singoli uomini o classi sociali che gli appartengono.

Lo Stato borghese si pone come Stato etico che regolamenta la vita sociale in maniera più o meno diretta. Anche quando taluni gruppi borghesi rivendicano più libertà di mercato, meno controlli statali, di fatto essi non mettono mai in discussione il potere regolamentativo e normativo dello Stato, perché appunto sanno che lo Stato è uno strumento per controllare le masse.

Lo Stato borghese vuole porsi in maniera *etica*, cioè equidistante dagli interessi egoistici dei gruppi sociali. È uno Stato "super partes", l'incarnazione politica della giustizia. Viene attribuito questo senso *etico* allo Stato perché esso è separato dalla società civile, che per la borghesia è il luogo del conflitto sociale, mentre lo Stato è quello della *mediazione*.

L'eticità dello Stato borghese è il frutto di un'astrazione, cioè di una separazione politica resa giuridicamente e, prima ancora, filosoficamente astratta. Lo Stato è filosoficamente un'entità metafisica, giuridicamente al di sopra di ogni interesse o esigenza che gli uomini possono manifestare. È "umano" proprio in quanto "non umano". L'umano infatti è contraddittorio di natura; lo Stato invece, quando è contraddittorio, lo è solo per un difetto contingente. Lo Stato supplisce alle deficienze strutturali della natura umana. Hegel direbbe che lo Stato si pone come una "necessità esterna", tant'è che "la ragion di Stato" è superiore a ogni altra ragione, e una qualunque azione condotta secondo questa ragione viene considerata sempre legittima. In ogni caso quando lo Stato sbaglia, è in grado di correggersi da solo. Non è lo Stato che ha bisogno della società, ma il contrario.

Lo Stato è così superiore al giudizio che gli uomini possono farsi di lui, ch'esso ha addirittura la pretesa di porsi come "scopo immanente" o "finale" della stessa società civile, che in sé - viene detto - non ha che determinazioni conflittuali o egoistiche.

Che cos'è in realtà lo Stato? Lo Stato è la risposta che una classe sociale, la borghesia, ha dato alla domanda di giustizia che le poneva il suo opposto, il proletariato; è una risposta astratta a una domanda concreta; è una risposta illusoria a un'esigenza reale.

Lo Stato è il tentativo di dimostrare che le soluzioni alle contraddizioni sociali causate dalla proprietà privata, possono essere ricercate in un terreno non *sociale* ma *politico*, e qui, non nell'ambito della democrazia *diretta* ma solo in quella *delegata*.

Continuerebbe ad esistere la borghesia se non avesse lo Stato? Certo, ma il suo potere sarebbe infinitamente minore e soprattutto sarebbe minore il potere ch'essa ha di mistificare le cose, in quanto sarebbe visibile a tutti che la radice del conflitto sociale sta nella proprietà privata.

Lo Stato infatti è una realtà che usa le risorse delle masse popolari per rivolgerle contro queste stesse masse. È per questa ragione che chiunque non metta in discussione il presunto ruolo equidistante dello Stato, non può mai sviluppare una coscienza rivoluzionaria.

Il punto di partenza per un'opposizione di principio alla società borghese è infatti la constatazione che lo Stato è uno strumento della *borghesia* e non uno strumento del *popolo*, e non può neppure diventarlo. Infatti lo Stato non è uno strumento che il proletariato può usare contro la borghesia. Se il proletariato fa questo, trasforma il socialismo in un'esperienza burocratica, cioè il socialismo diventa un socialismo amministrato di Stato, dove la classe dirigente è composta di intellettuali e funzionari di partito, schiavi di un'ideologia precostituita, e dove la violenza ch'essi usano non è meno forte di quella che nel sistema capitalistico usano i capitalisti e i loro rappresentanti istituzionali.

Lo Stato va progressivamente smantellato. Il socialismo deve porre le basi, sociali e politiche, per una progressiva esautorazione dei poteri dello Stato. Se gli intellettuali pensano che per combattere la borghesia, occorre rafforzare la struttura dello Stato, essi hanno già tradito la causa del socialismo. Infatti, socialismo vuole anzitutto dire "democrazia diretta", che è esattamente l'opposto della democrazia delegata. Lo Stato borghese tollera un'unica forma di democrazia, quella delegata, indiretta, rappresentativa, parlamentare...: in una parola la democrazia istituzionale, non *sociale*.

Espressioni come "democrazia sostanziale" o "diretta" o "autogestita" o "partecipata"; termini come "autogoverno" o "governo locale" suonano come eresie e vengono tollerate fintantoché restano nei limiti della "legalità".

Ora, per quale motivo il proletariato ha rinunciato a lottare per la democrazia diretta? Il tradimento del proletariato è stato soprattutto il tradimento dei suoi leader, che si sono venduti per il classico "piatto di lenticchie".

Dal canto suo, la borghesia è stata capace di offrire questo piatto perché essa ha saputo svolgere a livello internazionale un massiccio sfruttamento delle risorse umane e materiali (si pensi solo al sottoproletariato delle colonie terzomondiali). Senza questo supersfruttamento non ci sarebbe stato l'imborghesimento del proletariato occidentale.

Oggi tuttavia le cose stanno cambiando. Alcuni paesi del Terzo mondo si stanno progressivamente capitalizzando, pur all'interno di incredibili contraddizioni. L'occidente mostra il suo assoluto primato solo nella tecnologia, il cui impiego prevalente è a livello militare: senza il contributo fisico e intellettuale del proletariato occidentale, la borghesia non potrebbe dominare il mondo. E oggi lo può dominare al punto che molte industrie preferiscono esportare le loro tecnologie proprio in quei paesi dove il costo del lavoro è minore rispetto a quello dei paesi occidentali.

Gli ex-paesi del socialismo reale non riescono a diventare capitalisti come in un primo tempo l'occidente e loro stessi avevano sperato. Cioè pur avendone i mezzi e le possibilità, non hanno la necessaria *forma mentis*, per cui restano alla ricerca di una "terza via".

I paesi che dispongono di risorse naturali giudicate "essenziali" per l'occidente (p.es. il petrolio) stanno maturando la consapevolezza di dover agire non in maniera separata, ma come un'organizzazione internazionale. Molti paesi emergenti stanno sviluppando l'idea di creare dei mercati autonomi, in grado di sottrarsi all'influenza dei meccanismi economici dell'occidente. All'emancipazione politica molti paesi del Terzo mondo vogliono far seguire quella economica, sociale e culturale.

In questo momento qualunque azione, anche la più benefica, che l'occidente voglia fare in favore del Terzo mondo, sembra tradursi automaticamente in un danno, proprio perché i legami che uniscono le metropoli del capitale alle colonie dello sfruttamento sono così oggettivi e strutturali da far risultare le necessità del profitto prioritarie su tutto.

L'unico vero modo di aiutare il Terzo mondo è quello di lottare in occidente contro il capitale.

Per un'Europa socialista

Se l'Europa protestante non si fosse trasferita in America, creando la superpotenza statunitense, a quest'ora, dopo la disfatta del nazifascismo, tutta l'Europa sarebbe socialista. Ma in quale "forma" di socialismo? Il problema infatti è proprio questo.

Prima della *perestrojka* gorbacioviana il socialismo dominante era quello autoritario, amministrativo, burocratico. Dopo lo stalinismo era subentrata la stagnazione, che non portò alcun significativo miglioramento alla democratizzazione del socialismo. Lo stesso stalinismo era già fortemente in crisi all'inizio degli anni Trenta, e ne uscì, relativamente parlando, sia con le terribili purghe della fine degli anni Trenta, che portarono alla decimazione dei protagonisti della rivoluzione d'Ottobre, sia con l'entrata in guerra, a fianco di americani, inglesi e francesi, contro la Germania nazista.

Si può in un certo senso dire che Hitler, invadendo la Russia, favorì indirettamente la prosecuzione dello stalinismo, sia durante l'occupazione che in seguito alla sconfitta nazista. Se non ci fosse stata l'invasione nazista, che indusse la popolazione russa ad anteporre alle questioni della democrazia politica e culturale, la difesa della patria, lo stalinismo probabilmente sarebbe crollato molto prima, per motivi endogeni, esattamente come fece la stagnazione nella seconda metà degli anni Ottanta, mentre il paese non era attaccato militarmente da alcun nemico esterno.

Fu il nazismo che, senza volerlo, tenne in piedi lo stalinismo, permettendo a Stalin di scomparire dalla scena politica per morte naturale e di far proseguire i suoi metodi autoritari, dirigistici, per altri 30 anni, seppur in maniera non così violenta come quando egli in persona governava il paese.

Contro lo stalinismo, fino alla *perestrojka*, non c'è mai stata in Russia una vera opposizione politica democratica (il trotzkismo non è che una variante dello stesso stalinismo). Questo è stato possibile proprio perché, sul piano storico, lo stalinismo si presentava come il baluardo più forte contro il nazifascismo, quando, in realtà, il popolo russo sconfisse la barbarie nazista non grazie ma nonostante lo stalinismo. Stalin fu infatti l'artefice principale della disfatta dei russi nei primi mesi di guerra, il principale responsabile dell'assedio delle tre città più importanti di tutta la Russia: Mosca, Leningrado e Stalingrado.

Questo però significa che senza lo sbarco in Normandia, probabilmente tutta l'Europa, dopo la disfatta del nazifascismo, sarebbe diventata socialista secondo una forma di tipo stalinistica. Questa forma di socialismo avrebbe sicuramente incontrato, dopo un certo tempo, una resistenza più forte nell'area occidentale dell'Europa, non perché qui si sia più abituati alla democrazia, ma al contrario, perché qui si è da tempo abituati al modo borghese e individualista del vivere sociale e civile. Le due Europe non si sarebbero più scontrate per motivi religiosi o economici, ma per motivi politici e culturali.

Oggi invece la situazione è molto diversa. La parte est ha capito gli errori del socialismo autoritario e ha cercato di superarli imboccando però la strada del capitalismo. La parte ovest continua sulla strada della negazione della necessità di un'alternativa al capitalismo. In questa maniera noi abbiamo un'Europa che vive a rimorchio degli Stati Uniti, non avendo una posizione autonoma sul piano culturale e della riflessione politica.

Sull'idea di collettivismo

Nel processo storico evolutivo dall'ortodossia al protestantesimo una cosa si ripete in maniera costante, a testimonianza che nell'essere umano esiste non solo una insopprimibile istanza di liberazione, ma spesso, e purtroppo, anche una sostanziale incapacità di viverla in un'esperienza adeguata.

Ogniqualvolta s'affermano valori o atteggiamenti contrari, in linea di principio, alla tradizione storica più autentica, se non si fa leva immediatamente sulla necessità di un'inversione di rotta, si finisce con l'allontanarsi progressivamente dalla verità delle cose, rendendola sempre meno visibile e vivibile.

Accade cioè che, se nei momenti storici involutivi la repressa istanza emancipativa può indurre gli uomini ad assumere reazioni di protesta, queste, tuttavia, non è detto che riescano a recuperare in maniera integrale i fondamenti della memoria storica; e comunque, se non si riesce a farlo in maniera corretta, spesso si finisce, contro le migliori intenzioni, col causare problemi ancora più complessi di quelli che inizialmente si volevano risolvere, benché in un primo momento si abbia l'impressione di aver fatto un passo in avanti.

Il marxismo occidentale è stato contaminato, molto più del leninismo orientale, dall'individualismo del protestantesimo, che già aveva legittimato culturalmente la rivoluzione industriale e francese.

Il leninismo ha cercato di recuperare il collettivismo dell'ortodossia, collegandolo col marxismo occidentale, ma non vi è riuscito, poiché ha finito col dare (specie sotto lo stalinismo) più peso allo Stato che non alla società civile.

Un esperimento del genere è comunque impossibile compierlo nell'Europa occidentale, e fino a quando in Europa orientale si crederà che il capitalismo costituisce l'unica alternativa possibile allo sfacelo del socialismo amministrato (tutta da costruire), l'Europa non avrà futuro.

Un'alternativa al capitalismo potrebbe essere costituita dall'unificazione del collettivismo pre-coloniale dei paesi terzomondisti col socialismo democratico, ma questa sarebbe comunque una soluzione esterna all'Europa, che in questo momento non ha più alcuna memoria del suo passato pre-capitalistico. L'unica esperienza collettivistica che conosce l'Europa è quella dell'ortodossia, unitamente a quella del mondo contadino dell'Europa orientale. Altre esperienze collettivistiche possono essere quella del movimento operaio o sindacale o cooperativistico, ma queste esperienze non hanno radici storiche consolidate, sono fluttuanti e troppo legate agli andamenti altalenanti dell'economia capitalistica mondiale, quando non addirittura ai metodi ch'essa utilizza.

L'ideale sarebbe che il collettivismo ortodosso, in forma laicizzata, s'incontrasse con quello pre-coloniale, nel tentativo di realizzare un progetto comune: il *socialismo democratico*. Se questo progetto si realizzasse, forse vi potrebbero convergere altre forme di collettivismo, come p.es. quello islamico o quello ebraico e, se vogliamo, anche quello cattolico progressista della Teologia della liberazione, delle Comunità di base ecc.

Oggi purtroppo non esiste alcuna forma di collettivismo che non sia influenzata dall'ideologia e dalla prassi del capitalismo. Esattamente come nell'antichità non esisteva alcuna forma di collettivismo che non fosse influenzata dall'ideologia schiavistica.

Purtroppo il collettivismo vero e proprio, quello autenticamente democratico, di cui il messaggio di Cristo è stato uno dei maggiori evocatori, si perde nella notte dei tempi: alcune sue tracce è ancora possibile scorgerle nello stile di vita delle popolazioni più primitive.

La vera democrazia

Qualunque forma di centralizzazione dei poteri porta inevitabilmente a una burocratizzazione della vita sociale. La centralizzazione politica è spesso una rivendicazione di quei ceti intellettuali che mal sopportano l'arretratezza delle masse e che vorrebbero realizzare celermente i loro ideali. Essi infatti temono che proprio quell'arretratezza diventi l'ostacolo maggiore al progresso sociale e culturale.

Tuttavia, una società gestita dall'alto porta ben presto alla morte della democrazia. È preferibile un lento sviluppo della vera democrazia piuttosto che un veloce sviluppo del centralismo. Con quest'ultimo infatti si possono imporre dei ritmi di crescita che facilmente arrivano a produrre dei risultati disastrosi per gli interessi delle masse.

Non bisognerebbe mai dimenticare la differenza tra indici economici di sviluppo e qualità sociale della vita. Farli coincidere è un errore, anzi è mera demagogia far dipendere la qualità della vita (che è questione sociale) dagli indici di sviluppo (che sono calcoli economici sulla produttività).

Di regola ogni forma di centralizzazione dei poteri si accompagna a una sopravvalutazione dell'importanza degli indici economici, i quali peraltro vengono ridotti a meri indici finanziari, all'interno dei quali i cosiddetti "ammortizzatori sociali" svolgono il ruolo di "disturbo", d'interferenza che andrebbe minimizzata al massimo. Tant'è che quando si ha anche un lieve abbassamento degli indici di sviluppo relativi al Pil, gli imprenditori paventano subito la possibilità di una crisi, con inevitabili conseguenze sull'occupazione, al punto che possono verificarsi delle reazioni del tutto sproporzionate rispetto all'effettiva gravità dei problemi sociali (licenziamenti, crolli di borsa, fusioni di aziende, esportazione di capitali...).

Tutto ciò avviene perché l'economico non viene considerato come un aspetto del *sociale*, ma solo come l'ambito prioritario in cui misurare l'entità del fatturato. In realtà i fattori di calcolo, pur avendo la loro importanza scientifica, non possono di per sé indicare il livello di benessere sociale di una popolazione. Altrimenti si sarebbe costretti a dire che una popolazione con bassi indici di sviluppo economico è necessariamente una popolazione primitiva, priva di aspettative, destinata alla marginalità. Tutte cose che rischiano purtroppo di essere vere se questa popolazione è soggetta a rapporti neocoloniali con l'occidente.

Insomma, l'importante è che le masse vengano poste di fronte a delle responsabilità e che non siano guidate nelle scelte più di quanto esse non debbano guidare se stesse.

La transizione a una società più democratica può avvenire o a partire da un rivolgimento dei poteri istituzionali (soluzione politica), oppure con una lenta trasformazione del costume, della mentalità, dei valori popolari (soluzione culturale): che è poi la differenza che esiste tra soluzione leninista e soluzione gramsciana. In realtà si può partire da ciò che si vuole se l'obiettivo finale è quello di arrivare a un effettivo autogoverno delle masse.

Il concetto di democrazia non perderà mai di attualità. Il fatto stesso che in occidente esista solo la democrazia politica e solo in forma parlamentare, cioè delegata, indiretta, è un chiaro indizio di quanto attuale sia il concetto di democrazia sociale, popolare, gestita in maniera diretta.

La più grande tragedia dell'umanità può verificarsi solo quando il popolo, in piena consapevolezza, decide di rifiutare la democrazia in favore del centralismo.

Democrazia antica e moderna

È impensabile che nei regimi antagonistici gli aspetti positivi del senso di umanità dell'uomo possano prevalere su quelli negativi. Quest'ultimi anzi diventano col tempo sempre più gravi, al punto che assumono le sembianze di vere e proprie catastrofi sociali e ambientali, fino al crollo di intere civiltà.

Finché nelle società antagonistiche esiste una lotta tra classi sociali con interessi opposti, c'è la speranza che qualcosa possa cambiare per il meglio, ma nella misura in cui questa lotta si attenua, ecco che gli aspetti negativi tendono a prevalere nettamente sugli altri.

L'attenuazione della lotta di classe può anche essere un effetto dell'accresciuta democrazia, ma può anche essere la conseguenza di un arretramento da parte delle forze progressiste rispetto alle posizioni faticosamente acquisite.

I dirigenti delle classi oppresse, quando non più abituati a essere controllati dalla base che li ha eletti, tendono a corrompersi, a compromettersi con le forze egemoniche, e proprio nel momento in cui mostrano di accontentarsi dei risultati raggiunti.

Quando poi la corruzione si estende sino al punto in cui gli uomini non sono più capaci di trovare in loro stessi la forza morale e l'intelligenza per risolvere i loro problemi di sopravvivenza, facilmente finiscono con l'affidarsi alla volontà di popolazioni straniere. Come i romani oppressi dallo Stato totalitario, i quali, ad un certo punto, preferirono sottomettersi al dominio di quelli che fino a poco tempo prima venivano definiti col termine spregiativo di "barbari".

Il meglio di sé la Roma antica lo diede sotto la repubblica. Durante l'impero le idee della democrazia furono portate avanti, con tutti i limiti che conosciamo, dal cristianesimo.

Le istituzioni romane imperiali, proprio per aver rifiutato le esigenze della democrazia repubblicana, portarono la civiltà a una progressiva rovina, al punto che se non ci fosse stato il cristianesimo la rovina sarebbe stata definitiva.

L'incontro della cultura cristiana, che esprimeva una certa istanza democratica, con la cultura barbara, che esprimeva anch'essa una sorta di democrazia sociale, produsse una civiltà - quella feudale - che sul piano dei valori umani costituì un indubbio progresso rispetto alla civiltà romana.

Forse avrebbe potuto esserci una transizione ancora più democratica dallo schiavismo romano al servaggio feudale, ma è fuor di dubbio che questo non sarebbe potuto avvenire senza il concorso delle masse.

Molto meno democratica o comunque molto più ipocrita fu la transizione dal feudalesimo al capitalismo, poiché qui, pur essendoci un diritto civile formale, ovvero una libertà giuridica sbandierata ai quattro venti (la cui estrinsecazione principale era costituita dalla contrattazione salariale), di fatto l'operaio nullatenente si troverà a vivere una situazione che sul piano pratico non era molto diversa da quella dell'antico schiavo romano. Anzi, ai maggiori diritti acquisiti faceva da contrappeso una minore garanzia di sopravvivenza: sotto il capitalismo il lavoratore per la prima volta sperimenterà il diritto di morire di fame.

L'imprenditore è riuscito a convincere l'ex-servo della gleba che in nome della contrattazione poteva sentirsi, come operaio, libero di scegliere la propria vita. Pur non disponendo che della forza delle proprie braccia, l'operaio si sentiva un cittadino libero, facendo così risparmiare all'imprenditore le spese del mantenimento domestico dell'ex-schiavo.

Noi ancora non abbiamo visto tutti gli effetti devastanti di questa assurda civiltà. Due guerre mondiali non sono state sufficienti per convincere gli uomini a pretendere un suo decisivo superamento. Infatti, l'illusione di una libertà che nella sostanza è meramente formale, e che a tutt'oggi viene pagata dalla gigantesca schiavitù dei popoli terzomondiali, non ha ancora prodotto gli effetti devastanti che tutte le illusioni sociali, collettive, generalmente producono sulle civiltà.

Fintantoché quei popoli non si saranno emancipati, noi occidentali continueremo ad usufruire di quel sufficiente benessere che serve appunto ad alimentare le illusioni sulla sua effettiva provenienza.[2]

Il ruolo degli intellettuali

All'interno del capitalismo l'intellettuale è un alienato per definizione, in quanto il suo ruolo sociale è frutto di una separazione arbitraria tra teoria e prassi. L'intellettuale parla di cose che non vive e crede in valori che non può praticare, perché concretamente non fa nulla per realizzarli. Infatti è convinto che per viverli sia sufficiente parlarne.

Un intellettuale potrebbe essere abbastanza normale se fosse organico a un partito, ma i partiti parlamentari, in genere, non fanno nulla per cambiare qualitativamente il sistema, per cui un politico non solo è

---

[2] Da quando sono nate le civiltà schiavistiche si sono progressivamente sviluppate idee a favore della giustizia sociale o, se si vuole, del socialismo. Sono state idee che, spesso senza volerlo da parte dei loro fautori, si ricollegavano, in un modo o nell'altro, a quel mondo pre-schiavistico chiamato "preistoria" e che invece si dovrebbe chiamare "comunismo primitivo", che fu una forma di civiltà estesa in tutto il pianeta e che ancora oggi si trova in alcune comunità autosufficienti, nascoste in luoghi remoti dell'umanità, a rischio di estinguersi per colpa del globalismo capitalistico. Bisognerebbe ripercorrere i tentativi cosiddetti di "controtendenza", cioè tutte quelle idee e pratiche che han cercato di riportare le cose alla loro "normalità": dai fratelli Gracchi ad oggi.

un alienato, ma anche un cinico, in quanto usa il potere per fini meramente personali.

Viceversa un intellettuale senza potere non è che un represso, un frustrato, un visionario senza speranze.

Anche il docente è un alienato, perché terribilmente isolato nel suo mestiere: lavora in una struttura del tutto separata dalla società, una struttura che riceve ordini dal Ministero, non avendo alcuna autonomia. E insegna cose che valgono solo all'interno di quella struttura, anche se tende a pensare che siano davvero utili alla società.

Anche il giornalista è un alienato, perché vede la realtà solo per la notizia che gli permette di trasmettere, sicché per lui, inevitabilmente, ogni realtà è equivalente a un'altra.

Tutti questi intellettuali sono così alienati che a volte pensano di trovare un senso alla loro vita andando a vivere in maniera rischiosa da qualche parte (p.es. in guerra).

L'intellettuale o si pone al servizio di un movimento preposto a ribaltare il sistema antagonistico ch'egli vive, o è meglio che rinunci a un'attività puramente teorica, astratta, e si metta a fare un lavoro concreto, pratico, che gli dia soddisfazione nel breve termine, poiché l'intellettuale è un insoddisfatto per natura e, per questa ragione, è meglio che non si crogioli troppo nei suoi pensieri fantasiosi, utopistici e sofistici.

L'intellettuale deve fare lavori utili alla collettività, se non è capace di fare il politico. E se proprio vuol fare l'intellettuale, rifletta anzitutto sul proprio ambiente di lavoro e cerchi di modificarlo al meglio, cioè in modo conforme a natura, rispettando e facendo rispettare i valori umani.

Capitalismo e socialismo

I

È difficile pensare che un sistema di organizzazione collettiva della vita sociale, quale quello socialista, possa essere sconfitto (politicamente o economicamente) da un sistema individualistico quale quello capitalista.

Certo, uno storico borghese non sosterrà mai una tesi del genere, come d'altra parte con moltissima fatica potrebbe sostenere che il servaggio feudale sia stato migliore dello schiavismo, essendo opinione comune che l'impero romano fosse più avanzato del feudalesimo.

Sia nei confronti del passato che nei confronti del presente gli storici borghesi tendono inevitabilmente a edulcorare la questione dello sfruttamento del lavoro altrui, mitigandone l'asprezza; inevitabilmente perché il capitalismo è il sistema in cui essi si sentono rappresentati e che per questa ragione vogliono tutelare. Sulla durezza della condizione schiavile si tende a chiudere un occhio, proprio perché lo schiavismo risulta essere molto più vicino al capitalismo di quanto non lo sia il servaggio feudale. Non a caso i medievisti borghesi esaltano soprattutto la fase che va dal Mille alla scoperta dell'America, cioè la fase borghese del basso Medioevo.

Se si guardassero le cose obiettivamente si dovrebbe convenire sul fatto che ogniqualvolta il capitalismo ha provato ad attaccare il socialismo, ne è sempre uscito sconfitto, come ne esce sempre sconfitto il singolo nel suo confronto con la massa. Solo una mentalità borghese potrebbe accettare l'idea che le ragioni di un singolo hanno maggiori probabilità d'essere giuste rispetto a quelle espresse da un collettivo.

Persino quando il capitalismo, rappresentato da Napoleone, attaccò la Russia zarista, che certo socialista non era, ebbe la meglio l'organizzazione feudale della comune contadina (*obščina*), a testimonianza che la Russia aveva conosciuto una qualche forma di proprietà collettiva, da tempo invece scomparsa in Europa occidentale.

Il socialismo autoritario, nato con lo stalinismo, non è crollato grazie ai colpi del capitalismo (come invece molti storici borghesi sostengono), ma grazie allo sviluppo della democrazia in Unione Sovietica (oggi Csi), tant'è che il crollo avvenne in maniera del tutto inaspettata, proprio mentre l'Urss deteneva incontrastata, insieme agli Usa, il ruolo di superpotenza mondiale.

Si è trattato in sostanza di uno sviluppo endogeno della democrazia nell'ambito del socialismo, ed è crollato un socialismo autoritario (di derivazione stalinista), nella speranza che si sviluppasse un socialismo democratico. Che poi il senso di democrazia promosso da Gorbaciov e dal suo staff apparisse a molti russi un segno di debolezza, questo fa parte dell'immaturità politica dei popoli, che il più delle volte si attendono dall'alto la soluzione dei loro problemi sociali.

Allo sviluppo di un socialismo democratico il capitalismo non può contribuire in alcuna maniera, anche se da noi si sostiene che, una volta abbattuto il socialismo amministrato, la Russia sia diventata, proprio grazie all'influenza dell'occidente, un paese più democratico. In realtà il processo verso la democrazia è stato un fenomeno tutto interno al socialismo, già inaugurato dalle prime critiche di Chruščëv allo stalinismo (culto della personalità, ecc.), e non è affatto dipeso dalla realtà dell'occidente, anzi l'occidente ha contribuito a svuotare di contenuto quel processo, inducendo a trasformare il socialismo statale in un neo-capitalismo monopolistico.

Se non ci fosse stato il coraggio della *perestrojka* e della *glasnost*, il socialismo amministrato avrebbe potuto continuare ancora per molto tempo, non ci sarebbe stato il crollo del muro di Berlino, la fine del Comecon e del Patto di Varsavia. Al massimo sarebbe accaduta una situazione analoga a quella cinese, dove, pur di non introdurre la democrazia politica, si è preferito introdurre il capitalismo nella vita socioeconomica.

Certo, l'occidente può operare dei condizionamenti, soprattutto nei confronti delle nuove generazioni, quelle che non hanno subito guerre e devastazioni da parte del nazifascismo, cioè quelle che vedono nel socialismo solo gli aspetti negativi o comunque solo quegli aspetti che nel confronto col capitalismo appaiono negativi (il che non significa che lo siano davvero o che il capitalismo possa avere degli aspetti positivi che il socialismo non può permettersi). Queste giovani generazioni non si rendono conto che gli aspetti positivi del capitalismo sono in realtà frutto di continue guerre e saccheggi e devastazioni sulla scena mondiale, in forza dei rapporti di sfruttamento tra capitalismo e Terzo mondo (rapporti che vengono accuratamente taciuti o mistificati dai mezzi di comunicazione).

In realtà il capitalismo non ha alcun aspetto positivo, come non ne avevano i sistemi sociali basati sullo schiavismo. È solo la propaganda occidentale a sostenere che la democrazia non è possibile in sistemi non capitalistici.

Peraltro, è noto che in occidente la parola "democrazia politica" coincide con "libere elezioni", le quali di "libero" non hanno quasi nulla, essendo fortemente condizionate da questioni economiche, come p.es. la disponibilità di capitali per le campagne elettorali. In occidente la politica è al servizio dell'economia. E la democrazia non è che una forma di oligarchia, soprattutto negli Stati Uniti.

Certo, esistono anche i partiti di sinistra dentro il parlamento, ma solo perché essi hanno ereditato lunghe battaglie politiche compiute dai loro fondatori al di fuori delle aule parlamentari. Nel migliore dei casi dovremmo dire che la democrazia occidentale è cosa "meramente parlamentare", incapace di rappresentare adeguatamente gli interessi della stragrande maggioranza dei cittadini del cosiddetto "paese reale".

La democrazia *politica* tende continuamente a confliggere con la democrazia *sociale*, e se questa non si difendesse da sola, ponendo la piazza contro il palazzo, il passaggio dalla democrazia politica alla dittatura sarebbe la cosa più naturale di questo mondo.

Con questo ovviamente non si vuole sostenere che il socialismo abbia meno possibilità di cadere sotto i colpi dei propri errori. Il passaggio dal leninismo allo stalinismo è stato fatale per le sorti del socialismo: lo stalinismo ha sterminato tutta la generazione "leninista", e il suo opposto, il trotzkismo, non avrebbe fatto di meglio, se avesse vinto in Urss il confronto con lo stalinismo, essendo anch'esso un'ideologia del tutto insensibile alle esigenze del mondo rurale.

Se ora l'unica alternativa al socialismo autoritario sembra essere quella capitalistica, è solo perché il socialismo è immaturo, nel senso che le vecchie generazioni, sorte durante lo stalinismo, sono state per troppo tempo abituate a ricevere ordini dall'alto, e le nuove non hanno ancora una chiara consapevolezza dei limiti del capitalismo.

Ci si può chiedere il motivo per cui il capitalismo abbia sempre vinto nei confronti delle formazioni economiche pre-capitalistiche e invece abbia perso soltanto quando queste formazioni hanno realizzato una transizione verso il socialismo.

Il motivo sta nel fatto che le formazioni pre-capitalistiche non hanno mai dimostrato di possedere la necessaria consapevolezza della gravità della minaccia incombente; esse hanno sempre sottovalutato la forza del nemico e non hanno mai organizzato una vera resistenza di massa.

Il capitalismo ha saputo, magnificamente e terribilmente, sfruttare una ingenuità di fondo, dovuta al fatto che prima di questa tragedia planetaria v'era stata sì quella dello schiavismo, ma non su scala mondiale, e inoltre lo schiavismo era uscito sconfitto dalla guerra contro le popolazioni cosiddette "barbariche", le quali seppero trasformarlo in servaggio; infine va detto che il capitalismo è una forma di schiavismo sostenuto dalla rivoluzione industriale, dal macchinismo: cosa del tutto inedita per qualunque popolazione del mondo sino al XVI secolo della nostra era. Da notare che proprio il macchinismo rese possibile la transizione dallo schiavismo al capitalismo per vari paesi dell'attuale Terzo mondo. Ovviamente i traumi maggiori sono avvenuti là dove il capitalismo s'è sostituito al comunismo primitivo (cioè soprattutto in Africa, che ancora oggi è il continente più disastrato del mondo).

Va tuttavia detto che le popolazioni est-europee avevano dovuto subire gli attacchi dell'occidente europeo sin dai tempi dello sviluppo feudale dell'impero romano-germanico e, se vogliamo, sin dai tempi dello sviluppo dell'impero romano schiavistico. Qui, prima che altrove, da almeno duemila anni esiste una sorta di consapevolezza della gravità della minaccia euroccidentale.

Probabilmente la consapevolezza più acuta di questa minaccia si è avuta quando gli Stati feudali e la stessa chiesa romana hanno fatto di tutto perché scomparisse come entità geopolitica l'impero bizantino, che pur aveva le stesse radici cristiane.

Il fatto cioè che la chiesa romana, dopo il fallimento delle crociate antislamiche e dopo il fallimento dell'ingerenza nei Balcani e nelle terre slave, preferisse una presenza islamica in Turchia più che non una presenza cristiana rivale, allarmò così tanto i cristiani ortodossi (ivi inclusi quelli residenti fuori dai confini dell'impero bizantino) che da allora si guardò sempre con enorme sospetto ogni cosa proveniente dalla parte occidentale dell'Europa.

Probabilmente gli stessi bizantini ad un certo punto preferirono una dominazione islamica a una cattolico-romana, poiché si rendevano conto che l'islam non avrebbe mai potuto sconfiggerli sul piano culturale, essendo l'islam una religione dai contenuti troppo elementari, una sorta di fede priva di vera teologia.

Va anche detto che l'islam, nei confronti del cristianesimo, si pone come una forma di ateismo, in quanto, se si esclude il rigido monoteismo (di derivazione ebraica), l'islam rifiuta molte cose che i cristiani ritengono essenziali alla loro fede (dai sacramenti ai miracoli).

L'islam non è che un ebraismo modernizzato, cioè un ebraismo che ha dovuto tener conto, in qualche modo, della presenza del cristianesimo, il quale, a sua volta, non è che un'altra forma di ebraismo modernizzato. Come l'induismo è il padre di tutte le religioni politeistiche, così l'ebraismo è il padre di tutte quelle monoteistiche. E l'ebraismo può essere considerato l'alternativa più significativa allo schiavismo nell'epoca pre-cristiana.

L'islam non è stato un'alternativa alla decadenza del cristianesimo bizantino, come non lo è stata l'invasione tataro-mongola (da cui provengono i turchi) nei confronti della cultura feudale russa e cinese.

L'unica alternativa alla decadenza del cristianesimo bizantino e del cristianesimo feudale in genere è stata posta dal *socialismo*, e non da quello *utopistico*, che si pone come una sorta di socialismo cristiano o comunque come una forma di razionalizzazione del capitale, dove la piccola proprietà privata, gestita anche in maniera collettiva, si oppone alla concentrazione dei capitali, rinunciando però alla rivoluzione politica vera e propria; bensì da quello *scientifico* e *rivoluzionario* del marxismo e del leninismo, che pur oggi vanno integrati con le teorie umanistiche e ambientalistiche.

Il capitalismo infatti non ha fatto che spostare i termini della contraddizione sociale antagonistica dai rapporti tra latifondista e contadino ai rapporti tra imprenditore e operaio. Non c'è mai stato un vero superamento dell'antagonismo feudale ma solo uno spostamento dei termini principali del conflitto di classe.

II

Per quale motivo la rivoluzione socialista s'è verificata prima in Europa orientale (la Comune di Parigi in occidente è stato un episodio isolato), dove sembrava mancassero del tutto le sue premesse, e non s'è verificata nell'area occidentale, ove da tempo le premesse materiali esistevano?

Forse questo sta a significare che le premesse materiali non sono di per sé un fattore sufficiente per realizzare la transizione verso una società più giusta, in quanto occorre anche il fattore soggettivo (volontà politica, coscienza di classe, organizzazione di massa, ecc.)? O forse questo sta a significare che se le premesse materiali non vengono subito utilizzate per fare la rivoluzione socialista, esse poi condizionano gli uomini al punto da renderli incapaci di rivoluzionarle?

Per fare la rivoluzione socialista occorre consapevolezza politica (non basta "l'istinto di classe"): la Comune di Parigi in fondo fallì proprio perché dominata dallo spontaneismo del socialismo utopistico. Va però detto che l'occidente poteva vantare, rispetto all'euro-oriente, un'esperienza politica assai maggiore (si pensi agli effetti prodotti dalla rivoluzione francese). Come mai allora la rivoluzione socialista (seppure nelle forme burocratico-statali) s'è realizzata anzitutto nell'Europa dell'est?

La risposta va cercata anche nel fatto che tutta l'esperienza politica maturata in occidente prima della Comune di Parigi, era sostanzialmente legata agli interessi della borghesia. La rivoluzione francese è stata portata avanti sostanzialmente sulla base di rivendicazioni borghesi: i primi impulsi di tipo socialista si sono avuti con la *Congiura degli Eguali* di Babeuf, cioè a rivoluzione conclusa. Quindi la coscienza proletaria non si era ancora espressa in modo autonomo dalle forze borghesi.

Nell'Europa orientale si passò quasi subito dal capitalismo al socialismo, non permettendo alla mentalità borghese d'intaccare la coscienza proletaria. Per capire come mai ciò sia potuto accadere, bisognerebbe analizzare il valore della *cultura*, dello stile di vita pre-borghese. Quindi bisognerebbe anzitutto analizzare le grandi differenze fra le tre religioni europee: cattolica, protestante, ortodossa.

La prima di queste differenze sta nella carica ideale, cioè nell'esigenza d'essere conformi a un ideale di vita positivo, umanistico. La rivoluzione socialista è avvenuta quando il capitalismo aveva definitivamente distrutto ogni carica ideale dell'*ortodossia* (espressa politicamente dal *populismo*), che già col feudalesimo era entrata irreversibilmente in crisi. Il servaggio infatti rappresentava, agli occhi dei contadini, una sorta di tradimento della loro religione (questo è ben visibile nelle opere di Tolstoj), anche se la stessa religione impediva un affronto rivoluzionario di quegli antagonismi.

Laddove l'ortodossia non è mai esistita (come a Cuba, nel Vietnam, in Angola e Mozambico, ecc.), la carica ideale era stata presa dalle tradizioni del *collettivismo primitivo*, che il capitalismo stava distruggendo.

Laddove esiste il capitalismo, esiste anche la possibilità di una rivoluzione, poiché nessuna formazione sociale ha il potere di distruggere così tanto una tradizione di umanitarismo, senza alimentare un'esigenza di liberazione altrettanto grande. È vero, il capitalismo può distruggere "fisicamente" ogni cultura, ma se ciò comporta la distruzione fisica anche dei soggetti che la vivono, il capitalismo non avrà poi modo di sfruttarli (anche se l'interesse fosse volto anzitutto alle *risorse naturali* di un popolo, il capitalismo dovrebbe sempre avere a disposizione una *manodopera salariata*, la quale, ad un certo punto, potrebbe ribellarsi).

L'unico modo d'impedire che l'*esigenza* di liberazione si concreti in un'*esperienza* di liberazione è quello di garantire uno standard di vita sufficientemente elevato: fino ad oggi il capitalismo, nell'area occidentale, vi è riuscito a spese del Terzo mondo.

Lenin ebbe la geniale intuizione di capire che un proletariato lasciato a se stesso, alla propria spontaneità, al massimo è in grado di fare una politica di rivendicazione salariale, limitandosi alla quale esso non fa, in ultima istanza, che gli interessi della borghesia. Il proletariato basato sullo spontaneismo è borghese come sono borghesi gli intellettuali che giustificano lo spontaneismo, rifiutandosi di guidare un movimento politicamente autonomo.

"Niente prassi rivoluzionaria senza teoria rivoluzionaria": questa frase di Lenin stava appunto a indicare l'impossibilità di una rivoluzione politica senza conoscere la tattica, la strategia, l'agitazione, la propaganda e le tecniche militari adatte allo scopo. La rivoluzione politica non può essere l'effetto di un rivolgimento sociale spontaneo delle masse (come credevano Marx ed Engels, i quali cominciarono a pensare a un partito organizzato in modo autonomo solo dopo il fallimento della Comune di Parigi). D'altra parte tutto il marxismo fino a Lenin ha sempre creduto nella spontaneità delle masse, riflettendo, in questo, un condizionamento tipicamente occidentale, prodotto dalla cultura individualistica e intellettualistica dell'Europa occidentale (cultura che, a sua volta, rappresenta la laicizzazione prima del cattolicesimo, poi del protestantesimo).

Non che i rivolgimenti sociali spontanei non debbano esserci: è che non sono essi a poter garantire la continuità dell'azione rivoluzionaria. Fare una rivoluzione è relativamente facile, il difficile viene al momento di gestirla. In tal senso, non ci si può improvvisare dei rivoluzionari: ecco perché Lenin pretendeva dei "professionisti". Occorre un duro tirocinio, un legame molto stretto con le masse, senza le quali nessuna rivoluzione è in grado di sopravvivere a se stessa.

Ecco perché non c'è bisogno di aspettare che le condizioni materiali della rivoluzione si sviluppino in tutte le loro potenzialità. È sufficiente rendere coscienti gli uomini che le contraddizioni vanno superate prima ch'esse abbiano compiuto condizionamenti tali da rendere molto difficile qualunque rivoluzione. Ogni ritardo verrà pagato da un numero sempre più grande di persone e lo sarà sempre più in profondità.

Non si può teorizzare che la rivoluzione può essere fatta solo quando la gente non ne può più. Bisogna diffidare di quei rivoluzionari che attendono passivamente l'acuirsi della crisi per pretendere dalle masse il riconoscimento di meriti che non hanno.

Socialismo di stato e capitalismo monopolistico

Oggi la fede nella forza miracolosa del *free market* esiste solo in qualche intellettuale borghese ingenuo o in malafede, poiché la monopolizzazione è - come molti sanno - il tratto determinante del capitalismo contemporaneo, in grado di penetrare tutta la struttura economica e di condizionare ampiamente anche la sovrastruttura. Persino nell'est-europeo per molto tempo ha dominato il pregiudizio che l'economia di mercato fosse basata sulla spontaneità e l'anarchia, quando già da un pezzo questa forma di mercato non esisteva più.

Il monopolio infatti è *porteur* di pianificazione (naturalmente nei limiti oggettivi che lo caratterizzano), nel senso ch'esso è in grado di ridurre quasi a zero il rischio di produrre senza vendere. E, a tale scopo, esso si serve anche dello Stato per realizzare al meglio i suoi profitti. Si tratta di un monopolio economico che utilizza, per riprodursi, il monopolio della politica gestito dalla classe parlamentare. I problemi di conflitto sociale o di riassetto strutturale o di finanziamento o di altro genere, che sono prevalentemente causati dalla concorrenza di monopoli stranieri dello stesso settore, sono oggi così complessi che senza l'intervento extra-economico dello Stato, difficilmente verrebbero risolti. Anche per questa ragione, paradossalmente, oggi c'è più "socialismo di stato" nella parte occidentale dell'Europa che non in quella orientale.

Se nell'Europa dell'est s'è finalmente capito che un piano statale senza mercato è un abuso di potere, cioè il trionfo della burocrazia; nell'Europa dell'ovest si deve invece cominciare a capire che un mercato gestito dai piani dei monopoli privati è il trionfo del darwinismo sociale, poiché non si garantisce alcuna forma di libertà collettiva, né economica né politica.

Est e ovest insieme devono cominciare a capire che piano e mercato possono coesistere solo a livello *locale*, poiché solo a questo livello i soggetti che li gestiscono sono gli stessi e quindi possono tenersi reciprocamente sotto controllo. Il commercio extralocale va gestito dal complesso della comunità in loco, la quale saprà impedire gli arricchimenti individuali, ovvero che il valore di scambio subordini a sé quello d'uso. Così pure, le partecipazioni straniere alle imprese locali saranno possibili, ma solo alle condizioni che vorrà la comunità locale.

Un piano non può ritenersi tale se è formulato dallo Stato, che è lontano mille miglia dalle esigenze delle comunità locali, e neppure se è formulato, separatamente, dalle singole imprese o collettivamente da tutte le imprese produttive. Un piano implica che ad esso debbano collaborare tutti i lavoratori e tutti i cittadini del territorio in cui è collocata l'impresa, inclusi quelli che non fanno parte attiva della produzione di quella stessa impresa.

Tanto all'est quanto all'ovest si deve superare la prassi per la quale il produttore domina incontrastato sul consumatore, secondo il principio del centralismo politico-amministrativo dello Stato o secondo quello del centralismo economico-produttivo dell'impresa. L'autonomia delle imprese deve trovare la sua ragion d'essere e le sue modalità operative nell'ambito dell'*autonomia delle comunità locali*. Una centralizzazione a livello nazionale ha senso solo per quanto riguarda il commercio estero della nazione e il riequilibrio interno delle disparità iniziali tra una regione e l'altra.

Ma per una organizzazione del genere occorre prima limitarsi alla dimensione locale. Il vero gestore dell'economia dev'essere un *ente territoriale locale*, che sappia esprimere un raccordo funzionale molto stretto tra gli interessi della città e della campagna (in primo luogo, nella nostra nazione, il Comune, il quale, a sua volta, dovrà coordinare la propria attività con la Provincia e la Regione, e questa con altre Regioni e con lo Stato). Man mano che si sale di livello la responsabilità deve farsi di carattere generale (d'indirizzo), rinunciando alla specificità della gestione diretta. Il piano (relativo a: produzione, scambi, consumo, ricerca e sviluppo ecc.) deve avere la funzione di creare un mercato che porti all'*autosufficienza*, almeno alimentare, della comunità locale (non a caso i colcos migliori in Russia erano quelli basati sull'autoconsumo e non quelli specializzati in un settore).

In tal senso le tasse dei cittadini devono restare a livello locale-comunale: solo sulla base di progetti collettivi, contrattati, concordati con altri enti, parte di queste tasse potranno uscire dall'ambito locale.

In questo modo si rischierà forse di sviluppare gli egoismi particolaristici? Sì, se a livello locale non si riuscirà a realizzare la *democrazia sociale*, il socialismo democratico. Se però i cittadini avranno il senso del benessere collettivo a livello locale, non potranno restare indifferenti alle esigenze di benessere di altre comunità locali, poiché sapranno già per esperienza che il vero benessere è solo quello *interdipendente*.

Ma questo non è forse il discorso che fanno le Leghe? La posizione delle Leghe (italiane), in genere, è diametralmente opposta a quella del socialismo autogestito e democratico. Esse vogliono sì l'autonomia e il decentramento, e fanno bene a contestare il centralismo statale e l'autoritarismo del governo, ma non mettono mai in discussione il sistema capitalistico. Quando parlano di "sistema", si riferiscono a quello politico, non a quello economico. Quando si riferiscono a quello economico, sostengono soltanto l'autonomia regionale degli investimenti e la possibilità di trattenere le tasse in loco, non parlano mai di socializzare la produzione. L'obiettivo delle Leghe è unicamente quello di razionalizzare il capitalismo a livello locale.

Mimesi del socialismo

Ancora l'occidente non ha sperimentato, dal punto di vista borghese, la mimesi del socialismo. Ancora l'occidente, quale sfera geo-politica, globalmente intesa, non ha optato per un tipo di socialismo che gli permetta di restare capitalistico. Sotto questo aspetto la Cina sembra offrire maggiori garanzie di sviluppo del capitalismo per i prossimi secoli. Tuttavia, il momento di riconoscere il grande valore del socialismo si sta imponendo anche in occidente.

Il socialismo infatti è *un'esigenza vitale dell'umanità*, non è un'elaborazione intellettuale fatta a tavolino. Anche gli uomini di duemila anni fa, seppure con minore chiarezza di oggi, possono aver desiderato un sistema sociale in cui la proprietà delle cose fosse comune, il lavoro equamente retribuito ecc.

In Europa centrorientale hanno capito che una certa forma di socialismo - quella amministrata dall'alto - è insopportabile: il volontarismo delle masse (alla Stakhanov) poteva soltanto posticipare il momento della caduta, ma non impedirlo. Ora i comunisti dell'est devono capire che non è sbagliata *l'idea in sé* di socialismo. Gli uomini possono anche servirsi di questa idea per affermare un loro potere personale, come è avvenuto sotto lo stalinismo, ma l'idea resta, il loro potere no.

I comunisti est-europei hanno più probabilità di noi di creare un socialismo democratico, semplicemente perché essi hanno ancora degli "ideali politici". L'occidente, invece, da tempo non ha più ideali: l'unica preoccupazione che ha è quella di salvaguardare su scala mondiale il profitto della borghesia. A tale scopo, anche il socialismo può essere utilizzato: naturalmente non quello democratico e autogestito, ma quello della "miseria". In futuro avremo il "socialismo della miseria" per i più, e il "capitalismo del privilegio" per pochi eletti. Questa sarà la situazione in occidente appena il Terzo mondo alzerà la testa, ed è già una situazione riscontrabile in Cina.

In occidente infatti la popolazione, abituata al consumismo di massa, non si adeguerà all'*austerity*, per cui insorgerà. Di qui la repressione e la conseguente introduzione di elementi di socialismo. Ogni volta che il movimento operaio si dimostra tenace e combattivo, il regime borghese si serve del socialismo per controllare la protesta in maniera capillare. Ora che tale movimento è debole, è giunto il momento, per la borghesia, di realizzare il proprio socialismo in grande stile, prima che il movimento operaio si risvegli sulla scia dei prossimi sommovimenti nel Terzo mondo. Senza concedere nulla a nessuno, la borghesia è pronta a realizzare in occidente il proprio socialismo, per controllare al meglio l'intera società. Anche in Europa sarà così: se gli operai italiani entreranno in sciopero o protesteranno per questa svolta autoritaria, verranno puniti non dalla propria polizia, ma da quella francese o tedesca. La nostra invece andrà a reprimere gli operai spagnoli o portoghesi.

Il senso della *perestrojka*

Il crollo del "socialismo reale" non è stato la fine dell'idea di socialismo, ma solo la fine del socialismo burocratico e amministrato, quello dove la base riceve ordini dai vertici e dove si presume che la proprietà, solo perché "statale", debba essere gestita nel migliore dei modi.

La morte di questa forma di socialismo non può assolutamente implicare la fine della "prassi politica rivoluzionaria", perché di questa prassi nessuno potrà mai stabilire una "fine". Le rivoluzioni, quando riguardano la "mentalità", sono possibili e a volte necessarie persino là dove non esistono interessi antagonistici fra classi contrapposte (che poi l'antagonismo, a livello politico, cioè di potere, di carriera, di nomenklatura, ecc., la *perestrojka* ha dimostrato essere possibile anche all'interno di una medesima classe o comunque all'interno di una società socialista: ad es. fra burocrati, alti dirigenti e amministratori da una parte, e operai, contadini e impiegati medi dall'altra).

Per quanto riguarda l'idea di "comunismo", mi pare che si sia finalmente capito che nessuno può anticiparne arbitrariamente la venuta, né a livello pratico né, tanto meno, a livello teorico. Il comunismo è una mèta del futuro, oltre che un'esigenza vitale di tutti gli uomini, ne siano essi coscienti o no. La sua realizzazione non dipenderà da uno sforzo di volontà dei partiti comunisti, i quali anzi, "quel giorno", neppure sussisteranno, in quanto la politica come "scontro di classe", come scontro di interessi di potere conflittuali, sarà incompatibile con la società comunista. La sua realizzazione dipenderà dalla maturità etica, organizzativa e sociale dei rapporti umani dell'intera collettività.

Se anche la *perestrojka* è fallita è stato appunto perché chi avrebbe voluto trarne beneficio pretendeva che i mutamenti fondamentali avvenissero per imposizione dall'alto, esattamente coma avveniva prima, a partire da Stalin. Le lentezze della *perestrojka* attestavano appunto che il socialismo amministrato non favoriva la libera espressione dell'uomo e del cittadino. La *perestrojka* è stata la fine del rapporto gerarchico unilaterale, quello cioè in cui i dirigenti non vengono mai posti sotto controllo dalla base o da chi li elegge, ed è stata quindi l'inizio della responsabilità personale dei singoli individui, i quali però, essendo stati abituati per settant'anni al silenzio, hanno usato la loro rinnovata autonomia soltanto per favore il capitale privato. Ed è stato un peccato ch'essa si sia conclusa così inaspettatamente.

Non è stata la *perestrojka* ad aver scatenato una conflittualità sociale imprevedibile e inimmaginabile, come alcuni sostengono: essa aveva soltanto "permesso", come una valvola di sfogo, che il conflitto emergesse più facilmente. E questo conflitto non era "imprevedibile", poiché proprio la sua presenza (latente ma non per questo meno reale) aveva stimolato il fenomeno della *perestrojka*, che non poteva nascere dal nulla e che non sarebbe mai nata se le disfunzioni avessero riguardato cose di secondaria importanza. La *perestrojka* insomma aveva permesso che il conflitto emergesse senza farla scoppiare in maniera catastrofica.

È vero, i nazionalismi erano forti, esasperati (e lo sono ancora oggi), ma perché forte ed esasperato era stato l'egemonismo inaugurato dallo stalinismo nei loro confronti. Si può forse, in nome dell'internazionalismo (che pur senza dubbio è superiore a ogni nazionalismo), imporre una determinata ideologia?

Perché dunque c'è stata così tanta ostilità nei confronti della *perestrojka*? Non solo perché molti si attendevano la soluzione dei loro problemi come la "manna dal cielo", non solo perché, ovviamente, non tutti volevano perdere i poteri acquisiti, gli schemi mentali consolidati, ma anche perché si considerava il conflitto di classe superiore a qualunque forma di collaborazione col cosiddetto "nemico borghese". Questo modo di vedere le cose è ormai diventato terribilmente primitivo, anche facendo astrazione dalla necessità di una coesistenza pacifica nell'epoca nucleare. Il "nemico" è una realtà che s'impone da sola, di volta in volta, non è un soggetto da definire o catalogare. Anche perché la sua presenza, la sua "collocazione" non è mai così univoca come sembra.

Si può forse definire "nemico" del socialismo chi sostiene la *perestrojka* solo per trarne un vantaggio materiale o economico (come i nostri *businessmen* borghesi)? E che dire del politico occidentale che l'appoggiava solo perché pensava ch'essa avrebbe portato alla fine del socialismo? Se questi soggetti non hanno capito che la *perestrojka* era soltanto una ulteriore democratizzazione del socialismo, si deve per questo considerarli dei "nemici"? Non è stata la *perestrojka* a reintrodurre il capitalismo in Russia.

Come si vede le ambiguità non mancano né possono mancare. Se la verità delle cose fosse chiaramente percepibile da chiunque, non solo non esisterebbe alcun "nemico", ma non esisterebbe neppure il concetto di "verità" (da contrapporre a quello di "falsità"). La verità non è altro che un ricerca continua delle soluzioni migliori per il benessere dell'uomo. Contrapporsi a questa ricerca con frasi schematiche e astratte, senza neanche un atteggiamento di ascolto, di confronto aperto e sincero, quando, con la *perestrojka*, sono state coinvolte milioni di persone, non è cer-

to il modo migliore per chiarire le cose, il socialismo (teorico) che viviamo in Europa occidentale non ha nulla di rivoluzionario e, quando fa le
sue "*perestrojke*", è solo per allinearsi meglio al sistema. È stato abbastanza ridicolo, in tal senso, aver detto che la segreteria berlingueriana
aveva anticipato di molti anni l'esigenza di una "*perestrojka*" nei paesi
est-europei. Se c'è stata una segreteria che ha posto fine all'idea di comunismo, è stata proprio quella.

Il punto sulla "nuova mentalità"

Come noto, il principio teorico fondamentale della concezione
della "nuova mentalità", elaborata dalla filosofia politica della *perestrojka*, riguarda la presa di coscienza che l'umanità è non solo caratterizzata
da discontinuità e diversità (si pensi p.es. alle formazioni sociali del capitalismo e del socialismo), ma anche da integrità e unicità (nel senso ad
es. che le contraddizioni tra le due suddette formazioni devono svilupparsi all'interno dell'unità globale e strutturale della società umana). Dobbiamo, in sostanza, stare uniti (e lottare per questa unità) nella consapevolezza delle diversità che ci caratterizzano (e che possono anche
dividerci). Il rifiuto di questa necessità, oggi, coi mezzi bellici che abbiamo a disposizione, può portare la civiltà alla barbarie.

La formula dialettica dell'unità e della lotta dei contrari è familiare al marxismo. La nuova mentalità ha cercato di ridimensionare la valorizzazione unilaterale del momento della "lotta" a vantaggio di quello
dell'"unità", ma chi ci ha guadagnato è stato solo il capitalismo. La globalità del mondo è consolidata dall'interdipendenza dei suoi elementi,
che va aumentando di continuo, ma di ciò il capitalismo si serve per scopi tutt'altro che democratici. Come possono gli opposti attrarsi quando
sono antitetici? Qui è la *complementarietà* che manca.

I limiti della *perestrojka*

Marx si era limitato a sostenere che la prima legge economica
basata sulla riproduzione collettiva doveva essere quella della distribuzione pianificata del lavoro fra le diverse branche produttive. Con questa
legge non aveva certo in mente di razionalizzare lo sfruttamento della
manodopera salariata.

In tal senso, non è stato un caso che il "socialismo reale" sia crollato nel momento in cui sperava di passare da uno sfruttamento *estensivo*
delle risorse a uno *intensivo* (cioè dalla stagnazione all'accelerazione).

Preoccupato di superare gli indici di produzione e di lavoro del capitalismo, senza però poter beneficiare dello sfruttamento neocoloniale e senza poter puntare su un maggiore sfruttamento dei propri lavoratori (che non l'avrebbero sopportato), il socialismo amministrato e dirigistico s'è illuso, attraverso la *perestrojka*, che avrebbe potuto superare la stagnazione facendo leva sull'introduzione massiccia della rivoluzione tecnico-scientifica (così come ai tempi dello stalinismo si fece leva sull'entusiasmo ideologico delle masse, sul volontarismo dei lavoratori, fino allo stakhanovismo, senza mai mettere in discussione la pianificazione centralizzata dello Stato: il che - come noto - comportava un relativo sfruttamento dei lavoratori, proprietari dei mezzi produttivi solo indirettamente, attraverso appunto gli organi statali).

Il fallimento della *perestrojka* è stato totale, prima ancora che s'introducesse l'uso della tecnologia occidentale. Con il suo crollo, la *perestrojka* ha dimostrato, direttamente, che il socialismo democratico va costruito su basi completamente diverse da quello amministrato e, indirettamente, che il capitalismo non ha futuro, neppure se viene razionalizzato al massimo, come appunto è accaduto nel socialismo reale, ove tutti i capitalisti erano stati espropriati a vantaggio dello Stato. Ciò sebbene attualmente il suddetto crollo sembri dimostrare proprio il contrario, e cioè che l'accettazione dei parametri occidentali come metro di misura del benessere sociale, comporta l'abbandono di ogni forma di socialismo, persino di ogni ipotesi di socialismo democratico.

Gli economisti della *perestrojka* (A. Aganbeghian, V. Afanassiev, V. Kanke, V. Lantsov ecc.) hanno fallito il loro obiettivo d'intensificare la produttività del socialismo amministrato non tanto perché non sono stati sufficientemente radicali nel volere la fine del burocratismo (anche per questo), quanto piuttosto perché hanno continuato a considerare il capitalismo come un termine di confronto per l'efficienza del socialismo. Essi cioè speravano che, ferma restando la socializzazione dei mezzi produttivi, il socialismo avrebbe potuto superare il capitalismo se solo avesse adottato gli strumenti tecnico-scientifici di quest'ultimo.

È stato forse un caso che nel desiderare un obiettivo del genere, tali economisti non siano mai arrivati ad accettare l'idea che la socializzazione dei mezzi produttivi avrebbe dovuto comportare un totale trasferimento della proprietà dallo Stato ai lavoratori? Essi, naturalmente, se avessero accettato una simile eventualità, avrebbero dovuto poi rinunciare alle loro teorie di sviluppo intensivo e accelerato, secondo i parametri occidentali.

I fatti, come noto, hanno dimostrato che se nel socialismo amministrato si pretende una maggiore produttività del lavoro, l'autonomia che si concede (a livello finanziario, gestionale ecc.) non è sufficiente per ottenere maggiore produttività. Se si punta alla maggiore produttività, l'autonomia viene usata, fermo restando il primato dell'industria, per uscire da qualunque forma di socialismo, abbracciando il capitalismo.

Il socialismo amministrato è stato il tentativo di superare i limiti del capitalismo monopolistico accettandone però il presupposto fondamentale: il primato dell'industria sull'agricoltura. La *perestrojka* non ha messo in discussione questo primato, ma solo la pretesa che fosse lo Stato a gestirlo dall'alto. La *perestrojka*, da un lato, voleva permettere all'industria di autogestirsi, dall'altro voleva continuare a garantire il coordinamento statale, verticistico, di tutta l'industria e il monopolio nazionale di taluni settori produttivi strategici e di alcune risorse.

Il socialismo invece può superare il capitalismo se torna al primato dell'*agricoltura,* con la consapevolezza delle potenzialità e dei limiti dell'industrializzazione e dell'urbanizzazione. Il socialismo cioè deve tornare al "feudalesimo", superandone ovviamente i limiti del servaggio e del clericalismo, senza dimenticare nel contempo la possibilità di usare la moderna tecnologia per i bisogni sociali, i quali devono diventare il fulcro attorno a cui far ruotare ogni iniziativa.

Il senso dello Stato di diritto

Ha ancora senso parlare di "Stato di diritto" o di "Stato socialista di diritto"? Queste espressioni giuspolitiche, anche alla luce di quanto è accaduto nell'est-europeo, non stanno cominciando forse ad apparire come un tentativo per continuare a giustificare dei sistemi sociali (ivi inclusi quelli occidentali) che democratici non sono più e forse mai lo sono veramente stati?

Detto senza interrogativi, si ha come l'impressione che tenere uniti concetti come "Stato e democrazia" o "Stato e socialismo", o addirittura "Stato e diritto", sia diventato assolutamente deleterio per lo sviluppo dei rapporti sociali e umani. Questo perché l'evidenza sta lì a dimostrare che all'affermazione di uno dei due termini (lo Stato) segue necessariamente, quasi automaticamente, la negazione dell'altro.

La stessa *perestrojka* sembra essersi incagliata proprio su questo scoglio. Dopo aver sostenuto - a ragion veduta - che la formazione di uno "Stato socialista di diritto" è indissolubilmente legata alla promozione della democrazia, si è posta per così dire in attesa contemplativa dello sviluppo "spontaneo", naturale, della stessa democrazia, senza offrirne però gli strumenti più idonei. Addirittura si era arrivati a credere che per realizzare il socialismo autogestito fosse necessario trovare una mediazione tra socialismo e capitalismo, tra pianificazione dall'alto e mercato dal basso.

Questi modi d'impostare il problema non hanno dato i frutti sperati. Si era detto: l'autogestione socialista del popolo non è possibile se non si garantisce il primato della legge o del diritto, che esclude l'arbitrio, l'anarchia e gli abusi dei funzionari statali o di partito.

Bene. Perché allora tutto questo si è fermato? La risposta forse è più semplice di quel che non si creda: perché alla pretesa identificazione di "Stato e popolo" non ha fatto seguito la vera democrazia sociale (o socialista), ma solo l'intenzione di crearla. Nel peggiore dei casi è venuto emergendo il rifiuto istintivo nei confronti non solo di tutto quanto è "statale", ma anche di tutto quanto è "popolare": di qui le tendenze corporative, etnocentriche, antisociali..., così ben espresse da e sotto il governo di Eltsin.

Cioè a dire, non si è ancora arrivati ad accettare l'idea che per realizzare la vera democrazia sociale, occorre superare non solo il concetto di *Stato*, che inevitabilmente amministra in maniera burocratica e piramidale tutta la società; e non solo il concetto tradizionale di *partito*, che si serve appunto delle istituzioni statali per dominare, dividendo la società in "bianchi e neri"; ma va superato anche il concetto di *diritto*, che da solo non può far funzionare le cose, neppure se è il più democratico di questo mondo, riformato da intense lotte politiche.

La *perestrojka* l'aveva detto con precisione: occorre sviluppare, in modo organico, dal basso, la democrazia socialista attraverso il decentramento autogestionale e l'uso sociale, collettivo, libero (non imposto dalle autorità superiori) della proprietà, dei mezzi economici di produzione, trasformazione e distribuzione dei prodotti. La *perestrojka* era giunta a questa conclusione dopo aver costatato che lo Stato socialista non era migliore di quello capitalista, che cioè una proprietà statalizzata non è di per sé più efficiente di una assolutamente privata.

Detto questo però essa non ha fatto, con coerenza e decisione, il passo successivo: che è quello di convincersi che non può esistere vera democrazia sociale se questa non è diretta, immediata, gestita dal popolo, e che il popolo, per operare in maniera efficiente, non può più coincidere con la nazione o, peggio, con lo Stato. Il vero "popolo" è quello che coincide con una *unità territoriale limitata*, circoscritta anche nei confini geografici, al di là dei quali la democrazia sociale non diventa - come spesso si dice - più "complessa" o "diversificata", ma diventa "formale" cioè invivibile, impossibile.

L'organizzazione dello Stato moderno

Gli Stati moderni vennero istituiti, oltre che per motivi di "classe", dopo aver sperimentato che le forze sociali potevano produrre, attraverso la tecnologia, un benessere particolarmente elevato. L'organizzazione dello Stato moderno sarebbe stata impensabile in qualunque altra epoca, proprio perché nei confronti delle risorse naturali e umane non è mai esistito quell'incredibile sfruttamento cui ci ha portato la rivoluzione tecnico-scientifica e industriale del capitalismo.

Il capitalismo ha partorito un mostro che, anche contro le sue migliori intenzioni, fa sentire i cittadini alienati e impotenti (inclusi quelli che - come dice Marx - fanno della propria alienazione un motivo per dominare gli altri). Semplicemente perché non si riesce più ad avere un rapporto organico con il contesto locale in cui si vive: ci si sente derubati delle proprie capacità decisionali, gestionali e di controllo. Cittadini e lavoratori sanno bene infatti che fra loro e il contesto locale si frappone sempre un elemento estraneo, che vuol farla "da padrone": è lo Stato.

La *perestrojka* ha tardato a comprendere il processo di autonomizzazione delle etnie, delle nazionalità e dei gruppi linguistici, religiosi ecc. Ha veduto in questo processo solo gli aspetti negativi della disgregazione, e non ha compreso ch'esso, in realtà, rappresenta solo la forma più istintiva, più irriflessa, di un altro processo, ben più vasto e imponente, che dovrà caratterizzare la democrazia nei prossimi secoli.

La stessa sinistra occidentale spesso non ha lo sguardo rivolto verso il futuro: si preoccupa dello sfascio del "socialismo reale" perché vede solo il dominio incontrastato degli Usa, oppure se ne compiace al fine di legittimare la propria rinuncia alla fuoriuscita dal capitalismo. In entrambi i casi non ci si è sforzati di comprendere in che modo la nuova mentalità della *perestrojka* poteva portare il mondo intero, e quindi anche l'occidente, verso il superamento dell'antagonismo sociale e internazionale. Molta della stessa intellighenzia sudamericana progressista sembra non aver capito che il "socialismo reale" non poteva continuare a vivere nella stagnazione solo per impedire che il conflitto Est-Ovest si trasformasse in quello Nord-Sud.

Dobbiamo in sostanza capire che solo attraverso l'*autogoverno del popolo* (inteso come gruppo sociale circoscritto, dotato di autonomia politica e capacità decisionale a tutti i livelli) è possibile superare il mito di una legge imparziale o di uno Stato di diritto, democratico. La legge ha valore nella misura in cui la elabora chi la deve applicare. Chi la deve applicare - diversamente da chi fino ad oggi si è limitato ad elaborarla - sa bene che i rapporti sociali sono sempre molto più complessi di qualunque legge. Le leggi migliori, quelle che veramente rispecchiano gli usi e i costumi di una determinata popolazione, sono - come tutti sanno - quelle "non-scritte", quelle che ci si tramanda per consuetudine, di generazione in generazione, quelle che si cambiano al cambiare dei rapporti sociali, collettivi, di tutta la popolazione, in modo lento e progressivo. Il vero diritto - diceva Marx - dev'essere "disuguale", perché deve tener conto di bisogni diversi.

Si dirà: se nell'ambito locale vigono i rapporti antagonistici (frutto ad es. di un uso privato della proprietà), è impossibile che la legge promuova la democrazia, poiché chi la elabora non sarà mai la stessa persona che la deve applicare; oppure, se si tratta della stessa persona, quella più forte (economicamente) cercherà d'imporre delle leggi la cui applicazione non leda i suoi interessi.

È vero, ma la storia ha dimostrato, tanto all'est quanto all'ovest, che lo Stato non è in grado di superare i rapporti antagonistici. Nel "socialismo reale" lo Stato cercò di eliminarli statalizzando, con la forza, la proprietà, ma finì col riprodurli nei rapporti tra società civile e Stato, poiché lo Stato e il partito dominavano una società impotente.

Stato e popolo

Nei paesi capitalisti - come noto - l'antagonismo della società viene protetto dallo Stato, il quale cerca di renderlo meno insopportabile, assumendo un ruolo di mediatore, quando le masse reagiscono con scioperi e manifestazioni, e cerca invece di esasperarlo, togliendosi la maschera dell'interclassismo, quando esse reagiscono con insurrezioni e rivoluzioni.

Questo cosa significa? Che se non sono le masse a distruggere i rapporti conflittuali, che alienano gli uomini e li abbruttiscono, sostituendoli con quelli pacifici, egualitari e democratici, nessuno potrà mai farlo al loro posto. Nessuno cioè potrà mai creare uno Stato così democratico o una legislazione così giusta da rendere inutile il compito delle masse. La *perestrojka* non può essere costruita solo dall'alto.

Ogniqualvolta il popolo si attende la propria emancipazione o liberazione da parte di forze governative o statali, di sicuro non si realizza alcuna democrazia. Uno Stato che garantisce la democrazia, *eo ipso* la viola.

Tale assunto i paesi est-europei l'hanno acquisito prima di noi, perché politicamente, nonostante tutto, erano più maturi. Ciò che ancora difetta è la *pars construens*. Ancora in effetti non si vede da parte di quelle popolazioni un'energia, una capacità autorevole, sufficiente a delegittimare progressivamente le funzioni dello Stato e del diritto. Ancora cioè non si è capaci di trarre le logiche conseguenze dal principio affermato in sede teorica, secondo cui il valore politico fondamentale dello Stato di diritto è quello della *sovranità popolare*.

Come noto, la concezione gorbacioviana dello "Stato di diritto" si è sviluppata in antitesi a quella retorica o demagogica di "Stato di tutto il popolo", che, a sua volta, aveva sostituito quella estrema, che lo stalinismo aveva protratto anche in tempi di pace, di "dittatura del proletariato". Dalla "dittatura *sul* proletariato" dello stalinismo si era passati allo "Stato *per* tutto il popolo" della stagnazione. Oggi si parla di "Stato di diritto" con una pretesa maggiormente realistica, imitando - sul piano dell'espressione formale - la giurisprudenza occidentale. Si afferma cioè che la legge deve essere uguale per tutti, che i diritti non vanno affermati solo sulla carta, ecc., e si aggiunge che il socialismo, a differenza del capitalismo, ha maggiori possibilità, se diventa democratico, d'essere coerente coi suoi principi.

La *perestrojka* però non avrà futuro se non avrà il coraggio di affermare non solo che lo Stato di diritto è tale solo se si lascia subordinare alla sovranità popolare, ma anche che esso deve accettare l'idea di una sua progressiva estinzione. Oggi infatti siamo arrivati al punto che un decentramento ha senso solo se contemporaneamente si ha un progressivo esautoramento delle funzioni statali, parlamentari e del governo centrale, a vantaggio dei livelli regionali e locali. Questo vale tanto all'est quanto all'ovest.

Quando Lenin, e prima di lui Engels, dicevano che lo Stato socialista deve estinguersi, in quanto non può essere abolito a colpi di decreti e meno che mai può esserlo finché esiste l'antagonismo sociale, sostenevano, in pratica, il primato della società civile (dando per scontato, *naturaliter*, ch'essa fosse già socialista).

Oggi inoltre sappiamo che la fine dello Stato o del diritto non può essere neppure la "logica" conseguenza di una rivoluzione politica, come si credette l'indomani dell'Ottobre. I bolscevichi hanno pagato cara l'illusione di credere che fosse sufficiente una rivoluzione politica per garantire la libertà a tutti gli uomini. La rivoluzione politica, in realtà, non è che il primo momento della liberazione, quello più elementare, più "facile" - se vogliamo -, poiché è il momento concepito come liberazione da un "nemico" (interno e/o esterno, politico e/o sociale), non è ancora il momento positivo della costruzione della libertà nella pace.

*

Da notare, *en passant*, che il socialismo occidentale spesso si è vantato di non essere caduto nelle aberrazioni del "socialismo reale", mostrando d'aver capito in anticipo che il socialismo, per essere democratico, deve avvalersi delle conquiste giuspolitiche della democrazia borghese (che è "formale" per sua natura). In tal modo si è creduto e si è fatto credere che la transizione dal capitalismo al socialismo doveva necessariamente avvenire in maniera pacifica, non-violenta, senza traumi di sorta... Come se a priori si potesse stabilire una cosa del genere! Si è cioè sperato che la borghesia giungesse alla consapevolezza delle proprie contraddizioni e si facesse da parte spontaneamente, consegnando le chiavi del potere alle forze di opposizione. Si è insomma avuto l'ardire di criticare il "presente" del socialismo in nome del suo "futuro", l'essere in nome del dover-essere.

Già l'Ottobre, in verità, aveva evidenziato la precarietà di queste posizioni. Che cosa fu la rivoluzione bolscevica se non il tentativo di dimostrare che in una società dominata dall'oppressione, le classi che la subiscono non possono coltivare a lungo l'illusione di poterla sopportare?

Il fatto è purtroppo che, puntando più sulla centralizzazione e meno sulla democratizzazione, ad un certo punto la rivoluzione ha impedito che la verità affermata sull'estinzione dello Stato potesse realizzarsi in modo adeguato. L'ultimo Lenin comprese sì la necessità del decentramento e dell'autogestione, ma ai fini del rafforzamento dello Stato, non della sua scomparsa progressiva. In questo, ovviamente, egli era condizionato da un mare di problemi: l'arretratezza economica della società e culturale delle masse, l'interventismo straniero, la guerra civile... Era facile in quei momenti pensare che la controrivoluzione sarebbe stata meglio combattuta col centralismo che non con la democrazia. Meno giustificazioni ebbe lo stalinismo, che finì col distruggere tutta l'esperienza dei Soviet, la NEP e qualsiasi forma di decentramento e di autogestione.

Reagendo poi allo stalinismo e alla successiva stagnazione, la *perestrojka* ha avuto l'occasione di comprendere che la vera, profonda, libertà è quella che si vive in maniera sociale, nell'ambito dei rapporti umani, in un contesto in cui l'antagonismo dovuto alle differenze di classe, di ceto o di proprietà sia risolto non solo politicamente (ché se la rivoluzione si ferma a questo livello non ottiene nulla), ma anche socialmente.

Il primo passo è certamente quello della rivoluzione politica (anche il gramscismo, se non tende a questo fine, è un'illusione), altrimenti l'edificio dei nuovi rapporti sociali è impossibile costruirlo. La spontaneità della transizione è un criterio che può essere accettato in via di fatto: in fondo, tutte le opposizioni a un sistema oppressivo nascono spontaneamente. Ma non la si può accettare come metodo, poiché così nessun sistema oppressivo è mai stato e mai verrà vinto.

La spontaneità, al massimo, la si può accettare come metodo dopo che la rivoluzione politica è stata compiuta, dopo che la democrazia sociale messa in atto ha raggiunto una certa maturità, dopo che la responsabilità delle masse, che sentono il collettivo come parte integrante della loro vita, appare come garanzia sufficiente contro il ritorno ai vecchi sistemi. Ma perché questa maturità si formi occorre tempo, molto tempo.

Oggi il compito che attende la sinistra è quello di organizzare un'opposizione consapevole al sistema politico ed economico di questa società capitalistica, che abbia come metodo l'affronto delle contraddizioni a livello locale (per costruire e strutturare il consenso), e come fine l'edificazione di una società autogestita, in cui il livello locale-regionale abbia un primato funzionale, operativo, su quello centrale-nazionale.

In questo senso, un partito che lotta per la transizione non può essere semplicemente un'organizzazione politica, dev'essere anche uno strumento di promozione dei diritti umani, della cultura, dei rapporti sociali, dell'ambiente pulito... Non nel senso che il partito deve gestire in proprio queste cose, ma nel senso ch'esso deve promuoverle, stimolarle, o raccordarle, se già ci sono.

La democrazia non può più essere intesa solo in senso politico, come spazio da rivendicare per garantire il rispetto di determinati diritti. Essa va intesa in senso globale, complessivo, per il recupero di un'identità perduta e non solo di un diritto violato. E ognuno si rende conto da sé che per recuperare tale identità occorrono anche i livelli sociale e culturale, oltre a quello politico, ovvero la valorizzazione delle risorse naturali, la tutela delle minoranze etniche, la cultura della diversità, la lotta contro il consumismo e tante altre cose non meno importanti.

Il nuovo soggetto democratico e socialista, nel volere l'estinzione dello Stato, non va a cercare dei mezzi efficaci, a livello giuspolitico, validi di per sé, per cercare d'impedire, con sicurezza, che in futuro si ripresenti la violazione della legalità.

La nuova mentalità sa, anzi deve sapere che non esiste alcuna possibilità d'impedire *ope legis* una tale violazione, né, tanto meno, servendosi di mezzi repressivi e polizieschi. L'unico modo d'impedirla, infatti, sta nella possibilità che ogni volta ch'essa si presenta, le masse (intese come collettivo e come unità di singoli) si facciano carico della responsabilità necessaria: una responsabilità che deve muoversi in tutte le direzioni. Non c'è altro modo.

Piano e mercato possono coesistere?

In molti ambienti della sinistra europea, orientale e occidentale, si è convinti che la *perestrojka* gorbacioviana sia fallita con il fallimento dell'Urss, ovvero che la questione delle nazionalità abbia tolto ogni speranza all'idea di poter democratizzare il socialismo nato con l'Ottobre, tanto che oggi, in luogo dell'Unione Sovietica, esiste una precaria Csi e in luogo del socialismo da caserma esiste una informe economia mista.

In realtà questo modo di vedere le cose è alquanto riduttivo: semplicemente perché il processo di autonomizzazione delle etnie e nazionalità non deve essere visto, di per sé, in antitesi al processo di democratizzazione del socialismo. Né d'altra parte il tentativo di conservare la fisionomia istituzionale dell'Urss (come ha cercato, invano, di fare Gorbaciov) doveva essere visto come un semplice modo per garantire, di per sé, una migliore democratizzazione di un socialismo verticistico.

È vero, non può esistere socialismo se il mercato non è regolamentato da un piano, ma non è detto che questo piano, per funzionare, non possa essere gestito a livello *locale* o comunque *regionale*, rinunciando alle centralizzazioni gestionali, a livello statale o di "Unione".

Se non si accetta la possibilità di regolamentare tutta l'economia a livello *locale*, sarà poi inevitabile sostenere l'impossibilità di una democratizzazione del socialismo, ovvero la necessità della sua trasformazione in senso capitalistico (per quanto una prospettiva del genere dovrebbe, non meno inevitabilmente, sfociare in un'altra guerra mondiale per una nuova ripartizione delle colonie, poiché è difficile pensare che i paesi esteuropei si adatteranno al ruolo di "periferia neo-coloniale" dell'imperialismo occidentale).

La prospettiva, per la Russia e per tutta la Csi, di tornare al capitalismo d'inizio secolo, è considerata dalla sinistra occidentale, o con auspicio o come un fatto doloroso ma inevitabile: la differenza dipende dalle diverse posizioni politiche. Raramente si sentono interventi a favore della democratizzazione progressiva del socialismo che non siano anche a favore del capitalismo. Alla sinistra occidentale appare adesso impossibile cercare una "terza via" tra socialismo burocratico e capitalismo monopolistico-statale.

Fino a ieri invece, per la coscienza di questa sinistra, il socialismo reale rappresentava una sorta di "super-ego": alcuni gli obbedivano ciecamente, senza volerne vedere i limiti; altri lo detestavano solo in privato, mentre in pubblico non volevano darla vinta al capitalismo; altri ancora lo attaccavano duramente in pubblico, sostenendo che il vero socialismo può essere realizzato solo in Europa occidentale, e così via. In certi ambienti di estrema sinistra si era addirittura arrivati a dire che il socialismo reale costituiva una variante del capitalismo di stato, dimenticandosi però di precisare che mentre qui è l'economia che detta legge alla politica, là era il contrario.

Non a caso tutta questa sinistra si è preoccupata di più di discutere sul crollo dell'Urs o sull'impotenza del Pcus, che non di esaminare da vicino le grandi novità lanciate dalla *perestrojka*. Ancora oggi ci si sofferma più volentieri sulle contraddizioni di una *perestrojka* incompiuta che non sulle possibili alternative allo stato di crisi e di confusione (peraltro inevitabile) in cui regnano i paesi est-europei.

Ci si è meravigliati dell'improvviso crollo di un sistema mondiale dispotico (peraltro non meno dispotico di quello capitalistico occidentale), senza rendersi conto del motivo per cui certe "svolte" sono necessarie. L'incomprensione della *perestrojka*, da parte della sinistra occidentale, probabilmente è dipesa dal fatto che il giudizio sul "socialismo reale" era deformato dalla pretesa, non giustificata, di delegare all'Urss e al blocco socialista il compito di contrastare a livello mondiale le forze del capitalismo. Tale pretesa, al pari della recente affermazione secondo cui la fine del confronto Est-Ovest ha determinato l'acuirsi di quello Nord-Sud (in quanto il Sud non è più protetto, direttamente o indirettamente, dall'Est), fanno parte di quell'atteggiamento, puramente teorico, di contestazione al sistema capitalistico.

In effetti, se l'opposizione fosse anche pratica, oggi non si darebbe per scontato il trionfo mondiale del capitalismo e l'inglobamento di tutto il blocco socialista nel Sud, così come ieri non sarebbe venuto in mente di delegare all'Urss un compito che si deve in realtà gestire autonomamente. E si riuscirebbe anche a comprendere come l'est-europeo vada cercando una "terza via" che tornerà utile anche al Sud, soprattutto a quelle forze progressiste che nel Sud stanno elaborando una via non-capitalistica.

Il socialismo reale è crollato per motivi interni, non tanto per la pretesa superiorità del capitalismo. Né esso poteva continuare a sussistere solo per fare un "favore" al Sud, anche perché il Sud deve cercare in se stesso la forza per emanciparsi dal dominio neo-coloniale. Gli appoggi esterni possono essere utili, ma non decisivi. Forse qualcuno aiutò la rivoluzione bolscevica a liberarsi del capitalismo? I fatti non hanno forse dimostrato che se un Paese vuole liberarsi del capitalismo grazie soprattutto agli aiuti esterni, la rivoluzione compiuta è destinata, prima o poi, a trasformarsi in una nuova dittatura?

Non si può dunque accusare l'est-europeo di aver peggiorato, col proprio crollo, le condizioni di vita nel Sud del mondo. Le ragioni di questo peggioramento vanno sempre ricercate nell'acuirsi dello sfruttamento economico del capitalismo occidentale, ovvero nella scarsa resistenza politica delle forze progressiste, occidentali e terzomondiste.

Una Nep vecchia e nuova

Stando a molti economisti marxisti odierni, della ex-Urss, la *perestrojka* ha ripreso la logica della Nuova Politica Economica perché, dopo questa esperienza socio-economica, il lavoratore sovietico non aveva più avuto la possibilità di sentirsi padrone dei suoi mezzi produttivi: egli praticamente era diventato un "dipendente statale". La fine della Nep aveva determinato il definitivo passaggio di tutta la terra, le fabbriche e le aziende nelle mani dello Stato, non del popolo, il quale si era così visto espropriare della facoltà di amministrare direttamente la proprietà, sia pubblica che privata. Il lavoratore sovietico, dopo la Nep, non ha mai avuto altra possibilità che quella di diventare un lavoratore salariato dello Stato. Paradossalmente - dicono ancora questi economisti - c'era più "socialismo" in quei paesi dove gli operai sono azionisti delle imprese in cui lavorano.

I limiti operativi di questo sistema burocratico-amministrativo sono già ben noti perché qui si stia di nuovo ad elencarli. Il problema oggi è diventato quello di come conciliare una pianificazione consapevole con un mercato spontaneo, ovvero quello di sapere chi devono essere i soggetti della pianificazione e fino a che punto il mercato dev'essere lasciato libero. Al momento non sono state date soluzioni convincenti, che possano soddisfare le esigenze della grande maggioranza dei cittadini della nuova Comunità degli Stati Indipendenti.

La legge sull'attività lavorativa individuale ha praticamente reintrodotto il concetto di "proprietà privata", seppure su piccola scala, mentre la legge sull'affitto e i rapporti d'affitto permette ai lavoratori di diventare affittuari non solo della terra ma anche dei rapporti produttivi. Il che è come se si fossero spezzate le due tavole della legge mosaica, in quanto pochi economisti marxisti avrebbero potuto pensare che la "Nep" della *perestrojka* si sarebbe spinta fino ad accettare di far entrare nel ciclo commerciale privato i mezzi di produzione, permettendo così l'assunzione di manodopera salariata.

Gli economisti radicali, in questo senso, non hanno remore di sorta e si spingono ancora più in là. "Mercato socialista", per loro, vuol dire mercato delle merci, del denaro, dei titoli e anche del lavoro. Essi affermano che se il lavoratore è padrone della propria forza-lavoro, dev'essere anche libero di contrattarla con qualunque imprenditore, lasciando allo Stato solo il compito di garantire al settore privato condizioni di lavoro e di assistenza sociale non inferiori a quelle del settore pubblico.

Vien da chiedersi - stando a una posizione del genere - se l'obiettivo sia effettivamente quello di realizzare un "socialismo autogestito di mercato" o non piuttosto una qualche variante del "capitalismo di stato". Si può essere infatti d'accordo che un lavoratore dev'essere lasciato libero di fare il dipendente salariato o il socio di una cooperativa, ma questa libertà dovrebbe poterla godere in qualsiasi momento e non solo adesso, nel momento in cui deve scegliere, cioè nel momento in cui tutti i principali mezzi produttivi sono ancora nelle mani dello Stato e non del popolo. Questi radicali sembrano volere una sorta di sistema sociale in cui lo Stato sia "socialista" e la società sia "capitalista": può forse essere questo il modo in cui si costruisce il "socialismo democratico"?

La proprietà statale dei mezzi produttivi non può essere messa all'asta, a disposizione del miglior offerente. Tale proprietà va progressivamente trasferita nelle mani dei lavoratori, solo ai quali, collettivamente intesi e non come singoli sparsi, spetta il compito di gestirla e controllarla. Certo, è oltremodo superata l'idea di salvaguardare lo Stato socialista tradizionale, onde impedire che la *perestrojka*, sul piano dei rapporti socio-economici, rischi di stimolare la reintroduzione del capitalismo. Questo modo di vedere le cose è tipico di chi vuol fare le riforme a metà, cioè di chi si fida di più, in ultima istanza, dei metodi amministrativi che non di quelli economici.

Il rischio di tornare al capitalismo non può essere impedito per vie legali. In questo senso la *perestrojka* ha funzionato fin quando ha capito le assurdità del socialismo reale, e si è fermata quando ha dovuto cercare delle alternative concrete. Essa non è arrivata ad accettare il fatto che la *proprietà sociale* non solo non può coincidere con quella statale, ma addirittura le si oppone. Nel senso che le due proprietà: statale e sociale, si escludono a vicenda.

Purtroppo però le soluzioni operate dal governo Eltsin sono state favorevoli a un uso capitalistico della proprietà privata, salvo quando si è deciso di reintrodurre gli strumenti dello Stato sociale per contenere lo scontento della gente. Non c'è stata una vera e propria strategia, ma solo una reazione istintiva a situazioni immediate. Non si può stimolare la nascita del mercato partendo non dalla ricostruzione graduale, democratica, del sistema socio-produttivo, ma dall'affermazione di principi capitalistici allo stato puro, come la privatizzazione delle terre, la liberalizzazione dei prezzi, i licenziamenti, l'acquisizione di crediti presso banche estere, la pressione fiscale ecc. Ieri il governo obbligava al socialismo, oggi obbliga al capitalismo.

Differenti tipi di proprietà

Fino alla nascita della *perestrojka* la sinistra occidentale più progressista è stata favorevole alle nazionalizzazioni perché credeva che in tal modo si potesse realizzare un controllo pubblico della proprietà, dei capitali investiti e dei profitti realizzati. Non solo, ma tale sinistra - convinta che l'obiettivo del movimento comunista fosse quello del socialismo amministrato dall'alto - considerava il capitalismo monopolistico-statale come l'anticamera di tale socialismo.

Oggi, alla luce del fallimento del socialismo reale, questo modo di vedere le cose è soggetto a profonde revisioni, al punto che l'opporsi alle privatizzazioni dei nostri governi in nome della salvaguardia delle passate nazionalizzazioni, equivale a fare una politica più conservatrice di quella degli stessi governi, che con le privatizzazioni non vogliono allargare la democrazia sociale ma favorire i monopoli privati già esistenti.

I nostri governi infatti hanno capito che lo Stato sociale, così com'è, non funziona, anche se non vedono alternative al fatto di dover concedere più potere ai monopoli. Cosa che inevitabilmente farà aumentare a dismisura i conflitti sociali, quei conflitti che ieri le forze progressiste pensavano di attenuare creando strutture di socialismo (come appunto le nazionalizzazioni, ma non solo queste) in un regime di capitalismo monopolistico-statale.

Oggi in realtà la sinistra democratica dovrebbe cominciare a sostenere:
1. che nel sistema capitalistico ogni riforma in senso socialista è destinata al fallimento, se i lavoratori non dispongono di poteri reali e non formali;
2. che nel sistema capitalistico tutti i tentativi riformatori sono destinati al fallimento non solo perché il capitalismo - come sistema economico - impedisce una reale democrazia sociale, ma anche perché lo strumento politico privilegiato ch'esso si è dato - lo Stato - impedisce una reale democrazia politica;
3. che il capitalismo monopolistico-statale è entrato in un vicolo cieco: andare avanti non può, se non sono i lavoratori a esigere la transizione verso il socialismo democratico; se resta fermo, lo Stato sociale deve dichiarare bancarotta; se passa alle privatizzazioni, l'antagonismo sociale, abituato allo Stato sociale, diverrà per forza molto acuto, tanto che molto più autoritario dovrà essere il potere statale (nazionale e sovranazionale) per reprimerlo.

Insomma, tanto nell'Europa dell'est quanto in quella dell'ovest il superamento del concetto di Stato è all'ordine del giorno: là naturalmente deve passare attraverso la democratizzazione del socialismo, qui invece deve passare attraverso la socializzazione della proprietà.

In entrambi i casi è sul concetto di "proprietà privata" che bisognerà rivedere le tradizionali e opposte posizioni ideologiche. A ben guardare, in effetti, non è tale concetto che di per sé fa problema; è piuttosto il monopolio (statale o individuale) che genera ingiustizie. Il monopolio dovrebbe essere collettivo, nel senso che tutti devono avere la possibilità di diventare proprietari, e non in maniera formale (come in occidente) o in maniera simbolica (come in oriente). Non ci si può sentire proprietari solo in potenza, in teoria, oppure solo in maniera ideale, metaforica. Se nell'Europa dell'est i cittadini hanno voluto espropriare lo Stato del monopolio della proprietà, nell'Europa dell'ovest i cittadini devono fare la stessa cosa nei confronti degli imprenditori privati e dei grossi latifondisti.

La proprietà è un diritto di tutti, che va proporzionato al bisogno e alle capacità produttive. L'esproprio dei monopoli avviene appunto quando la grande maggioranza dei cittadini, stanca di sopportare miserie e ingiustizie, decide di rivendicare con decisione un diritto sacrosanto. Se questo esproprio oggi è avvenuto, prima che altrove, nell'Europa dell'est le ragioni, probabilmente, sono state due: 1) indigenza e precarietà erano maggiori (anche perché l'est non ha mai beneficiato di uno sfruttamento neocoloniale mondiale); 2) la consapevolezza politica era superiore (senza di questa, la miseria non basta per ribellarsi con successo).

Certo, se il senso di giustizia fosse forte, non si dovrebbe aspettare che si costituisca una maggioranza di nullatenenti prima di fare la rivoluzione. I piccoli proprietari privati dovrebbero allearsi con i diseredati per espropriare i grandi monopoli, nella consapevolezza di fare non solo una giustizia di carattere generale, ma anche i propri interessi, poiché, se non ci sarà quell'esproprio, il grande monopolio finirà, prima o poi, col mangiarsi tutta la piccola proprietà. Ogni ritardo, nella realizzazione della giustizia sociale, si ritorce su chiunque, anche se in tempi e modi diversi.

Se la proprietà è di tutti, la democrazia e il socialismo sono materialmente garantiti: il resto va costruito sulla base dei rapporti sociali. Marx non era contrario alla proprietà libera e indipendente, ma solo a quella che si usa per sfruttare il lavoro altrui. Naturalmente era consapevole che una proprietà gestita in modo sociale avrebbe dato più frutti di una proprietà libera gestita in modo individuale. In effetti, se la proprietà dà sicurezza, il collettivo ne dà di più. Se col collettivo diminuisce il senso individuale di proprietà, cresce però il senso di protezione sociale e di cooperazione. Il singolo tuttavia non può essere costretto ad accettare con la forza un uso collettivo della proprietà. Dopo avergli garantito un possesso della proprietà, in proporzione alle sue forze produttive, si potrà soltanto mostrargli con l'esempio che una proprietà *socialmente gestita* è più efficiente.

Lenin e la *perestrojka*

Per capire la *perestrojka* di Gorbaciov, cioè l'essenza del socialismo democratico, bisognerebbe rileggersi le ultime opere di Lenin. All'occidente progressista invece dovrebbero interessare di più le opere del giovane Lenin, quello dell'*Iskra*, l'organizzatore di un nuovo partito rivoluzionario, il Lenin di *Che fare?*.

Ciò anche in considerazione del fatto che in occidente è impossibile realizzare la *perestrojka* senza rivoluzione politica. Da noi non ha alcun senso parlare di autogestione sociale, come fanno nell'Europa orientale, poiché tutto il mondo produttivo trainante è nelle mani di pochi imprenditori. Sono loro (e i loro managers) che si autogestiscono e finanziano le loro imprese coi soldi dei lavoratori.

La *perestrojka* non può portare l'occidente al socialismo, in modo pacifico, progressivo, senza che avvenga una rivoluzione politica. È impossibile che gli imprenditori rinuncino spontaneamente ai loro monopoli. Anzi, la *perestrojka*, nell'Europa dell'est, indirettamente promuove la conservazione dello *status quo* in occidente, in quanto, dal punto di vista economico-commerciale, essa tende a favorire una cooperazione vantaggiosa al nostro capitalismo.

Al massimo la *perestrojka* potrà servire a dimostrare che le crisi del capitalismo, quando ci sono, dipendono dal capitalismo stesso (e non p.es. dalla "guerra fredda"), oppure che il socialismo, volendo, può anche diventare una società democratica. Più di questo la *perestrojka* non può fare per l'occidente.

Se essa ha rinunciato a riaffermare il valore della lotta di classe, l'ha fatto nella convinzione che tale prassi non può essere teorizzata secondo i crismi della ineluttabilità, della indispensabilità. Alla lotta di classe il socialismo si piega per necessità, dopo aver maturato la certezza che tutti gli altri mezzi per sanare le contraddizioni si sono rivelati inefficaci. Anzi la *perestrojka* sta facendo di tutto perché i conflitti ideologici non impediscano la collaborazione sul terreno socioeconomico (in politica interna, fra le diverse categorie sociali, ed estera, fra i diversi Stati).

50

Questo modo "umanistico" di fare politica non è in contraddizione con quello leninista: gli è anzi necessario come complemento, poiché una politica leninista che non tenga conto della *perestrojka* si trasforma facilmente, almeno in occidente, in una politica estremista, settaria, neo-stalinista.

La *perestrojka* potrà anche aiutare il capitalismo a superare temporaneamente certe sue difficoltà economiche, ma la contraddizione tra capitale e lavoro tenderà inevitabilmente a riprodursi, specie se il Terzo mondo si opporrà con efficacia al rapporto neocoloniale. Ecco, in questo senso la *perestrojka* vuol togliere al capitalismo l'occasione di affermare che il socialismo è causa ultima delle crisi del capitalismo stesso.

*

Lenin, per poter superare Marx, dovette assimilare il netto disincanto nei confronti del capitalismo. Ancor prima di *Che fare?* (che segna l'inizio di tale superamento), Lenin aveva capito che il capitalismo era la formazione sociale più forte, cioè ch'esso si sarebbe inevitabilmente imposto sulla società agricola in via di dissoluzione, contro le teorie dei populisti. E aveva capito che il capitalismo non era assolutamente riformabile in senso democratico, essendo una formazione sociale fortemente divisa in classi (contro l'opinione dei marxisti legali, degli economisti ecc.). Lenin non riconobbe mai alla borghesia alcuna funzione positiva, neppure quella d'aver accelerato la fine del servaggio, poiché in Russia l'introduzione del capitalismo comportò un netto peggioramento delle condizioni di vita dei lavoratori.

Quando Lenin pensò a come trovare la strada per superare Marx, non la trovò tanto sul campo della teoria economica del capitalismo (sebbene il testo dell'*Imperialismo* sia un necessario complemento del *Capitale*), quanto piuttosto su quello del metodo politico per rovesciare il regime capitalistico.

Lenin comprese una cosa d'importanza fondamentale (che Marx aveva trascurato): il *primato della politica sull'economia*, ovvero l'esigenza di darsi una forte organizzazione partitica, in grado di mobilitare un vasto movimento popolare, col quale abbattere il potere costituito. Fu così che Lenin riuscì a conseguire sul terreno pratico ciò che Marx aveva acquisito solo sul terreno teorico.

Tuttavia, il leninismo venne ben presto tradito dallo stalinismo, come il marxismo era già stato tradito dai revisionisti della II Internazionale. In tal senso la *perestrojka* va interpretata come un tentativo di recuperare il leninismo all'interno di una nuova consapevolezza politica (che è anche sociale e culturale): quella del *primato dell'uomo sulla politica*.

Perché la *perestrojka* tarda così tanto a realizzarsi?

- Perché, per poterla capire adeguatamente, occorre assimilare tutto Lenin, non solo a livello intellettuale (come un manuale da studiare), ma anche e soprattutto a livello operativo, mediante un impegno politico personale (cosa che sotto lo stalinismo e la stagnazione era impossibile);

- perché la scoperta del primato dell'uomo implica uno sforzo maggiore di comprensione, di adeguamento personale delle proprie convinzioni e della propria vita alla nuova scoperta: uno sforzo assai superiore a quello che fece Marx di scoprire la vera natura del capitalismo, o a quello che fece Lenin di scoprire il valore della politica rivoluzionaria.

Finché gli uomini, dal basso, a partire dalla vita quotidiana, non vivono l'esperienza dell'*umanesimo integrale*, la *perestrojka*, dall'alto, non potrà mai realizzarsi.

Lenin aveva perfettamente ragione quando diceva che la politica è la sintesi dell'economia. Senza la politica rivoluzionaria, le cose non si trasformano a vantaggio delle masse se il sistema in cui vivono è dominato dall'antagonismo. La vera politica - diceva Lenin - è quella fatta dalle masse guidate da un partito: se la politica si limita alla mera competenza di pochi professionisti, fatalmente essa si trasforma in uno strumento per la dittatura di qualche ceto o classe.

Marx, in un primo tempo, rifiutò la politica perché non aveva saputo scorgere un'alternativa reale al modello para-feudale del sistema prussiano; poi capì che tale alternativa andava cercata nelle masse, soprattutto nel proletariato. Sarà però Lenin a intuire che tale politica spontanea delle masse va guidata da un partito di intellettuali consapevoli, disciplinati e organizzati.

Le masse devono quindi riappropriarsi della politica, e gli intellettuali devono mettere al servizio delle masse la loro competenza. Se manca questa responsabilità, si tenderà sempre a scaricare sul governo o sul sistema le cause di tutti i mali sociali, si arriverà a pretendere cose impossibili, si assumeranno atteggiamenti irrazionali... Ma così la politica inevitabilmente si trasforma in un gioco competitivo (spesso dagli esiti drammatici) tra opposte fazioni che ambiscono solo a spartirsi il potere.

Il leninismo e l'odierna *perestrojka* hanno questo di utile da insegnarci:

- che senza una politica consapevole delle masse, non avviene alcuna significativa trasformazione della società;

- che nessun'altra "scienza" è in grado di compiere tale trasformazione;

- che la trasformazione è veramente significativa solo se la politica si unisce alle esigenze più democratiche delle masse, espresse a tutti i livelli;

- che nessuna democratizzazione della vita sociale è possibile, in profondità, se le masse non vi si sentono attivamente coinvolte;

- che l'importanza della politica non si esaurisce con la trasformazione rivoluzionaria del sistema, poiché questa non può avvenire una volta per tutte;

- che il vero scopo della politica è quello di *umanizzare la società*, poiché solo così l'esigenza di ricorrere a una politica rivoluzionaria perderà il suo senso.

Per una rivoluzione sociale, culturale e politica

Una qualunque rivoluzione *politica*, senza una parallela rivoluzione *sociale* e *culturale*, porta inevitabilmente a realizzare gli ideali opposti a quelli originari. Questo perché mentre all'inizio della lotta politica occorre essere democratici per ottenere un certo consenso, in seguito, conseguito l'obiettivo politico-rivoluzionario, l'ideale rischia sempre d'essere tradito se si vuole conservare il potere a tutti i costi.

Tale processo avviene anche involontariamente, inconsapevolmente (almeno fino a un certo punto), in quanto il tradimento è proprio una conseguenza della mancata rivoluzione sociale. Lenin si accorse di questo pericolo alla fine della sua vita e cercò con tutti i mezzi di porvi rimedio, ma il partito, dopo la sua morte, preferì accentuare l'autoritarismo della politica.

Ogni decisione di non voler riporre nel popolo piena fiducia, rischiando anche che lo stesso popolo si serva di questa fiducia in maniera irrazionale, porta inevitabilmente all'affermarsi di quelle correnti autoritarie che non credono nelle capacità democratiche delle masse e che sanno però sfruttare molto abilmente le debolezze di chi vuole la democrazia ma non è capace di volerla sino in fondo.

Le migliori idee non sono quelle più democratiche di altre, ma quelle che intendono il concetto di democrazia in maniera pratica. In tal senso, a un filosofo progressista ma isolato, è sempre preferibile un filosofo che rinuncia, in parte, a esprimere subito tutte le sue concezioni progressiste, al fine di poter avvicinare meglio le masse, portandole progressivamente a desiderare il massimo degli obiettivi possibili.

Un filosofo che non conosce la pedagogia o la psicologia sociale (ovvero, in politica, la tattica), è un cattivo filosofo, poiché il valore delle sue teorie non riscatterà il disvalore della sua pratica.

La pratica - si è sempre detto - è in ultima istanza il criterio della verità: in realtà lo è anche in prima istanza, nel senso che lo scontro fra verità opposte si decide sempre sul terreno della prassi. Dire "in ultima istanza" significa presumere che dal momento in cui inizia lo scontro al momento in cui si conclude, sia passato un certo tempo. Dire invece "in prima istanza" significa che già in questo tempo ci si deve misurare sul terreno della prassi.

Se proprio si vuole continuare ad usare la definizione engelsiana di "in ultima istanza", la s'intenda solo in questo senso, che, dovendo scegliere fra una verità teorica e una pratica, è preferibile scegliere, "in ultima istanza", quella pratica. Cioè è sempre meglio garantire una verità operativa, anche se non piena, piuttosto che una piena verità senza i mezzi per sostenerne gli effetti.

La rivoluzione politica, senza rivoluzione *sociale*, non fa che rinviare nel tempo la liberazione dell'uomo. E siccome ad ogni rivoluzione politica le masse s'illudono ch'essa sia l'ultima, spesso accade che proprio a causa del fallimento degli ideali rivoluzionari, le condizioni sociali delle masse, invece di migliorare, peggiorano.

In Europa, a partire dalla civiltà greca, ma anche prima, da quella etrusca o da quella fenicia, è sempre accaduto che ogni volta che le classi meno abbienti di un determinato territorio (città, regione, ecc.), hanno rivendicato e ottenuto taluni diritti, soltanto dei diritti, senza cioè mettere in discussione, alla radice, il problema dello sfruttamento dell'uomo da parte dell'uomo, è sempre accaduto che le classi più agiate abbiano cercato di recuperare i privilegi perduti, cominciando a sfruttare i lavoratori con mezzi e metodi più sofisticati, oppure sfruttando altre popolazioni di altri territori.

Questa legge della storia delle società antagonistiche l'abbiamo vista applicata non solo nell'Europa occidentale ma anche nel socialismo amministrato, ove l'antagonismo aveva assunto la forma di una lotta tra Stato e società civile, tra partito e cittadini.

Il fatto che il socialismo scientifico non abbia saputo fare in occidente neppure la rivoluzione *politica* ha comportato, come conseguenza, che il capitalismo acquisisse, desumendoli proprio dal marxismo, quegli accorgimenti tecnici e organizzativi che gli hanno permesso di riprodursi come tale. E così, il capitalismo monopolistico è stato il tentativo di risolvere, con mezzi para-socialisti, una crisi interna al capitalismo concorrenziale, e quello monopolistico di Stato ha svolto lo stesso ruolo nei confronti del precedente capitalismo. In entrambi i casi il capitalismo ha saputo adattare delle idee socialiste ai propri interessi, rafforzandosi ulteriormente.

Con questo naturalmente non si vuole sostenere che le rivoluzioni *politiche* non devono essere fatte, né che non devono essere fatte senza rivoluzione *sociale*: semplicemente che, facendole, bisogna portarle alle loro conseguenze più *logiche* sul piano *sociale*, altrimenti esse si trasformeranno, inevitabilmente, in una situazione di privilegio per pochi e di condanna per molti.

Ciò inoltre comporta che oggi, per abbattere il capitalismo o il socialismo di stato, gli sforzi della democrazia dovranno essere molto più grandi di quelli che si dovevano sostenere nel passato. Anche perché le reazioni del capitale o della burocrazia saranno sicuramente più forti. Le contraddizioni irrisolte tendono col tempo ad acutizzarsi, ad approfondirsi e anche a estendersi. La loro soluzione richiede praticamente l'impegno di tutti i singoli cittadini.

La rivendicazione del "benessere" (socioeconomico) dovrebbe essere fatta sulla base della convinzione che un benessere assoluto, totale, garantito al 100%, è profondamente nocivo: non solo perché esso viene "pagato", di regola, dalle innumerevoli sofferenze della maggioranza di una determinata popolazione, ma anche perché esso porta con sé, inevitabilmente, la decadenza dei costumi, la corruzione morale, il degrado ambientale, il disfacimento della civiltà. Più che di "benessere", gli uomini dovrebbero occuparsi di giustizia, di uguaglianza (nella diversità e nella libertà), di equità sociale. Non dovrebbe però trattarsi di una "giustizia verso il privilegio" (cioè verso l'alto), bensì di una "giustizia verso l'uguaglianza" (cioè verso il basso).

Bisogna rifiutare l'idea di dover rivendicare gli stessi privilegi di chi sta al potere (politico ed economico): questa forma di "giustizia" comporta sempre un'ingiustizia nei confronti di chi non è in grado di fare le stesse rivendicazioni. E non si dica che anche costui trarrebbe un vantaggio personale dalle richieste di "giustizia verso l'alto" fatte dai gruppi sociali di medio benessere. I fatti hanno sempre dimostrato che nella realtà del privilegio allargato, gli egoismi corporativi, se soddisfatti, difendono ancor più tenacemente i loro interessi, proprio perché sanno quanto fatica costi farli valere nell'ambito della competizione antagonistica.

Viceversa, la democrazia verso il basso significa obbligare chi dispone di potere politico e/o economico, ad accontentarsi del minimo indispensabile. Il problema che a questo punto si pone è però il seguente: chi può obbligare a questa sobrietà senza rischiare di trasformarsi, egli stesso, in un dittatore? La risposta a tale domanda contiene anche la spiegazione del motivo per cui sono crollati i regimi est-europei.

Una democrazia verso il basso non può essere imposta con la forza dello Stato o di un partito, altrimenti si trasforma in una dittatura. Qui è il popolo che deve agire in maniera sovrana. E nessun popolo, ovviamente, può essere disposto ad accettare un tenore di vita essenziale, sobrio, moderato, senza avere in cambio la piena libertà di pensare e di agire, nel rispetto dell'altrui pensiero e azione. Ci si può sacrificare sul piano materiale in nome di un ideale, non ci si può sacrificare quando i primi a tradire l'ideale sono proprio coloro che dovrebbero meglio rispettarlo.

Il politico dovrebbe unicamente avere come scopo della sua vita quello di realizzare, con l'aiuto delle masse, determinate idee di giustizia e di equità sociale. Soldi e potere dovrebbero essere finalizzati a questo obiettivo, e per essere sicuri che il loro uso sia equo, bisognerebbe ridurli al minimo. Ciò significa che un politico, dotato di pieni poteri, non dovrebbe governare che su un territorio molto ristretto. Quanto più il territorio s'allarga, tanto più "simbolico" (non reale) dovrebbe essere il potere del politico.

Il politico "nazionale" o addirittura "sovranazionale" dovrebbe avere un potere esclusivamente *morale*, che è quello basato sul suo *esempio personale*. L'unico vantaggio che un politico merita di godere è, in pratica, il consenso delle masse. Un politico nazionale potrebbe dirsi "nazionale" solo nella misura in cui vaste masse popolari (attraverso i mass-media, che però dovrebbero gestire direttamente) si riconoscono nella sua personale posizione (etica e politica). Chi non ha un grande ideale non può diventare un grande politico. Nessun politico legato al potere o al denaro ha mai avuto idee veramente originali sul piano della democrazia e del socialismo.

La cosa che desta maggiore interesse nella storia dell'Europa occidentale è che i protagonisti principali nella formazione della realtà dell'imperialismo (romano, feudale, borghese), sono stati non i partiti conservatori o aristocratici, bensì quelli *democratici*, che pretendevano d'essere progressisti. Il fatto è semplice da spiegare. Lottando contro i ceti privilegiati, le masse democratiche non hanno mai saputo condurre la loro battaglia sino alle conseguenze più radicali sul piano sociale, ma si sono fermate sulla soglia della rivendicazione gius-politica.

Una volta giunto al potere, il partito che le rappresentava ha avvertito subito l'esigenza - restando inalterato il conflitto fondamentale delle classi - di risolvere tale conflitto allargando i confini geografici dello sfruttamento (colonialismo), mentre, in politica interna, il partito (democratico) avvertiva l'esigenza di affermare una durissima dittatura, in virtù della quale s'impedissero nuove sommosse.

Ciò sta a significare che il fallimento dell'idea di democrazia (o di socialismo), va imputata anche alla scarsa determinazione delle masse, che spesso preferiscono accontentarsi di ottenere qualche diritto, senza preoccuparsi di risolvere alla radice il problema della disuguaglianza, dell'alienazione sociale, dello sfruttamento economico ecc.

Ogniqualvolta le masse di un Paese avanzato rivendicano maggiori diritti, senza riuscire a realizzare un'effettiva uguaglianza sociale, si ha, presto o tardi, come minimo, un peggioramento (dovuto al colonialismo) delle condizioni di vita di qualche Paese più arretrato.

Nell'Europa occidentale la politica è sempre stata concepita in modo separato dall'etica. Tale separazione probabilmente è dipesa dal fatto che, vivendo in una società divisa in classi, l'uomo occidentale non può servirsi della politica per realizzare determinati ideali. Non è che "non voglia", è che proprio "non può": è il sistema stesso che glielo impedisce. Un politico che persegue un fine ideale è, per il popolo, un uomo da mettere alla prova, mentre per il potere conservatore è un cattivo politico, un ingenuo destinato ad essere sconfitto dal politico opportunista, cioè dal politico che divide la politica dalla morale e che lotta esclusivamente per il potere, per la salvaguardia di quel sistema che si preoccuperà di definire la strategia di tale politico con termini come "realistica", "concreta", "fondata" ecc.

Gli ideali che può perseguire il politico occidentale sono quanto di più astratto e generico si possa pensare, e il popolo che s'illude di vederlo agire con coerenza nella prassi, non s'accorge che con questo attendismo si favorisce la progressiva corruzione del politico, che sa di poter agire senza essere veramente controllato. La politica, in questo senso, smetterà d'essere divisa dalla morale quando il politico smetterà d'essere diviso dalle masse.

Questo discorso vale per tutti i politici di professione, siano essi di opposizione o di governo. Le astrattezze e le incoerenze si riscontrano infatti in tutti i partiti, parlamentari e non: spesso anzi quelli che agiscono fuori delle istituzioni, invece di essere più vicini alle masse, sono ancora più settari e vittime delle loro ideologie.

Non che i discorsi dei parlamentari siano più comprensibili o più efficaci dei discorsi estremisti, ma essi per lo meno garantiscono ai ceti più benestanti una relativa partecipazione al potere, mentre certi partiti o movimenti extraparlamentari non riescono a garantire neppure un minimo di coinvolgimento alla lotta per il potere. Oggi è l'istituzione stessa del partito, a prescindere dal ruolo che ricopre, ad essere alienata e alienante, proprio perché priva di un movimento di base cui fare riferimento. Ma molti partiti (o movimenti) extraparlamentari, facendo un discorso meramente ideologico, non costituiscono alcuna alternativa (si vedano soprattutto quelli trotzkisti, maoisti, bordighiani ecc.).

In occidente ciò che più conta non sono le idee ma il profitto economico: è questo che, in ultima istanza, determina ogni scelta politica. Se una forza politica rifiutasse questo principio, dovrebbe anche rifiutare di fare una politica meramente parlamentare, poiché il parlamento è un'istituzione borghese che permette un elevato tenore di vita; mentre se rifiutasse il profitto svolgendo una politica settaria, resterebbe un'esperienza isolata, per pochi eletti.

C'è dunque solo un modo per cercare di anteporre al profitto il *valore della persona*, cioè l'interesse dei cittadini a vivere nella giustizia: quello di fare la politica in stretto contatto con le masse, misurandosi di continuo con le loro necessità, con i *bisogni locali*, prima di tutto. Se manca questo rapporto, qualunque partito, anche il più idealistico, è inesorabilmente destinato a corrompersi, anche dal punto di vista finanziario.

In tal senso, quanto più i partiti parlano di "questione morale", senza però voler mettere in discussione i meccanismi che portano la politica a separarsi dalla morale e il politico dai cittadini, tanto più si deve pensare ch'essi vivano nella corruzione e che facciano di tale "questione" un'arma meramente propagandistica.

Il dilemma quindi non è quello se stare dalla parte di Guicciardini o di Machiavelli, ma quello di come superare il falso principio secondo cui per fare una buona politica non bisogna tener conto della morale.

Si può affermare un valore in politica e un disvalore in morale e viceversa? Normalmente lo si fa, da parte sia delle forze regressive che di quelle progressive. Le prime nascondono la loro politica corrotta temendo d'essere giudicate negativamente, e ostentando una coerenza morale che in realtà non hanno, oppure affermando che la corruzione è di carattere generale, del "sistema" che va riformato ecc. Le seconde invece subordinano la morale alla politica, nella convinzione che così sia possibile realizzare meglio anche la morale.

Come mai le forze conservatrici vincono sempre in questo duello? Come mai le forze democratiche rischiano di trasformarsi nel loro contrario? Il fatto è che le forze progressiste difficilmente riescono ad accettare l'idea che un valore affermato in sede politica possa trasformarsi in un disvalore in sede morale. La convinzione d'essere nel giusto in sede politica le porta a credere, in modo quasi automatico, d'esserlo anche in sede morale. Questo modo di vedere le cose è tipicamente "ideologico", ed è proprio anche di quei partiti che non professano esplicitamente alcuna ideologia.

Quando l'*establishment* s'accorge che l'opposizione "progressista" assume posizioni "anti-morali" (ad es. è favorevole alla violenza di classe, oppure copre un militante, colpevole di qualche reato, solo per non ledere gli interessi del partito), diventa relativamente facile, al governo in carica, dimostrare che anche la posizione politica di quel partito all'opposizione è antidemocratica.

Le forze progressiste devono dunque arrivare ad adottare il seguente ragionamento, per essere vincenti: politica e morale si condizionano a vicenda; ciò che è vero (o legittimo) per l'una lo è anche per l'altra; le ragioni dell'una sono in relazione a quelle dell'altra. Un qualunque dualismo porta a danneggiare gli interessi sia della morale che della politica, poiché trasforma l'uomo in uno strumento da utilizzare per l'acquisizione (o la conservazione) di un potere.

Paradossalmente oggi siamo arrivati alla conclusione che non è il perseguimento di un fine politicamente giusto, che può di per sé garantire la legittimità di quel fine. Occorre la conformità del fine politico ai *valori umani universali*, e una conformità non solo teorica ma anche pratica. È sempre preferibile una "piccola" pratica a una "grande" teoria.

Non c'è insomma alcuna tesi politica giusta che non possa essere condivisa moralmente, e nessuna posizione morale che non possa trovare una giustificazione politica. Senza questa unità di morale e politica, nessuna vera rivoluzione sarà veramente efficace, cioè destinata a durare nel tempo.

Gli illusi giudicano politicamente pessimista colui che non crede che il carisma democratico di singoli uomini politici possa trasformare qualitativamente il sistema parlamentare borghese, mentre il vero pessimista, in realtà, è colui che non crede nelle capacità organizzative delle masse, nella volontà politica della gente comune.

Il vero pessimista è colui che non vuole impegnarsi in una politica che non sia quella tradizionale, cioè quella dei partiti di sempre, o quella delle obsolete istituzioni politiche. Questo individuo maschera il proprio pessimismo nei confronti delle masse, illudendosi nei confronti di qualche partito che si proclama anti-sistema (ad es. le Leghe). Nel senso cioè che questo individuo s'illude che un partito, solo perché sta all'opposizione, possa essere migliore di un partito di governo, o possa comunque, una volta giunto al potere, governare meglio.

L'illusione sta appunto nel fatto che non si comprende la natura borghese di questo sistema, che tutto fagocita, strumentalizza e impoverisce. Questa democrazia è fatta su misura per gli ingenui.

Per un socialismo democratico

Quando l'Urss di Gorbaciov diede una svolta radicale al vecchio statalismo sovietico, la sinistra più ideologica vide in questo una sorta di "involuzione" verso forme borghesi di sistema sociale, come poi effettivamente è accaduto. Si diceva che l'involuzione era dovuta a una scarsa "coscienza di classe". E in nessun modo si voleva vedere la *perestrojka* come un positivo processo in direzione della "democrazia", ovvero in direzione di un socialismo più "democratico".[3]

Si dava per scontato l'imborghesimento dell'Unione Sovietica e si era persino arrivati a dire che per non rischiare questa involuzione sarebbe stato meglio conservare il tradizionale statalismo burocratico, l'accentramento amministrativo, il ruolo egemonico del partito.

Oggi invece si è arrivati alla conclusione che l'imborghesimento non è stato un fenomeno inevitabile di quella riforma, ma una reazione spontanea, istintiva degli elementi meno coscienti, che hanno creduto di poter superare la frustrazione di mezzo secolo di dittatura puntando tutto sulla "libertà personale" e non anche sulla "giustizia sociale", quella *per tutti*, da cui in fondo era partita la stessa rivoluzione bolscevica. D'altra parte la propaganda borghese è maestra nel far sembrare falso il vero e vero il falso. Di fatto gli ideali della *giustizia sociale* restano ancora lì, in attesa di realizzarsi.

Non ha quindi senso sostenere che il crollo del socialismo reale porterà, come logica conseguenza, al trionfo del capitalismo. Nei paesi est-europei non è fallita l'idea del socialismo, quanto piuttosto l'idea che si possa realizzare il socialismo *attraverso lo Stato*. Ciò in quanto *socialismo* e *Stato* sono, alla lunga, incompatibili.

Il socialismo che doveva, in teoria, porre le basi per l'estinzione graduale dello Stato, ha fatto, in pratica, esattamente il contrario. La cosa naturalmente, finché c'era la guerra (calda o fredda), poteva anche trova-

---

[3] In quel periodo, cioè verso la fine degli anni Ottanta, mi staccai dalla rivista "Il Calendario del popolo" gestita dalla coppia filo-sovietica Teti-Della Peruta. Avevo scritto molti articoli sotto vari pseudonimi, tra cui Antonio Carone, per quelli di ateismo-scientifico (altri furono Lorenzo Menichelli, Luca Berardi, ecc.).

re una qualche giustificazione: in fondo si può benissimo tollerare un socialismo "autoritario" o fortemente centralizzato nel momento in cui si deve difendere la patria (per quanto proprio un socialismo del genere - a testimonianza che non ogni autoritarismo è lecito - abbia rischiato, ai tempi di Stalin, di far perdere la guerra all'Urss). Ma in tempo di pace la pretesa autoritaria non regge, tant'è vero che, dopo Stalin, i dirigenti del Pcus s'accorsero che bisognava modificare il termine "dittatura del proletariato" (o Stato della classe operaia) con "Stato di tutto il popolo", lasciando così credere che la società civile avesse superato un'intera fase storica.

Paradossalmente tuttavia, nel giustificare il passaggio, era stata usata la tanto deprecata (e giustamente) formula bernsteiniana di "Stato popolare", cioè quell'idea assurda secondo cui uno Stato diventa "popolare" se garantisce a tutti il suffragio universale.

La differenza stava nel fatto (un fatto senza precedenti) che il cosiddetto "socialismo reale" aveva aggiunto al suffragio universale la proprietà "universale" dello Stato: cioè in pratica, ad una concezione illusoria (quella di Bernstein), espressa sul terreno giuridico-politico, si era risposto con un'altra concezione che, essendo di natura socio-economica, doveva rivelarsi ancora più illusoria. Lo Stato di "tutti" infatti era diventato lo Stato di "nessuno", la "proprietà pubblica" era diventata la zona franca dell'abbandono generale di ogni forma di responsabilità.

I fatti hanno dimostrato, per la prima volta (e di questo bisogna tener conto se si vogliono evitare giudizi troppo severi), che dal dominio del capitale non si può essere liberati attraverso il potere statale. Se ciò avviene è solo perché il potere del capitale è stato sostituito con un altro potere, più sofisticato, più coinvolgente, appunto perché strettamente legato a un "ideale", quello del *partito politico*, che a sua volta si è servito del potere amministrativo della burocrazia per realizzare il socialismo.

In questo senso "socialismo di stato" è una contraddizione in termini, e la definizione di "Stato di tutto il popolo" è non meno mistificante, non fosse che per una elementare ragione, e cioè che il giorno in cui si potrà finalmente dire che lo Stato è "di tutto il popolo", quel giorno lo Stato non esisterà più.

In realtà con tale definizione si è potuto costatare (i comunisti dell'est l'hanno anche sperimentato) che Stato e popolo coincidevano non dal punto di vista del *popolo* ma da quello dello *Stato*, per cui era il popolo che, essendo tutto assorbito nelle organizzazioni statali, sembrava non esistere più, come se avesse perso la propria identità.

Sotto questo aspetto la successiva definizione di "Stato di diritto" ha più realismo e meno demagogia, per quanto anch'essa sia insufficiente a garantire la transizione dallo Stato "autoritario" a quello "democratico". Lo è per la semplice ragione (che però tanto "semplice" non è) che nessuno Stato "autoritario" può trasformarsi di per sé in uno Stato "democratico". La mutazione infatti implica di necessità la fine dello Stato. Se così non fosse si creerebbe un altro mito, quello appunto di uno "Stato socialista democratico", la cui prerogativa fondamentale sarebbe quella di applicare equamente il diritto.

In realtà possiamo pensare che il diritto debba essere una prerogativa dello Stato solo se rifiutiamo l'idea che lo Stato debba estinguersi. Se accettiamo l'idea (engelsiana e leniniana) dell'estinzione progressiva dello Stato, dobbiamo anche accettare l'idea del superamento del diritto, in quanto l'uguaglianza formale davanti alla legge diventa sempre, anche nel socialismo, un criterio schematico e persino antidemocratico, se non si tiene conto di tutte le differenze che si manifestano a livello sociale.

Marx diceva che il diritto, per essere democratico, dovrebbe essere "disuguale", come sono "disuguali" le condizioni sociali, le motivazioni dell'agire, gli interessi. Ma un diritto "disuguale" sarebbe la fine del diritto, poiché il diritto non può sopportare l'idea che leggi analoghe, in situazioni diverse, producano effetti diversi, se non addirittura opposti. Se il diritto sopporta questo è perché sa di non essere "diritto" ma "forza", ovvero espressione giuridico-formale della "forza" sociale di una classe o di un governo. Il diritto quindi va sostituito non meno dello Stato.

Il fallimento del socialismo di stato ha dimostrato anche l'erroneità della tesi di Kautsky (e se vogliamo della maggioranza della II Internazionale), secondo cui lo Stato non è necessariamente strumento delle classi sfruttatrici. Non solo Kautsky aveva torto allora, nei riguardi di Engels e soprattutto di Lenin, per i quali lo Stato nasce e si sviluppa come strumento d'oppressione di una classe sull'altra (passando dalle mani di una classe sfruttatrice a quelle di un'altra), ma ha torto pure oggi, nei riguardi di quanti, a partire dalla svolta di Gorbaciov, cominciano a sostenere che persino lo Stato socialista può essere strumento di oppressione di una classe (quella burocratica) e di un partito (quello comunista) sull'intera società. Anzi, esso lo diventa necessariamente se la rivoluzione, invece di "estinguerlo", lo "rafforza".

Dal fallimento di questo "esperimento" si esce non soltanto restituendo ai lavoratori la *proprietà*, ma invitandoli anche a organizzarsi *collettivamente*, su basi *volontarie*, per gestire nel migliore dei modi la proprietà ricevuta: beninteso, non in direzione dell'idea del "privato sociale" (che è l'uso capitalistico della proprietà dietro la giustificazione della sua rilevanza sociale), ma in direzione della proposta di un "collettivismo libero", lontano sia dallo statalismo che dall'individualismo e dal corporativismo.

Se i lavoratori hanno fatto crollare lo Stato socialista, significa che essi avevano delle esigenze sociali di giustizia e di libertà fortemente sentite e represse; ora però devono saper dimostrare d'essere sufficientemente maturi per organizzare l'*autogoverno socialista*.

Infatti un'economia pianificata non presuppone necessariamente che il suo soggetto attivo debba essere lo Stato, cioè un'amministrazione centralizzata, che si serve del decentramento solo per essere più efficiente. Piano e mercato possono convivere se i soggetti che li muovono e li organizzano sono gli stessi. Tutti i ritardi inerenti alla odierna ristrutturazione dell'economia socialista sono dovuti al fatto che è più facile distruggere le istituzioni che creare nuovi rapporti sociali. Ciò che soprattutto pesa è il condizionamento che abitua gli uomini ad aspettarsi dall'alto la soluzione dei loro problemi.

È comunque altamente improbabile che uno Stato socialista sia in grado di favorire, autonomamente, il passaggio a una gestione decentrata della "cosa pubblica". Esso infatti, con i suoi ministeri e dicasteri, non solo non ha stimoli per realizzare un obiettivo del genere, ma anche se li avesse (in quanto non tutti i burocrati hanno la mente "burocratica"), sarebbe del tutto incapace a realizzare un passaggio così impegnativo. Il limite è oggettivo. Ecco perché i lavoratori e i cittadini non possono delegare a un ente che li aliena un compito che devono assumersi in proprio, imparando ad *autogovernarsi* e *autogestirsi*.

Solo di fronte alla loro maturità organizzata in modo collettivo, lo Stato si rivelerà per quello che è, un ente inutile e anzi nocivo. Finché le masse popolari più coscienti non svilupperanno questa responsabilità, ci sarà sempre qualcuno intenzionato a servirsi degli organi statali per imporre un proprio dominio. Il che, beninteso, non significa che nel socialismo autogestito non potranno verificarsi casi di speculazione o di abuso di potere: significa soltanto che di fronte a tali casi i cittadini autogestiti non potranno più delegare allo Stato il compito di risolverli.

Lenin insomma torna di nuovo ad avere ragione: la liberazione di una classe oppressa - diceva in *Stato e rivoluzione* - è impossibile senza la distruzione dell'apparato statale sottratto alla borghesia. Egli disse che i due principali "parassiti" dello Stato borghese sono la burocrazia e l'esercito permanente. Per quale ragione non dovrebbero esserlo anche nello Stato socialista?

Nel Rapporto che fece all'VIII congresso del Pcus, Lenin disse: "Combattere sino in fondo il burocratismo si può unicamente se tutta la popolazione partecipa alla gestione". Che fine hanno fatto, in questo senso, i Soviet operai? Cosa ha impedito che nell'Urss la rivoluzione vincesse la burocrazia? Lenin, ai suoi tempi, ne addebitava le cause allo scarso livello culturale del suo paese, "che non si può sottomettere - diceva, con ironia - a nessuna legge". Il che, in sostanza, aveva comportato due cose: 1) il passaggio dei burocrati zaristi nelle istituzioni sovietiche, con la tessera del partito in tasca ma con la mente rivolta ai loro propri interessi; 2) il fatto che "gli organi del governo esercitato dai lavoratori, sono in realtà gli organi del governo *per* i lavoratori, esercitato dallo strato di avanguardia del proletariato, ma non dalle masse lavoratrici". E se a questo si aggiunge che allora - a detta dello stesso Lenin - "lo strato degli operai che governa è eccessivamente, incredibilmente sottile", è facile rendersi conto di quanto difficile sia stato per i bolscevichi affrontare questo compito "educativo" e "autoeducativo".

Lo stalinismo, che è durato almeno mezzo secolo, è stato anche il frutto di tale immaturità: esso ha interrotto un lavoro che oggi va ripreso appunto là dove era appena cominciato.

Se dunque *socialismo democratico* significa togliere allo Stato i poteri per trasferirli direttamente, completamente (in modo progressivo ma reale) nelle mani dei cittadini, organizzati nella forma dell'*autogoverno locale* (cioè non solo in cooperative e centri sociali), allora devono radicalmente cambiare le funzioni tradizionali dello Stato socialista, le cui competenze dovranno limitarsi a quelle d'indirizzo generale, di promozione, di riequilibrio, di coordinamento degli interessi locali, regionali e nazionali, nonché di rappresentanza, a livello internazionale, degli interessi del paese, ma che non potranno riguardare tutte quelle funzioni gestionali (o manageriali) che i cittadini devono assumere in proprio.

In particolare, compito dello Stato dev'essere quello di raccordare l'uso delle risorse a livello nazionale, in quanto "autogoverno locale" non può significare "autarchia" o "economia chiusa", anche perché l'interdipendenza delle nazioni, all'estero, e l'interconnessione, all'interno, di strutture/fenomeni/problemi escludono a priori una soluzione del genere. L'autogoverno economico-politico deve realizzarsi nella consapevolezza di appartenere sia a un *mondo integrato* sia a una *società integrata*, in cui cioè la dipendenza dagli interessi e dalle esigenze di una parte rispetto a un'altra deve essere avvertita come *reciproca*. Questo ovviamente non vuol dire essere contrari all'*autoconsumo*, ma solo all'idea di non poter far pagare ad altri la mancata soluzione dei nostri problemi.

Ad esempio, non tener conto in questo momento che l'indebitamento colossale del Terzo mondo, se continua così, trascinerà alla rovina totale non solo il Terzo mondo, ma anche una buona parte del Secondo e soprattutto del Primo mondo, che su quello sfruttamento basa il proprio benessere, significa ragionare ancora nei termini imperialistici del secolo scorso e non certo secondo la logica dell'*integrazione* (che prevede non solo rapporti paritetici e vantaggi reciproci, ma anche riequilibrio, risarcimento dei danni coloniali e scelte preferenziali per lo sviluppo del Sud).

Per concludere, il principio dell'*autogoverno locale* - se applicato - sarà fonte di trasformazioni sociali enormi, tanto all'est quanto all'ovest. Si pensi al fatto che sul piano militare ancora oggi deleghiamo allo Stato la difesa del nostro territorio, rinunciando all'*autodifesa*. E sul piano fiscale, com'è possibile sperare che un cittadino si convinca della necessità di pagare le tasse se poi non viene a sapere, nel dettaglio, dove andranno a finire? E il diritto non va forse sostituito con la *giustizia diretta*, immediata, dei cittadini, in modo che essi siano in grado di esercitarla con cognizione di causa, verificandone personalmente l'applicazione.

La stessa attività politico-parlamentare dovrà subire sostanziali modifiche. Un deputato deve rendere conto periodicamente del proprio operato ai suoi elettori. Per non parlare del fatto che una mera attività parlamentare rende il partito parte integrante del sistema (anche se sta all'opposizione), facendogli perdere qualunque vera capacità contestativa.

Tutte queste esigenze sono molto sentite nei paesi est-europei e in altri che si sono ispirati alle idee del socialismo, ma ognuno si rende facilmente conto che l'occidente non è meno interessato nel trovare ad esse una soluzione.

Quanti credono che il comunismo sia fallito per mere "cause interne" s'illudono, in quanto le istanze della *perestrojka* hanno valenza mondiale. Se in questo momento la crisi ha coinvolto maggiormente il socialismo reale, ciò probabilmente è dipeso dal fatto che l'assenza di una partecipazione socialista allo sfruttamento imperialistico del Terzo mondo ha portato i problemi socio-economici, connessi al sistema burocratico-amministrativo, a farsi sentire in anticipo; e forse è dipeso anche dal fatto che la maturità politica del socialismo reale, nonostante lo stalinismo, non ha nulla da invidiare a quella dell'occidente.

Quale alternativa al "socialismo reale"?

Dall'esperienza del fallimento del cosiddetto "socialismo reale" si è capito in maniera incontrovertibile che uno Stato socialista non può mai sovrapporsi alla società. Lo Stato infatti deve progressivamente scomparire.

Ora, il fatto che ciò in Russia non sia avvenuto doveva necessariamente essere sfruttato per sostenere che il dominio dello Stato andava sostituito con quello del mercato? La risposta ovviamente è negativa. Purtroppo però invece di elaborare un concetto di "società civile" che andasse al di là non solo dello Stato "padre e padrone", ma anche del mercato capitalistico (dove il valore di scambio domina su quello d'uso), s'è finito con l'equiparare la società civile, resasi autonoma dall'egemonia statalista, al mercato *tout-court*.

L'alternativa al socialismo autoritario è ridiventata quella del vecchio capitalismo, che ha già mostrato i suoi grandissimi limiti con l'esperienza coloniale e neocoloniale e soprattutto con le due guerre mondiali. Si è cercato di giustificare la superiorità del capitalismo considerandolo come un sistema *in sé* e non nei suoi rapporti organici, di sfruttamento economico, coi paesi del Terzo mondo.

Lo Stato "sovietico" non ha voluto rischiare che, concedendo più ampia autonomia alla società, si finisse col negare i principi stessi del socialismo; ha cioè preferito continuare a imporre questi principi, rinunciando definitivamente all'idea di doversi progressivamente estinguere. Il risultato è stato una forte dicotomia tra poteri costituiti e istanze popolari, le quali, alla fine, hanno buttato via l'acqua sporca col bambino.

In realtà l'alternativa a uno Stato socialista autoritario è una *società socialista democratica*, non un ritorno al capitalismo. Non si può negare il grande contributo che il bolscevismo ha dato al marxismo.

Bisogna piuttosto sviluppare il leninismo (che esprime il primato della politica sull'economia), in senso *umanistico* e *democratico*, facendo in modo che la politica divenga effettivamente un'azione consapevole delle masse, e non tanto un'attività diretta da intellettuali "consapevoli", "determinati", a favore delle masse "spontaneistiche".

Il primato della politica, se non compenetrato in maniera adeguata dalle esigenze dell'*umanesimo*, può in effetti comportare il rischio di una gestione verticistica della società civile, specie là dove questa ha scarsa consapevolezza di sé, in quanto abituata più a obbedire che ad autogovernarsi, più a subire che a reagire.

Non si può comunque mettere in discussione il fatto che l'unica esperienza positiva del marxismo, capace di metterne in pratica le idee, sia stata quella leninista. Mettere in discussione questo sviluppo significa negare valore allo stesso marxismo e quindi al suo fondamentale contributo alla critica dell'economia politica borghese.

Noi non dobbiamo dimenticare che la diffusione più ampia del socialismo è avvenuta nel corso di due guerre mondiali, cioè in condizioni estremamente difficili per l'umanità, ivi incluse le popolazioni dei paesi capitalisti avanzati. La necessità del superamento del capitalismo s'è fatta maggiormente sentire, nella storia, nel momento in cui le contraddizioni antagonistiche avevano raggiunto un punto di particolare sofferenza per milioni di persone.

Negare questo stretto nesso di causa ed effetto, tra crisi del capitalismo ed esigenza di socialismo, significa non capire nulla della teoria delle formazioni socio-economiche, in virtù della quale è possibile comprendere il concetto di civiltà e l'evoluzione dell'intero genere umano.

Che nelle fasi cosiddette "pacifiche", per lo sviluppo del capitalismo, molti abbiano l'impressione che questo sistema sia in grado di risolvere i propri problemi e che quindi diventi inutile un'organizzazione proletaria avente come fine l'insurrezione, non significa affatto che non sia indispensabile continuare a lottare per la realizzazione del socialismo, ovvero che non siano inevitabili nuove crisi mondiali del capitale e nuovi rischi di conflitti internazionali.

Già oggi appare sotto gli occhi di tutti che un ulteriore sviluppo del capitalismo porterà a degli scompensi ambientali irreversibili o comunque di difficilissima soluzione nell'arco della generazione che li ha prodotti. Vi sono inoltre tendenze sempre più marcate da parte dei paesi terzomondiali a dichiarare bancarotta, come *extrema ratio*, per non pagare l'ingente debito che strangola le loro economie. L'emergere infine di nuovi competitori mondiali, come la Cina e l'India, il cui sviluppo cresce molto più in fretta di quello delle economie capitaliste avanzate, sta preoccupando quest'ultime molto seriamente.

Riflessioni sul socialismo

Nonostante le aberrazioni dello stalinismo, il socialismo sovietico restava comunque un sistema opposto al capitalismo. Un socialismo di stato è semmai una *variante eretica* del socialismo democratico, ma non una variante del capitalismo, proprio perché in Urss lo Stato s'era sostituito alla società civile, e la nomenklatura svolgeva il ruolo dei capitalisti senza capitale, cioè il ruolo di burocrati il cui potere era assoluto. Non era costume che in Urss i politici si sacrificassero al denaro, ma semmai al potere e all'ideologia. È stato un errore applicare il concetto di "capitalismo di stato" all'Urss.

Da noi potere e ideologia sono sempre subordinati al capitale: cosa che fa del nostro sistema un qualcosa di molto individualistico, anche in presenza di trust e cartelli. Infatti le banche, i broker, gli istituti finanziari non hanno scrupoli, perseguendo i loro loschi traffici, di mandare all'aria intere nazioni. Nel capitalismo non c'è un concetto *ideale* ma solo *funzionale* di Stato, che viene visto come macchina per estorcere tasse e finanziare grandi aziende e banche (qui si applica davvero il concetto di "capitalismo di stato").

In Urss l'illusione è stata quella di credere che, idealizzando la proprietà statale, si potesse creare il socialismo, quando invece una proprietà *pubblica* deve essere solo *sociale* e non statale, anzi lo Stato deve progressivamente sparire. Se l'Urss non avesse avuto questa concezione idealistica dello Stato, da noi non ci sarebbe mai stato il *Welfare State*, che doveva appunto servire come contraltare al loro, per accontentare la nostra sinistra, che infatti si accontentò.

Peraltro che il socialismo di stato fosse meno efficiente del capitalismo di stato è ancora da chiarire: sia perché i sovietici dimostrarono di essere più efficienti dei nazisti, nonostante che questi potessero disporre di 20 milioni di operai che in Europa occidentale lavoravano gratis per loro; sia perché i sovietici non hanno mai avuto un Terzo mondo da sfruttare impunemente (anzi, semmai erano i paesi satelliti ad aver continuamente bisogno di "mamma orsa"). Il socialismo di stato è crollato per motivi interni: assenza di democrazia, di diritti, di libertà...

Difficilmente il nostro sistema potrà crollare per la mancanza di queste cose, proprio perché noi abbiamo la percezione che non manchino, quando invece sono totalmente assenti nel Terzo mondo, che continuiamo a sfruttare a piene mani. Ma che cosa faremo quando dalle nostre ex-colonie ci arriverà il messaggio che non vogliono più essere vincolate alle nostre monete forti, alle nostre borse di merci e capitali e soprattutto ai nostri crediti e che preferiranno dichiarare bancarotta piuttosto che mantenere il nostro benessere?

Noi occidentali dominiamo il mondo: abbiamo risorse infinite, che ci permettono di farlo per altri secoli a venire. Se il nostro Terzo mondo alzerà la testa, ci alleeremo con la Cina per portare via alla Russia tutta la Siberia. E quando la Cina avrà capito che può dominare il mondo anche senza di noi, ci metterà a tacere in un batter d'occhio. Già adesso i suoi contadini stanno lavorando in Siberia col permesso di Mosca, che non ha manodopera disponibile; già adesso i suoi tecnici stanno sfruttando in Africa quelle incredibili risorse energetiche di cui lo Stato cinese ha bisogno.

*

Il socialismo non potrà mai essere costruito in un'isola deserta: a fianco ci saranno sempre forme di società di segno opposto. A meno che non ci si decida per il socialismo dopo una terza guerra mondiale, che però, con l'atomica a disposizione, riporterebbe l'umanità all'età della pietra, con in più lo svantaggio di non poter andare quasi da nessuna parte, perché sarà tutto inquinato per secoli.

Prima che il loro socialismo di stato crollasse, i russi soffrivano di una mancanza di beni di consumo. Ma non era questo il vero problema. Se invece d'impedire di fare i confronti tra uno Stato e l'altro, i governi socialisti, rischiando, l'avessero permesso, forse oggi avremmo in Russia cittadini più consapevoli.

Infatti la vera libertà non sta nello scegliere tra mille prodotti negli scaffali dei supermarket (che alla fine poi son tutti uguali), ma nella consapevolezza che, acquistandone anche uno solo, si favorisce la democrazia. Una persona matura sa rinunciare a una possibilità di scelta materiale, che in fondo non ha alcun valore sul piano etico, se, nel contempo, sa di contribuire a qualcosa di più grande. Che cos'è la libertà? Avere il telecomando per passare da un canale uguale all'altro?

E poi chi si sentirebbe di dire che dal punto di vista materiale gli oggetti che produceva l'Urss fossero più scadenti di quelli occidentali? Molte critiche erano solo frutto di propaganda. Dovendo risparmiare, i loro oggetti erano tutti più robusti, perché dovevano durare nel tempo. Magari antiestetici ma sicuramente resistenti. Come da noi 40-50 anni fa, nel dopoguerra, quando la gente aveva pochi soldi da spendere e non si poteva permettere il lusso di cambiare ogni 5-10 anni la televisione, il frigo, il freezer, la macchina, qualunque elettrodomestico (tutte cose che oggi sembrano fatte apposta per autodistruggersi e quindi per dover essere riacquistate).

I russi sono idealisti da secoli, filosofi nati, tutta la loro letteratura offre altissimi valori spirituali: han sempre dato poco peso alle questioni materiali. Il socialismo da loro non è crollato perché non potevano scegliere cosa mangiare o come vestirsi. Semmai perché questa mancanza di scelta rifletteva un'imposizione del regime.

Lenin, che aveva vissuto i 3/4 della sua vita politica all'estero e che quindi conosceva i limiti del capitalismo meglio di chiunque altro in Russia, se avesse potuto resistere un altro decennio, avrebbe estromesso Stalin dalla direzione del partito e avrebbe portato avanti la Nep fino a quando non fossero stati i soviet a decidere come rendere la società autonoma dallo Stato. Gli ultimi suoi testi sono tutti favorevoli alla cooperazione e contrari al burocratismo.

Socialismo e comunismo

Le idee del socialismo scientifico

Quando sono emerse le idee del socialismo *scientifico*, molte di queste erano già state precedute da quelle del socialismo *utopistico*, il quale, a sua volta, aveva preso le mosse dalla rivoluzione francese e dalla rivoluzione industriale inglese, cercando di dare alla connotazione "borghese" della nuova civiltà un risvolto "proletario", cercando cioè di unire alla democrazia "politica" quella "sociale", o comunque di estendere la democrazia politica a tutte le classi, anche a quelle non borghesi (questa è stata la lezione di Babeuf e Buonarroti in Francia e del cartismo inglese).

Il fatto che dopo l'apice della rivoluzione borghese si cominciasse già a porre all'ordine del giorno la necessità di una rivoluzione *operaia*, è indice che la storia del genere umano si sta lentamente avvicinando alle premesse da cui era partita, e cioè al *comunismo primitivo* (quello che si è cominciato a studiare solo a partire dalla seconda metà dell'Ottocento).

Infatti, sin dal momento in cui s'era affermato lo schiavismo, i tentativi di realizzare delle esperienze di "socialismo", alternative all'antagonismo delle civiltà basate sullo sfruttamento del lavoro altrui, sono stati nel complesso molto pochi o comunque poco significativi, o forse sarebbe meglio dire poco efficaci, non risolutivi.

I motivi di questa inefficacia possono essere cercati sia nel fatto che lo sfruttamento non aveva ancora una dimensione così universale e così totalizzante, sia nel fatto che persistevano ideologie illusorie, di tipo religioso.

Se prendiamo infatti il tentativo del cristianesimo primitivo (quello del movimento nazareno), dobbiamo dire non che esso sia stato poco significativo, ma che, in relazione all'obiettivo di liberare la Palestina dai Romani, è stato senza dubbio del tutto inefficace, in quanto la rivoluzione fallì, sia perché tradita, sia perché non trovò sufficiente coerenza e determinazione da parte dei seguaci del Cristo, i quali, ad un certo punto, presero a predicare qualcosa di diverso da quello del loro leader.

Altri tentativi li troviamo nelle rivolte degli schiavi sotto l'impero romano; nelle rivolte dei contadini contro i loro signori, laici ed ecclesiastici; nelle prime rivolte operaie contro i protocapitalisti (p.es. il tumulto dei Ciompi nel 1378).

Schiavi, servi della gleba, operai salariati hanno più volte cercato di opporsi con la forza allo sfruttamento perpetrato dai loro padroni, ma non vi sono mai riusciti con successo (si pensi solo al disastro della guerra contadina nella Germania luterana).

Le rivoluzioni delle classi non abbienti hanno cominciato ad avere un certo successo solo con la nascita del socialismo scientifico. Questo a testimonianza che l'epoca delle civiltà basate sull'antagonismo di classe è entrata in una fase di irreversibile declino. Le masse sfruttate sono sempre meno disposte a credere in chi predica la conciliazione delle classi.

Il compito di riportare l'umanità alla condizione originaria si sta imponendo con tanta più urgenza, quanto più pericolosa per la sopravvivenza di una parte del genere umano, quella priva di mezzi, si sta rivelando questa civiltà dominante.

L'umanità oppressa deve prendere consapevolezza della propria forza, della necessità di rinunciare alle illusioni riguardo alla volontà riformatrice dei poteri dominanti. Questi poteri creano guasti anche contro le loro migliori intenzioni: sono strutturalmente antidemocratici.

Le idee del socialismo scientifico vanno al di là delle loro realizzazioni pratiche, che sono sempre limitate da condizionamenti storici di varia natura. Sono idee che, prese in sé, risultano infinitamente più giuste di qualunque altra ideologia borghese o religiosa.

Ai tempi di Marx nessun economista borghese poteva reggergli il confronto, anche se oggi i nostri manuali di economia politica lo liquidano in pochi paragrafi. E ai tempi di Lenin nessun politico borghese e nemmeno nessun politico o teorico sedicente "marxista" era in grado di tener testa alla sua dialettica, anche se oggi Lenin, dopo il crollo del "socialismo reale", viene considerato meno di zero. Eppure basta leggersi i loro testi per capire che le loro ragioni, rispetto a quelle degli avversari, erano enormi e che essi hanno dato un contributo senza paragoni allo sviluppo del pensiero umano.

Il fatto che varie esperienze di socialismo siano fallite non va imputato a loro più di quanto non vada imputato ai loro seguaci, i quali purtroppo non hanno avuto pari capacità nell'applicare i principi del socialismo scientifico.

Una civiltà basata sul socialismo democratico non può che essere fondata sulla *libertà*; ogni altra forma di edificazione è destinata a crollare. Tuttavia con questo non crolla l'idea di socialismo, proprio perché, fino a quando persiste l'antagonismo sociale (che attualmente chiamiamo col come di "capitalismo"), persiste anche l'esigenza di superarlo. L'antagonismo tra le classi è infatti, sotto il capitalismo, la regola non l'eccezione.

I periodi di relativa calma, di sviluppo più o meno pacifico del capitalismo sono transitori, intercalati da guerre devastanti (locali, regionali e mondiali), e sono sempre caratterizzati da uno sfruttamento massiccio di risorse coloniali o neocoloniali. Senza questo persistente saccheggio mondiale, il capitalismo sarebbe crollato da un pezzo, sotto il peso delle proprie insanabili contraddizioni.

Quando Lenin diceva che in virtù di questa rapina planetaria nei confronti delle nazioni più deboli, si era formata nelle nazioni più forti una sorta di "aristocrazia operaia", protetta da sindacati e partiti riformisti, cioè una categoria di lavoratori che invece di lottare per la rivoluzione, invece di porsi a fianco del proletariato e sottoproletariato terzomondiale, si accontenta di poter avere un salario sufficiente per campare; quando Lenin diceva questo, costatando che in Europa occidentale era impossibile, in tali condizioni, operare delle svolte rivoluzionarie, aveva torto o ragione? I fatti non gli hanno forse dato ragione?

Tutta la sua critica nei confronti della II Internazionale non era forse giusta? Solo dei socialisti in malafede potevano avere il coraggio di attribuire lo scoppio della prima guerra mondiale alle sole forze borghesi e alle vecchie dinastie in sfacelo e non anche alla complicità, al collaborazionismo, alle connivenze più o meno esplicite, più o meno dirette da parte degli stessi partiti socialisti, che allora rappresentavano in Europa occidentale (e se vogliamo nel mondo intero) il massimo della consapevolezza critica contro il capitalismo.

Come poter dar torto a Lenin quando criticava questi partiti di aver preso le difese delle loro rispettive borghesie nazionali, tradendo i principi dell'internazionalismo ed evitando così in tutti i modi di trasformare la guerra imperialistica in guerra civile?

Noi non dobbiamo considerare il crollo del cosiddetto "socialismo reale" come un segno della debolezza delle idee del socialismo scientifico, ma, al contrario, come una dimostrazione che quelle idee sono giuste solo se vengono realizzate coerentemente. Il socialismo scientifico è tale solo se è "democratico".

Ogni altra forma di socialismo è destinata a soccombere, anche senza una vittoria da parte del capitalismo (infatti s'è parlato di "implosione"). E se questo è vero per il socialismo, che ha una teoria infinitamente più democratica di quella liberal-boghese, a maggior ragione lo è per il capitalismo, la cui sorte è irrimediabilmente segnata, e il fatto che lo sia è già stato dimostrato scientificamente dallo stesso socialismo.

Il capitalismo può reggersi in piedi solo sfruttando impunemente ingenti risorse umane e naturali, solo reagendo con guerre e conflitti d'ogni genere a chi si oppone a tale sfruttamento.

La natura si difende alla sua maniera, ma finché non reagiscono anche le masse oppresse, il capitalismo continuerà a sopravvivere. Ecco perché nei confronti di questo sistema sociale non si può essere teneri, non si può tergiversare, non si può scendere a compromessi. Qualunque ritardo nella lotta contro il capitale non fa che aumentare le sofferenze a milioni di persone.

Noi dobbiamo tornare al *comunismo primitivo*, con la consapevolezza di tutti i fallimenti delle civiltà basate sull'antagonismo di classe.

Il leninismo ha aggiunto il lato "politico" al marxismo, ch'era prevalentemente basato sullo studio dell'economia politica. Ora al leninismo bisogna aggiungere il lato "umano", che è un tutt'uno con quello "naturale" dell'ambientalismo.

Le teorie del socialismo cooperativo

La teoria del socialismo cooperativo è una variante delle idee piccolo-borghesi che sostengono la possibilità di passare dal capitalismo al socialismo senza lotta di classe. Suo fondatore fu il socialista utopico inglese Robert Owen, le cui concezioni trovarono ampio spazio nel XIX e agli inizi del XX sec., grazie soprattutto alla propaganda del socialismo piccolo-borghese russo ed euroccidentale.

Le principali idee di tutte le scuole e correnti del socialismo cooperativo si riducono in pratica alle seguenti:
1. abolizione del profitto capitalistico,
2. sviluppo della cooperazione come organizzazione sovraclassista che unisce gli interessi di tutti gli strati sociali nella persona del consumatore,
3. sviluppo pacifico della cooperazione in direzione del socialismo tramite varie riforme e trasformazioni nella sfera della circolazione dei prodotti,
4. creazione, come risultato delle riforme nel settore cooperativo, di una società in cui gli interessi di tutto il popolo lavoratore siano armonicamente sviluppati.

Costretta da alcuni fatti storici e culturali piuttosto importanti (la crisi generale del capitalismo, l'ascesa del sistema socialista mondiale, il diffondersi delle idee del socialismo nel mondo capitalistico), la moderna ideologia borghese ha dovuto, almeno fino al crollo del cosiddetto "socialismo reale", far propri alcuni obiettivi del socialismo cooperativo. Le teorie di questo socialismo sono state propagandate, in un modo o nell'altro, da economisti come K. Hope e R. Goodman (Usa), P. Lambert (Belgio), B. Mathura (India), e da leaders politici come L. Senghor (Senegal).

Il *leit motiv* di questa teoria resta l'idea che le cooperative di consumo e di produzione liberano i lavoratori dei paesi capitalistici dal giogo dei monopoli; sono in grado di realizzare molte iniziative di carattere sociale; modificano la forma della proprietà; promuovono uno sviluppo pacifico verso il socialismo. L'economista americano Hope sostiene che "il socialismo cooperativo significa sostanzialmente un sistema solidaristico fra consumatori, produttori e Stato (...) in cui i mezzi della produzione sono gestiti dai rappresentanti diretti o indiretti dei consumatori e dei produttori associati con lo Stato. Ciò è molto più rivoluzionario di un socialismo di Stato. La teoria del socialismo cooperativo si basa sul principio della subordinazione della produzione al consumo. Il controllo dei consumatori e i loro bisogni sono il motivo di fondo dell'attività economica".

Le idee del socialismo cooperativo predicate negli Usa e nei paesi capitalistici avanzati hanno cominciato a penetrare nei paesi emergenti d'Asia, Africa e America latina verso la metà degli anni '60 del Novecento. Con ciò si pensava di distogliere l'attenzione dei lavoratori dalla lotta di classe, avvalorando nel contempo la possibilità di poter costruire in quei paesi un socialismo non proletario, fondato appunto sulla cooperazione. In alcuni paesi africani l'idea del socialismo cooperativo è stata trasformata in quella del "socialismo africano", la cui base sarebbe la stessa comunità africana.

La vitalità dell'idea del socialismo cooperativo dipende dal fatto che la cooperazione è un'organizzazione abbastanza vasta dei lavoratori, sia nei paesi capitalistici industrializzati che negli Stati in via di sviluppo. Le cooperative dei *farmers* sono diventate comuni negli Usa. La loro funzione principale è quella di produrre beni agricoli per il mercato; alcune di queste dispongono di ingenti capitali. La proporzione delle cooperative nel complesso della produzione agricola per il mercato supera negli Usa il 40%, mentre nella produzione di burro e latticini la proporzione sale al 90%. Le cooperative agricole per il mercato si sono sviluppate ampiamente in tutti i paesi dell'Europa occidentale e in quelli emergenti.

Che la cooperazione, sotto alcuni aspetti, attenui l'oppressione dei monopoli, elimini i mediatori nella sfera della circolazione, offra opportunità ai soci di comprendere i vantaggi del lavoro collettivo, abituandoli a compierlo, sono certamente fatti che vanno presi in considerazione. Il socialismo marxista, in questo senso, ha sempre attribuito grande importanza al coinvolgimento attivo dei lavoratori nella gestione sociale di tipo cooperativistico e ha sempre promosso l'unità delle cooperative con altre forme di *management* del movimento dei lavoratori.

Quand'esso parla di alleanza del proletariato con i ceti medi della popolazione, e delle diversità di forme e modi nella realizzazione del passaggio al socialismo, ha sempre ritenuto che, per la formazione di un fronte unito antimonopolistico, le cooperative potessero esercitare un ruolo assai significativo come organizzazione di massa del popolo lavoratore.

Allo stesso tempo, però, va detto che è impossibile edificare il socialismo senza la lotta di classe. "Noi abbiamo ragione di considerare - diceva Lenin - questo socialismo cooperativo come del tutto fantastico, romantico e persino banale nel suo sogno di trasformare, mediante la semplice organizzazione cooperativa della popolazione, i nemici di classe in collaboratori di classe e la lotta di classe in pace di classe" (*Sulla cooperazione*).

Quando Marx valutava le funzioni che le fattorie cooperative avevano esercitato nella metà del sec. XIX, scriveva nel *Capitale* (notando peraltro che la cooperazione era come una precondizione del socialismo all'interno della società capitalistica): "Le fattorie cooperative dei lavoratori rappresentano all'interno delle vecchie forme i primi germogli delle nuove, sebbene esse naturalmente riproducano, e devono riprodurre, ovunque, nella loro attuale organizzazione, tutti i limiti del sistema dominante".

Le precondizioni infatti non sono ancora il socialismo. Il carattere della cooperazione - come Lenin sottolineò - è determinato dalle relazioni produttive prevalenti in una data società: sotto il capitalismo una cooperativa non è che un'impresa collettiva capitalistica.

Il capitale finanziario, estendendo il suo dominio all'agricoltura, subordina a sé le stesse cooperative agricole. I monopoli concludono vantaggiosi contratti con le cooperative per le forniture di prodotti agricoli, offrono contributi allo sviluppo della cooperazione, ma solo per avere in cambio un rapporto preferenziale e per controllare il giro d'affari delle stesse cooperative.

A loro volta, molte cooperative si trasformano in società per azioni dotate di enormi capitali, chiedono di poter entrare nel listino della Borsa valori, s'impegnano in attività speculative ad ogni livello. Il patrimonio della cooperativa americana Farm Land Industry Inc. agli inizi degli anni '70 superava i 400 milioni di dollari: il che conferma la tesi di Lenin secondo cui sotto il capitalismo le cooperative, "essendo delle istituzioni puramente commerciali, soggette alla pressione delle condizioni competitive, hanno la tendenza a degenerare in compagnie a partecipazione borghese".

In effetti, le cooperative hanno bisogno per sopravvivere di realizzare grandi profitti: il capitalismo non ha pazienza con i deboli. E i loro soci più facoltosi hanno spesso solidi legami finanziari con le corporazioni affiliate a quelle stesse cooperative. I depositi versati dai soci (le quote d'obbligo e i versamenti per ottenere degli interessi) vengono impiegati di regola in operazioni finanziarie e creditizie, al pari di una banca o di una società finanziaria.

Le cooperative realizzano dei profitti commerciali che vengono distribuiti su basi meramente capitalistiche (nulla di più mistificante in questo senso è lo slogan "La Coop sei tu, chi può darti di più?"). Le principali caratteristiche dell'impresa capitalistica sono tipiche in genere di tutte le cooperative, ossia la competizione, lo sfruttamento del lavoro, la ricerca del profitto, gli antagonismi di classe, la differenziazione dei soci, ecc.

Le ideologie neocorporative che pervadono il più delle volte queste strutture di consumo non solo sono alquanto lontane dall'auspicare un nuovo tipo di società, ma non riescono neppure a ostacolare la sempre maggiore propensione al consumo, allo spreco e all'inquinamento che caratterizza le nostre società occidentali. Basta vedere la misera fine che hanno fatto le campagne per la frutta biologica, per i detersivi senza fosforo, per le sportine della spesa in cartone o tela, ecc. Questo dimostra che la semplice diffusione della contro-informazione non basta a garantire alcunché.

Viene qui in mente (a proposito di cosa voglia dire in Italia l'informazione a favore del consumatore) la trasmissione televisiva "Di tasca nostra". Cosa è successo a questa trasmissione ch'era così brillantemente condotta dal giornalista Tito Cortese? È successo che quando l'informazione è tale da mettere in pericolo gli interessi dei produttori e la credibilità dei politici e degli amministratori che li difendono, è meglio non "drammatizzare" e cambiare argomento (o all'occorrenza cambiare addirittura l'impostazione del programma, come poi in effetti si è fatto).

Ancora oggi, quando si parla di consumi, si vede il consumatore lamentarsi di avere scarse o cattive informazioni, di avere poche possibilità di effettivo controllo, e subito dopo gli si fa notare, tramite l'esperto di turno, di essere uno sprovveduto, cioè di non avere abbastanza furbizia, tempismo, cognizione di causa ecc., salvo dover costatare che il mondo della produzione è più o meno libero di fare i prezzi che vuole, di comportarsi come meglio crede e che per questo motivo le leggi che regolamentano il marketing vengono sempre "dopo", ecc. Insomma, una vera beffa.

L'informazione trasmessa dai programmi televisivi serve soltanto a illudere l'inerme consumatore, vittima dell'assoluto arbitrio del produttore, serve ad assicurargli che una tutela dei suoi interessi è in definitiva impossibile in questa società.

Come osserva con acume R. Canosa in *Diritto e rivoluzione* (edito da Mazzotta), il socialismo cooperativo è "pericoloso ideologicamente, perché oscura i contrasti di classe che sono alla base degli istituti fondamentali del diritto civile, è incapace di realizzare un'effettiva tutela del consumatore, contraente più debole, che pur afferma di voler proteggere. Costretto in permanenza a fare i conti con la produttività del sistema e con la redditività delle imprese, il suo ruolo resta in ogni caso assai marginale, anche dal punto di vista della idoneità a raggiungere gli obiettivi parzialissimi ch'esso si prefigge".

Oltre il socialismo scientifico

Il socialismo scientifico è fallito per vari motivi, ma soprattutto perché, quando un'ideologia si oppone, in nome della scienza, alle necessità della natura, non può che fallire.

Infatti, tale opposizione risulta sempre essere il sintomo di un'altra non meno grave, quella tra potere e libertà di coscienza (o tra istituzioni e individui). Là dove esiste una verità scientifica che si vuol far valere contro le esigenze riproduttive della natura, lì esiste anche, inevitabilmente, la pretesa della politica di poter decidere in che modo la società deve vivere la democrazia.

La natura non può essere vista come "matrigna", cui occorre strappare, con forza o con astuzia, tutto quanto occorre per vivere. Quando la natura ci appare così è perché in realtà l'essere umano è diventato il principale nemico di se stesso. Non a caso nel momento in cui accadono disastri naturali non ci chiediamo mai quanta parte abbia avuto l'antropizzazione nel causarli. Preferiamo motivarli appellandoci alla fatalità.

Sotto questo aspetto è stato un errore clamoroso non solo aver voluto contrapporre la scienza e la tecnica alla natura, ma anche non aver capito che tale contrapposizione ne rifletteva un'altra ancora più grave: quella tra *uomo e uomo*, che a sua volta ha generato quella tra *uomo e donna*.

È significativo il fatto che qualunque pretesa abbia l'uomo di porsi al di sopra della natura, si manifesta, implicitamente, anche come prevaricazione del maschile sul femminile. Odiamo la natura perché odiamo noi stessi e, nell'odiare se stesso, l'uomo tende ad assoggettare la donna.

Ecco perché bisogna dire, senza infingimenti, che il socialismo scientifico non ha contribuito minimamente a migliorare né i rapporti tra uomo e natura né quelli tra uomo e donna. Ancora non riusciamo ad accettare l'idea di una nostra strutturale dipendenza dalle esigenze della natura. Se l'uomo accettasse questa evidenza, farebbe di tutto per tutelare al meglio non solo le priorità della natura ma anche quelle della donna.

Se l'intelligenza umana non viene messa al servizio della conservazione della natura e della riproduzione della specie umana, non c'è futuro. E per converso: se il genere femminile non si oppone alla prevaricazione maschile, non c'è futuro né per la natura né per l'uomo.

Per evitare la devastazione della natura e quindi l'autodistruzione del genere umano, bisogna uscire dal concetto di "civiltà", soprattutto da quello basato sullo sviluppo tecnico-scientifico. Infatti è sulla base di questo sviluppo che gli uomini si sentono autorizzati a sfruttare sia le risorse naturali che il lavoro altrui, cioè le braccia e la mente di chi non dispone di proprietà privata.

Dobbiamo uscire dal concetto di "forza" o di "dominio" ed entrare in quello di "coesistenza pacifica", di "eco-compatibilità" di ogni azione umana. La *differenza* deve diventare più importante dell'*identità*: la differenza dà anzi "identità" all'io. E la prima differenza da far valere è quella tra uomo e natura, nonché quella tra uomo e donna.

Il socialismo scientifico ha avuto ragione nei confronti di quello utopistico, poiché è illusorio poter costruire dei "pezzi di socialismo" all'interno del capitalismo: la rivoluzione politica è la *conditio sine qua non* per realizzare la transizione.

Nel corso del Medioevo, all'interno della società feudale, si poté formare il capitalismo mercantile come forma illusoria di superamento delle contraddizioni del servaggio rurale. E per molto tempo le due forme di antagonismo sociale hanno convissuto, per quanto il feudalesimo abbia cercato di opporre una certa resistenza alla nascita della società borghese; anzi, quest'ultima, se vogliamo, si è sviluppata con maggiore successo proprio là dove erano più acute le contraddizioni feudali.

Tuttavia il socialismo democratico non può svilupparsi in un paese ove domina il capitalismo: gli organi di governo, politici ed economici, troverebbero facilmente il modo per screditare, circoscrivere e smantellare singole esperienze di socialismo autogestito, specie se queste avessero l'ambizione di diffondersi.

L'unico modo per superare il capitalismo è quello di sfruttare le sue interne contraddizioni, organizzando un movimento eversivo. Quanto più questo movimento sarà popolare, tanto meno traumatica sarà la transizione, che in ogni caso non sarà indolore per le classi abituate a vivere sulle spalle altrui.

La rivoluzione politica, in fondo, è solo la premessa formale della transizione: un semplice punto di partenza. Tutto il resto riguarda la prosaicità degli aspetti sociali, economici, culturali, che devono mettere radici in profondità.

Infatti è stato proprio su questi aspetti che il socialismo scientifico ha fallito i suoi obiettivi. Li ha falliti sul piano *culturale*, imponendo a forza un'ideologia di partito, e li ha falliti sul piano *sociale*, sottomettendo completamente la società civile alle esigenze del centralismo statale. Il fallimento è dipeso anche dal fatto che ci si è lasciati abbacinare dai successi del benessere collettivo, assicurati in occidente dalla rivoluzione tecno-scientifica, senza rendersi conto che queste forme di benessere venivano pagate duramente sia dalle popolazioni del Terzo mondo, spogliate delle loro risorse e della loro autonomia gestionale, che dall'ambiente naturale, sottoposto a un saccheggio indiscriminato, nella convinzione che le sue risorse fossero illimitate.

In un certo senso il modello di vita che dobbiamo perseguire è quello stesso vissuto nel Medioevo, ma senza servaggio e senza clericalismo, oppure, se più ci piace, il modello delle società preschiavistiche.

Dopo il post-comunismo

È veramente fastidioso sentire quei comunisti "pentiti" dire che una rivoluzione comunista non poteva essere fatta, nel periodo della Resistenza, ovvero subito dopo la sconfitta dei tedeschi, poiché essa ci avrebbe sicuramente portati allo stalinismo, come d'altra parte è successo per tutti gli altri paesi est-europei.

Questo ragionamento è sbagliato per una serie di motivi. Anzitutto non si può aver la pretesa di dire cosa sarebbe successo se gli eventi fossero stati diversi. Non c'è nessun fatalismo, nessuna legge storica che obbliga gli uomini a seguire una determinata direzione. Avremmo certo potuto avere un'Italia stalinista, ma anche un'Italia più democratica di quella attuale. La scelta sarebbe dipesa dalla maturità delle masse. E comunque la storia non si fa pensando al peggio ma al meglio. I "se" e i "ma" hanno poco valore quando le masse dimostrano di possedere forti istanze rivoluzionarie.

Questi comunisti pentiti da un lato giustificano la loro inettitudine, dicendo col senno del poi di aver fatto bene nel passato (il loro passato è quello della Resistenza, ma anche quello del '68) a rinunciare alla rivoluzione; dall'altro lato manifestano tutta la loro pochezza (intellettuale e personale), in quanto sono convinti che le rivoluzioni siano cose "facoltative", che dipendono molto dal giudizio personale di chi ritiene che, facendole, si otterrebbero risultati più positivi che non facendole.

Questi intellettuali regressivi dimenticano soprattutto di dire che il fatto di andare al potere, da parte di questo o quel partito, non dipende da questo o quel partito, poiché il potere - nella concezione del socialismo democratico - non può essere usato per il bene del partito: il potere non è un oggetto di conquista "personale" o "collettiva" (nel senso dei pochi o dei molti militanti di un partito). Il fatto di andare o no al potere deve dipendere dalla volontà delle masse, cioè dalle forze sociali che i partiti rappresentano. Un partito che aspirasse al potere prescindendo da tali forze, al massimo potrebbe fare un colpo di stato, non una rivoluzione, e per il tempo di una o due generazioni, certo non di più. All'est sono crollati dei regimi che, prima di diventare repressivi, erano nati addirittura col consenso popolare.

Se questi intellettuali avessero capito la differenza tra rivoluzione e colpo di stato, avrebbero anche dovuto ammettere che nessuna forma di stalinismo o di cesarismo è eterna, e che ogni dittatura non voluta dal popolo viene sempre, prima o poi, rovesciata dallo stesso popolo, con minore o maggiore forza, a seconda delle situazioni e tradizioni rivoluzionarie della nazione. Noi siamo sotto una "dittatura economica" (quella del "capitale"): ce ne siamo forse liberati?

Dunque, se oggi gli intellettuali borghesi sono contenti nel vedere il crollo del socialismo (che per loro è di "tutto" il socialismo, mentre in realtà è solo di quello "burocratico-amministrativo"), lo sono perché questa sconfitta - secondo loro - è un'ulteriore conferma della giustezza delle scelte compiute dopo la Resistenza. Essi arrivano a una conclusione del genere appunto perché guardano le cose in maniera ideologica, proprio come le guardava il "socialismo da caserma", che è stato sconfitto dalle sue interne contraddizioni. In realtà la scelta per il socialismo democratico e autogestito saranno le circostanze a determinarla e, se saranno favorevoli, nulla e nessuno, neanche lo "spirito del post-comunismo", potrà impedirla.

Il socialismo democratico sarà sempre un obiettivo da desiderare finché vi saranno delle masse lavoratrici sfruttate od oppresse. Le occasioni di una liberazione si ripresentano sempre, anche se ovviamente secondo proporzioni e modalità diverse. Se le contraddizioni antagonistiche non vengono risolte subito, il loro peso col tempo aumenta considerevolmente. Aumenta però anche la consapevolezza della necessità del loro superamento, anche se tale consapevolezza, a causa dell'imperialismo, si sta sviluppando più velocemente nel Terzo mondo che in occidente.

Si badi, non è che da noi manchi la consapevolezza: da tempo sono sotto gli occhi di tutti i rapporti di connivenza tra Stato e criminalità, tra Stato e industria capitalistica, tra Stato italiano e Usa...; si conosce molto meglio la menzogna, l'intrigo, la delinquenza che serpeggia all'interno delle istituzioni statali; si sa perfettamente che i vari governi fanno di tutto per scaricare sui cittadini le conseguenze delle crisi nazionali e mondiali del capitale. Oggi tuttavia, pur essendo più diffuse, le contraddizioni risultano meno profonde rispetto a quelle degli anni '20 e '40, allorché si usciva prostrati dalle guerre mondiali. Oggi il benessere è notevolmente maggiore e le contraddizioni si sopportano con più rassegnazione: il capitalismo si è ristrutturato, si è modernizzato, è diventato altamente competitivo, il neo-colonialismo e l'imperialismo occidentale vanno a gonfie vele, poiché i paesi del Terzo mondo continuano a subire i ricatti e i soprusi delle potenze occidentali.[4]

Certo, gli elementi per reagire in maniera costruttiva, da parte delle masse più consapevoli, sono già abbondanti, ma è del tutto insufficiente la capacità volitiva e organizzativa degli intellettuali che dovrebbero porsi a capo di un movimento rivoluzionario. È come se tutti stessero aspettando l'acuirsi della crisi e, con questa, la magica soluzione di ogni problema. Pochi si rendono conto che il giorno in cui la crisi scoppierà veramente, il movimento rivoluzionario si troverà del tutto impreparato ad affrontarla.

Là dove le contraddizioni sono profonde e diffuse, cioè nel Terzo mondo, la consapevolezza del loro superamento è maggiore, benché notevole sia il rischio d'imitare i modelli occidentali. Il rifiuto dell'occidente di aiutare il Terzo mondo a risolvere le proprie contraddizioni, ha determinato, sta determinando e determinerà sicuramente delle immani tragedie. I fenomeni immigratori, la situazione esplosiva nel Vicino e Medio oriente, l'indebitamento colossale di tanti paesi, ricchi e poveri, la fame e il sottosviluppo, gli altissimi indici di mortalità e di malattie... sono tutti fenomeni che, lasciati a se stessi, provocheranno gravissimi rivolgimenti mondiali.

Di questo i nostri intellettuali non si preoccupano più di tanto. Invece di reagire di fronte alle cose assurde e inumane che crea il capitalismo, invece di ricordare a tutti che le occasioni perdute hanno sempre un prezzo da pagare, se ne stanno a discutere su quale fine avrebbe fatto la democrazia in Italia se fosse andato al governo il partito comunista. Con

---

[4] Questo articolo è stato scritto assai prima della crisi che ha colpito l'intero occidente a partire dal 2008.

il "Biennio rosso" degli anni '20, con la Resistenza degli anni '40 e col Movimento operaio-studentesco del '68 si sono perse delle grandi occasioni e le conseguenze sono state disastrose: fascismo, consumismo di massa e fine di un'opposizione al sistema con lo smantellamento del Pc.

Dagli anni '20 ad oggi ogni generazione di tendenza progressista ha fatto sicuramente avanzare la nostra società, ma senza conseguire l'obiettivo finale, quello di eliminare lo sfruttamento dell'uomo sull'uomo.

Oggi la borghesia s'è rafforzata, condizionando pesantemente il movimento operaio e i suoi dirigenti. Tuttavia abbiamo ancora la possibilità di affermare che una rivoluzione socialista in Italia, se frutto di un vastissimo movimento popolare, sarà un bene per tutta la nazione. Solo a questa condizione essa potrà essere fatta. Ogni città, ogni provincia, ogni regione dovrà sentirsi direttamente coinvolta, più di quanto non sia successo per realizzare l'unificazione nazionale o la stessa Resistenza.

Vien quasi da pensare che una rivoluzione socialista che non parta dal Mezzogiorno, diffondendosi poi per tutto il Paese, non abbia alcuna speranza di vittoria. È nel Sud infatti che oggi si verificano le contraddizioni maggiori del nostro Paese, ed è là che chi le affronta con coraggio acquisisce una maturità utile ai fini rivoluzionari. Solo che non dobbiamo aspettare un'altra guerra mondiale per tentare questa via. L'uso di armi nucleari non ci permetterebbe di ricostruire nulla.

L'errore del comunismo

L'errore più grande del comunismo è stato quello di far coincidere *Stato* e *popolo*, considerando quest'ultimo un oggetto di quello. Tutti gli abusi provengono da questa arbitraria, perché forzata, identificazione. Non esiste e non esisterà mai, in un sistema democratico, uno "Stato di tutto il popolo", a meno che non si voglia fare della demagogia. L'unica vera democrazia è l'*autogoverno del popolo*.

Sotto questo aspetto il comunismo può essere considerato - almeno per come si è realizzato - una variante politica del capitalismo di stato, ovvero il tentativo di gestire in maniera politico-partitica i processi economici, accentuando le funzioni dello Stato in maniera dirigistica e burocratica, in quanto lo Stato aveva il compito di controllare l'intera società civile, inclusi tutti gli aspetti produttivi.

Questa forma di idolatria nei confronti dello Stato, che pur in *Stato e rivoluzione* di Lenin viene del tutto sconfessata, è stata possibile a motivo del fatto che nei paesi est-europei e asiatici il capitalismo non aveva ancora prodotto, sul piano etico e culturale, i guasti profondi causati in occidente, dove la medesima idolatria si stava verificando, col nazifascismo, proprio per motivi opposti, cioè in forza della diffusione di quei guasti: una diffusione che praticamente è iniziata a partire dal Mille, con la nascita dei Comuni borghesi.

I danni sono stati così gravi che oggi qualunque discorso intorno al comunismo viene rifiutato a priori. D'altra parte lo stalinismo è riuscito a eliminare l'intera generazione che aveva partecipato alla rivoluzione bolscevica: non sarà facile dimenticare un genocidio di 20 milioni di sovietici. Né sarà facile dimenticare che il medesimo stalinismo ha contribuito non poco allo sterminio di altri 20 milioni di sovietici da parte dei nazisti.

Ci vorranno delle catastrofi ambientali o dei conflitti sociali acutissimi prima che si ritorni a parlare di esigenza del comunismo. E sicuramente un'esigenza del genere sarà più sentita nei paesi del Terzo mondo che non in Europa, e dovrà essere sentita soprattutto dalle forze intellettuali, poiché il popolo, istintivamente, non produce che reazioni spontanee, male organizzate e inconcludenti.

L'accentuata importanza attribuita allo Stato rientra nell'assolutismo ideologico tipico delle filosofie idealistiche più mature, che per molti versi furono ereditate dal marxismo.

La filosofia borghese è stata individualistica fino a quando le istituzioni risultavano politicamente governate dalle forze clerico-feudali e, in tale individualismo, la borghesia è stata relativamente progressista, in quanto rivendicava valori più democratici di quelli, sostanzialmente aristocratici, delle classi nobiliari.

Tuttavia, quando la borghesia ha compiuto le proprie rivoluzioni politiche, essa stessa è diventata una forza retriva, che ha cominciato a predicare il principio della ragion di stato, cioè l'equivalenza tra interessi di classe e interessi di stato, fatti passare, quest'ultimi, come interessi neutrali, interclassisti.

Oggi, anche quando la borghesia chiede la privatizzazione totale dell'economia, la non ingerenza dello Stato nell'economia ecc., resta assodato che, per tutto quanto non riguarda il profitto privato, lo Stato deve continuare a svolgere un controllo assoluto sulla società in nome del capitale. Paradossalmente esiste oggi più statolatria nei paesi avanzati dell'occidente che non in quelli post-comunisti dell'Europa orientale.

La forza dello Stato rimane tale, anzi tende ad accentuarsi nei confronti di chi non è capace d'iniziativa privata e, come tale, lo Stato continua ad avere il compito di fare gli interessi della borghesia anche quando questa rivendica un'autonomia sempre più grande nella gestione dei propri affari. Insomma la borghesia fa dello Stato quello che vuole.

Nel socialismo reale invece la pretesa o l'illusione era quella di superare, in nome dello Stato, gli interessi privati di una classe. Il risultato è stato quello di aver trasferito il "privilegio" da una classe economica a una burocratica. I paesi comunisti est-europei (ma si pensi anche ai paesi asiatici) avevano assunto il compito di diventare paesi avanzati, industrializzati, partendo dalle loro origini contadine, senza diventare capitalisti. I tentativi, più o meno fallimentari, stanno andando avanti. Oggi la Cina è lo Stato "contadino" più capitalista del mondo.

Marx e i populisti

Marx si rese conto, alla fine della sua vita, nel rapporto che aveva coi populisti, che forse c'era la possibilità di costruire il socialismo, in Russia, puntando sulla valorizzazione della *comune agricola*. Naturalmente, per poterlo fare in maniera adeguata, occorrevano - secondo Marx - due cose: o la fine dello zarismo, oppure la nascita del socialismo in Europa occidentale (che poi avrebbe portato alla fine dello zarismo). Egli era infatti convinto che di fronte alla potenza del capitalismo nessuna comune agricola sarebbe riuscita a resistere se non fossero intervenuti altri fattori (in questo caso di natura politica).

Era un'importante considerazione, poiché nel *Capitale* Marx aveva pensato a un socialismo come superamento del capitalismo utilizzando le conquiste tecnico-scientifiche e le forze produttive dello stesso capitalismo. Il socialismo altro non doveva essere che una razionalizzazione dell'economia di mercato realizzata attraverso la socializzazione dei mezzi produttivi (capitalistici): idea, questa, cui Marx era pervenuto già al tempo del *Manifesto*. Il *Capitale* non fece che dimostrare, sempre più scientificamente, la natura antagonistica delle fondamentali contraddizioni capitalistiche e quindi la loro irrisolvibilità con gli strumenti della società borghese.

Fu entrando in contatto coi populisti che Marx cominciò non solo a rivalutare le formazioni sociali pre-capitalistiche, ma anche a pensare che l'ipotesi populista di far risparmiare alla Russia i "dolori" dell'accumulazione capitalistica, attraverso la transizione dal socialismo agrario (feudale) a quello moderno (agrario e industriale), non era del tutto peregrina, per quanto i populisti non nutrissero un particolare interesse per la rivoluzione industriale.

In tal senso non si può escludere a priori l'ipotesi che la Russia o l'est-europeo avrebbe potuto resistere al capitalismo se avesse sviluppato un socialismo democratico basato sul primato dell'agricoltura. Come d'altra parte non si può escludere a priori l'ipotesi che il socialismo reale sia crollato proprio perché non ha voluto concedere all'agricoltura tale primato.

Lenin e i populisti

Lenin, dal canto suo, dopo aver sopravvalutato, in gioventù, il livello di penetrazione del capitalismo nelle campagne, si rese conto che l'ipotesi populistica avrebbe potuto essere realizzata dopo aver liquidato non solo lo zarismo, ma anche qualunque governo borghese (alla Kerenski). Cosa che il populismo non era in grado di fare, non tanto o non solo perché non capiva l'importanza della classe operaia, quanto soprattutto perché s'illudeva che l'*obščina* fosse lo strumento sufficiente per impedire la penetrazione del capitalismo, senza mettere in discussione tutta la realtà dei rapporti feudali basati sul servaggio (legale o illegale) o sul latifondo.

Quegli intellettuali che cercarono di servirsi dell'*obščina* per dimostrare che la critica del capitalismo poteva essere fatta solo dal punto di vista dell'agricoltura socializzata e non anche da quello del proletariato industriale, sono finiti: 1) col non accorgersi delle contraddizioni dello stesso mondo agricolo; 2) coll'assumere una posizione conservatrice, in quanto hanno indebolito l'unità del movimento dei lavoratori. Questi intellettuali sono rimasti legati al mondo dell'agricoltura in una maniera miope anche, o forse soprattutto, perché non riuscivano ad accettare che nel mondo industriale ed urbano si formasse una *cultura laica* del tutto estranea a quella contadina. Essi purtroppo non riuscirono a trovare nella cultura laica quegli elementi, vissuti in maniera secolarizzata, della precedente cultura religiosa, o comunque, se li trovarono, non riuscirono ad accettarli, semplicemente perché il processo di secolarizzazione non era partito da loro.

In ogni caso, finché Lenin rimase vivo, l'ipotesi populistica non rischiò d'essere definitivamente affossata. L'introduzione della Nep stava appunto a dimostrare che non si voleva togliere al mondo contadino la sua specificità, la sua autonomia: una coesistenza di vecchio e nuovo era ancora possibile.

Purtroppo Lenin capì il valore dell'autonomia contadina solo dopo il fallimento della centralizzazione della gestione politica ed economica della nuova società sovietica. In questo senso, il ritardo, dovuto a motivi di carattere ideologico e storico, fece accumulare forti tensioni sociali. I limiti "ideologici" erano dovuti a una lettura "letterale" del *Capitale*, cioè all'esigenza di un'applicazione delle sue tesi economiche anche in Russia, per quanto sul piano politico Lenin contraddiceva il *Capitale*, dimostrando che la rivoluzione socialista poteva essere compiuta anche in un Paese economicamente arretrato. I limiti "storici" del leninismo erano dovuti al fatto che, dopo l'Ottobre, il capitalismo mondiale reagì con l'intervento militare e appoggiando la guerra civile. Lenin scelse la centralizzazione anche perché condizionato da eventi storici drammatici.

È fuor di dubbio, tuttavia, che se l'esperienza della Nep fosse continuata, non si sarebbe realizzato il socialismo burocratico e autoritario. Nel peggiore dei casi si sarebbe sviluppato il capitalismo.

Lenin comunque sapeva trarre dai propri errori i dovuti insegnamenti. Stalin invece non aveva questa flessibilità.

Socialismo e ortodossia

Per Lenin l'ideologia borghese è un concetto più generale, più globale, di quello espresso da Marx, che l'ha collegato a una specifica attività economica. Per Lenin l'ideologia borghese appariva non solo nel contesto feudale del suo Paese, ma anche nella coscienza delle masse proletarie russe. Essa consisteva appunto in un atteggiamento filisteo, soggettivistico-corporativo, cioè in un atteggiamento non disposto a sacrificarsi per il bene dell'intera collettività.

La rivoluzione bolscevica, tuttavia, dimostrò che l'ideologia borghese aveva attecchito poco in Russia. Probabilmente perché qui si era verificato, rispetto all'Europa occidentale, un processo socio-feudale meno contraddittorio: il che comportò, sul piano ideologico, una minore laicizzazione della fede religiosa. In Russia infatti non si sono mai affermati né il cattolicesimo (che cerca anzitutto il potere politico) né il protestantesimo (che cerca anzitutto il potere economico).

Ma allora perché il comunismo si è affermato anzitutto in Russia e non in Grecia, dove l'ortodossia s'era conservata in forme più "oggettive" rispetto a quelle slave? In Russia era avvenuta la convergenza di due fattori concomitanti, che il popolo non ha potuto sopportare: la progressiva degenerazione dell'ortodossia (ben visibile alla fine dell'800) verso forme di cultura, di arte, di sensibilità occidentali, e l'acquisizione dei processi e delle contraddizioni dello sviluppo capitalistico. Lenin, in questo senso, seppe intuire con grande acume che il declino dell'ortodossia (in politica si parlava di populismo) non avrebbe potuto impedire lo sviluppo del capitalismo.

Viceversa, in Grecia il capitalismo è stato (ed è) sopportato meglio non perché sia stato (e sia) meno contraddittorio di quello russo, ma perché l'ortodossia s'è conservata più "pura", più "oggettiva": ciò induce i greci, orgogliosi del loro passato, a credere di potersi difendere meglio dai condizionamenti della civiltà borghese (la quale in Grecia ha avuto bisogno della dittatura politica per affermarsi). Quando si accorgeranno che l'ortodossia, per come essa è, oggi non è più in grado di assolvere un compito del genere, soprattutto non è in grado d'impedire la corruzione morale in un sistema basato sul profitto, probabilmente decideranno di optare per la rivoluzione socialista (adottando metodi più democratici di quelli russi).

Paradossalmente, là dove la religione aveva subìto meno laicizzazione (come in Russia, rispetto all'occidente), il marxismo, con Lenin, non ha avuto bisogno di emanciparsi dalla religione con così grande fatica... Marx metteva spesso in rapporto l'economia borghese col cristianesimo, e nella fase giovanile cercò di dimostrare a più riprese (specie nella polemica con la Sinistra hegeliana) che l'emancipazione dalla religione costituiva solo l'inizio dell'emancipazione umana. Viceversa, per Lenin l'emancipazione dalla religione doveva essere considerata un aspetto scontato, preliminare, per poter cominciare ad affrontare seriamente le questioni politiche di liberazione.

Il marxismo occidentale è stato, in un certo senso, la logica conseguenza della laicizzazione borghese e protestantica della religione cattolica: esso non poteva nascere che nell'Europa occidentale di religione protestante. L'ateismo del marxismo, a differenza dell'ateismo del leninismo, avrebbe dovuto essere un fatto scontato, inevitabile, assai poco bisognoso d'essere dimostrato. Invece questa caratteristica l'ebbe l'ateismo di Lenin, che non si prestò mai a misurare, sul piano filosofico, la propria forza contro la religione ortodossa. Il motivo di questo va appunto ricercato nel fatto che il marxismo occidentale attribuiva all'emancipazione dalla religione un peso assai superiore a quello che vi attribuiva il leninismo.

In ogni caso la presenza del protestantesimo in Germania, se ha contribuito, sul piano teoretico, allo sviluppo del marxismo, non ha offerto alcun contributo sul piano pratico, in quanto il protestantesimo rappresenta un'esperienza individualistica e intellettualistica della fede. La coerenza di teoria e prassi nel marxismo occidentale è sempre stato il problema numero 1.

Nell'Europa orientale invece il marxismo ha faticato alquanto a emergere, poiché l'idealismo religioso e la prassi comunitaria restavano relativamente forti (in occidente l'idealismo s'è espresso in forme prevalentemente filosofiche, senza rapporto con le esigenze delle masse). Ma una volta nato, il marxismo (nella forma del leninismo) s'è imposto all'attenzione delle masse con decisione e coerenza, al punto che una parte dell'ortodossia capì che si trattava di un umanismo ancora più profondo.

L'ortodossia che s'è opposta al comunismo è stata soprattutto quella clericale o quella istituzionale.

Oggi in Europa orientale, più che il leninismo, è fallito lo stalinismo, cioè è fallita la pretesa di subordinare la democrazia al centralismo. Un recupero integrale del leninismo è però, oltre che impossibile, anche inutile, poiché il leninismo va integrato con l'approfondimento del *fattore umano* inaugurato dalla *perestrojka*.

Il leninismo dunque ha dimostrato che chi rifiuta l'ortodossia, con dignità e convinzione, senza scendere a vergognosi compromessi, non approda né al cattolicesimo né, tanto meno al protestantesimo, ma direttamente all'ateismo e all'umanesimo integrale. L'ortodossia è una religione esigente (almeno sul piano dei contenuti). Chi la rifiuta con ragioni di coscienza, ben motivate, rifiuta, con essa, qualunque altra religione.

Né la religione cattolica né quella protestante conoscono questa serietà di fondo, etica e ontologica. I cattolici, ad es., possono esser considerati tali semplicemente perché obbediscono al papa, ma per tutto il resto possono benissimo essere di un'altra religione. Possono cioè rifiutare l'aborto e la contraccezione, perché così vuole il magistero, ma nel comportamento quotidiano non si distinguono affatto dai protestanti individualisti, se non negli aspetti più deteriori del devozionalismo formale.

Socialismo e teorie rivoluzionarie

Si tratta di capire se abbia un senso pensare a una revisione del marxismo e del leninismo che non comporti la fine dell'idea di una rivoluzione politica anticapitalistica, o se sia meglio pensare a qualcosa che superi decisamente il marx-leninismo e che nel contempo ponga le basi per un diverso superamento del capitalismo.

Che il capitalismo vada superato è cosa ovvia, che solo per "interesse" si ritiene "non ovvia". Si tratta appunto di capire fino a che punto ci si può servire di quelle teorie che in occidente e nell'Europa orientale fino a ieri peroravano la causa di tale superamento.

Queste teorie infatti, col crollo del socialismo reale e del suo simbolo: il muro di Berlino, si sono altamente screditate, tanto che oggi paiono del tutto dimenticate. Si preferisce addirittura il peggior capitalismo piuttosto che pensare a un miglioramento di quelle teorie.

Bisogna quindi inventare una nuova teoria che prenda il meglio delle precedenti, ma che si presenti come un loro *superamento*, non come un loro inveramento.

In tal senso vi sono alcuni aspetti fondamentali che vanno sviluppati, anche in considerazione del fatto che le teorie rivoluzionarie precedenti li avevano o taciuti o sottovalutati:

1. la valorizzazione delle civiltà pre-borghesi, pre-capitalistiche e soprattutto pre-schiavistiche;
2. il primato del *valore d'uso* sul valore di scambio, ovvero il riesame di tutti quegli aspetti economici che favoriscono l'*autoconsumo*, l'*autogestione dei mezzi produttivi*;
3. l'esaltazione delle *autonomie locali*, del *federalismo*, della *democrazia diretta e decentrata*;
4. il rapporto privilegiato che l'uomo deve avere con la natura, quindi *ecologia*, tutela ambientale, fine del rapporto di sfruttamento e dominio attraverso gli strumenti della scienza e della tecnica, posti al servizio del profitto;
5. i *valori umani* non devono mai essere subordinati a quelli economici o politici;
6. la *questione femminile*, ovvero l'uguaglianza di genere.

Occorre elaborare una teoria innovativa che si riconnetta a un passato in cui non esistevano contraddizioni antagonistiche di tipo borghese e che, nel contempo, non chiuda gli occhi di fronte alle contraddizioni antagonistiche non borghesi, in riferimento al pre-capitalismo.

Occorre una teoria che faccia tesoro non solo dei fallimenti del socialismo amministrato, ma anche degli aspetti positivi del socialismo democratico e scientifico, che riguardano anzitutto gli aspetti dell'economia e della politica.

Una teoria che si avvalga di tutti i contributi possibili provenienti dalla periferia neocoloniale dell'odierno capitalismo mondiale.

Filosofia e politica di fronte al capitale

Se si considerasse il materialismo storico-dialettico come il prodotto dell'evoluzione delle scienze borghesi, difficilmente si riuscirebbe a spiegare il motivo per cui esso nacque nel territorio più arretrato d'Europa, e cioè la *Prussia*, e meno ancora si riuscirebbe a spiegare il motivo per cui esso tentò la realizzazione storica più significativa in un paese ancora più arretrato, e cioè la *Russia*.

Se si accetta l'idea dell'evoluzione scientifica o naturale, sul piano ideologico, dalla filosofia borghese a quella socialista, allora bisogna anche aggiungere che i soggetti di tale evoluzione si trovarono in condizioni tali da dover rompere i presupposti fondamentali su cui si reggeva la tradizionale filosofia borghese.

Tali soggetti (prevalentemente gli intellettuali) possono aver pensato che la propria filosofia fosse una logica conseguenza di quella borghese, ma dal punto di vista della borghesia essi rimasero inevitabilmente dei "rinnegati", come furono considerati "eretici" i cristiani da parte degli ebrei.

Caratteristica principale della borghesia infatti è l'incoerenza fra teoria (che si pretende "umanistica" o "democratica") e prassi (che è di tipo "antagonistico"). La borghesia non vuole e, se vogliamo, neppure può superare l'antinomia di capitale e lavoro, poiché, se lo facesse, dovrebbe annullarsi come classe sociale.

L'evoluzione verso il socialismo scientifico implica quindi una rottura epistemologica che nessun filosofo borghese, volendo restare tale, sarebbe mai disposto ad accettare.

Un filosofo socialista infatti non potrebbe più porsi in maniera "filosofica" di fronte a quell'antinomia, ma dovrebbe per forza porsi in maniera "politica", poiché la politica è il luogo ove si pongono le fondamenta per la risoluzione dei conflitti.

La filosofia borghese fa "politica" solo nel senso che cerca una "mediazione" tra gli interessi del capitale e quelli del lavoro, non mettendo in discussione la realtà o l'inevitabilità di tale conflitto.

Ovviamente il fatto che un filosofo-politico socialista abbia ad un certo punto maturato la "rottura" nei confronti dell'ideologia borghese, non significa ch'egli non possa ricadere nella convinzione che il socialismo debba considerarsi solo come il frutto di un'evoluzione scientifica dell'ideologia borghese. Sarebbe davvero ingenuo pensare che la rottura teorico-pratica possa essere conservata solo dal punto di vista *teorico*.

Il socialismo non è solo il frutto di un'evoluzione teorica, ma è anche un'esperienza *rivoluzionaria*, che ha posto le basi per un'ideologia del tutto nuova. È vero, il *Capitale* di Marx risente di una certa impostazione positivistica ed evoluzionistica e, in tal senso, esso non rappresenta una novità maggiore del *Manifesto* del '48 o dei *Manoscritti del '44*, ma è anche vero che l'espressione più significativa del marxismo, il leninismo, nacque proprio in virtù della considerazione che non ci poteva essere alcuna continuità pacifica tra lo sviluppo borghese e la nascita del socialismo.

Nel *Che fare?* è chiarissima in Lenin la convinzione che l'operaio *spontaneamente* tende verso l'ideologia borghese (al massimo verso il sindacalismo) e non verso il socialismo, la cui necessità scientifica è patrimonio solo di una coscienza avanzata, tipica dell'intellettuale politicamente impegnato. Nel momento in cui Lenin scrisse queste cose, il movimento socialista pensava esattamente il contrario, e cioè che spontaneamente l'operaio tende verso il socialismo ma siccome gli intellettuali socialisti sono tutti figli della borghesia, la transizione verso il socialismo è in Europa un'impresa quasi impossibile, o comunque è un evento che dovrà passare attraverso le istituzioni borghesi.

Lenin arrivò alla conclusione che non soltanto gli intellettuali socialisti erano borghesi ma anche gli operai, perché, di fatto, dall'atteggiamento di questi ultimi non era emersa l'esigenza di rimuovere il lato "borghese" di quegli intellettuali. La soluzione stava quindi nel puntare l'attenzione sulla consapevolezza dell'*irriducibile contrasto* tra capitale e lavoro: consapevolezza che avrebbe potuto avere sia l'intellettuale politicamente impegnato ("organico", lo chiamerà Gramsci) che l'operaio in grado di vedere se stesso come parte di un sistema che andava rovesciato.

Se si accetta unicamente l'idea evoluzionistica si finisce col cadere in soluzioni "utopistiche" o in tentativi di ammantare di socialismo una società sostanzialmente borghese. Il socialismo utopistico, in tal senso, è stato il tentativo di poter costruire pacificamente delle "isole di socialismo" nel mare del capitalismo, nella speranza, rivelatasi poi illusoria, che la borghesia lo accettasse e lo lasciasse diffondersi a livello nazionale. Sottovalutando la forza del capitale o sopravvalutando quella del lavoro, il socialismo utopistico aspirava a creare un'alternativa sul piano socio-economico, senza intraprendere alcuna vera lotta politica.

Il futuro del socialismo

Il fallimento della *perestrojka* è dipeso, fra le altre cose, anche dalla preoccupazione di voler accrescere la produttività del lavoro sociale, guadagnando tempo ed efficienza attraverso l'introduzione massiccia delle conquiste tecnico-scientifiche, senza che ci si chiedesse, nel contempo, se per costruire una democrazia sociale effettiva fosse davvero indispensabile avere come modello di riferimento (da superare) la produttività del capitalismo avanzato.

I fatti cos'hanno dimostrato? Che il socialismo democratico non può utilizzare la scienza e la tecnologia occidentale, per superare gli indici produttivi del capitalismo, senza doverne subire delle conseguenze negative. Ovvero che la produzione intensiva e di qualità, sotto il socialismo, è impossibile se si vogliono seguire i canoni, gli indici e i parametri produttivi e di efficienza tecnica del capitalismo, semplicemente perché nell'ambito del capitalismo tale produzione comporta costi così elevati, in termini di democrazia sociale: sfruttamento dei lavoratori (occidentali e soprattutto terzomondiali), sovrapproduzione, crisi cicliche, disoccupazione, degrado ambientale, ecc., che il socialismo, se vuole essere democratico, non può assolutamente permettersi.

I criteri dell'efficienza della produzione devono tener conto, in un'economia socialista, dell'interesse di tutti i lavoratori e di tutti i cittadini verso un benessere "globale", materiale e umano. Un lavoro o una produzione intensiva generalmente presuppongono una società divisa in classi. In altre società il lavoro era intensivo solo in momenti di particolare bisogno (carestie, siccità, calamità naturali...).

Non è infatti necessario aumentare di per sé la produzione. Essa va aumentata se i bisogni lo richiedono, ma tale valutazione deve dipendere dall'*insieme della collettività locale*. L'uomo non può diventare schiavo degli indici produttivi, i quali peraltro vengono sottoposti a pressioni verso il rialzo solo da parte di chi vuole ottenere maggiori profitti.

Lo stress degli indici produttivi non permette di apprezzare né il valore d'uso né il tempo di lavoro non finalizzato alla mera produzione per il mercato. Il lavoro intensivo dev'essere o quello cui si è costretti da necessità oggettive, valutate collettivamente, oppure quello scelto liberamente per creare oggetti artigianali, il cui valore d'uso non è immediatamente monetizzabile.

Il socialismo, se vuole veramente superare il capitalismo, deve limitarsi alla *democrazia sociale*, cioè deve limitarsi a soddisfare i *bisogni collettivi*, garantendo la democratizzazione e l'umanizzazione dei rapporti sociali. In tal modo riuscirà a dimostrare che il capitalismo non è in grado né di soddisfare i suddetti bisogni, perché inflazione, disoccupazione, sfruttamento, neocolonialismo... lo impediscono, né di garantire l'umanizzazione dei rapporti sociali, perché ciò che domina, nel capitalismo, sono i valori inerenti al monopolio della proprietà privata.

Se il socialismo si limitasse all'obiettivo della democrazia sociale, si accorgerebbe facilmente che nell'ambito del Terzo mondo, da parte degli intellettuali più progressisti, vanno emergendo delle proposte molto interessanti per una via non-capitalistica, che non ricadono nei limiti del socialismo burocratico e che vogliono uscire definitivamente dal dominio neocoloniale. Mi riferisco alle opere di Samir Amin, André Gunder Frank, Hosea Jaffe, Pierre Jalée, ma anche ai testi ecologisti di Leonard Boff.

Queste proposte, che ovviamente non possono realizzarsi senza una rivoluzione politica che assicuri un'effettiva indipendenza economica di ogni nazione, tengono conto, in modo particolare, dei *bisogni sociali della collettività locale*, che deve essere *autosufficiente* (almeno a livello *alimentare*). Questa comunità deve basare la propria economia sull'*autoconsumo* e sul *valore d'uso*, limitandosi a commerciare solo il surplus. Ai nostri intellettuali fa orrore il fatto che dopo la mondializzazione degli scambi si debba tornare al primato dell'*autogestione locale*, ma non ci sono altre strade da percorrere, alternative alla dipendenza dal mercato.

Peraltro, non è affatto vero che produzione intensiva e qualitativa coincidano nel capitalismo. Poiché la necessità del capitale è quella di vendere merci, queste, in definitiva, non possono avere una qualità particolarmente elevata (se non quando si tratta di vincere la concorrenza), altrimenti non sarebbero soggette a frequenti ricambi. La qualità riguarda sempre più gli "optional" di una merce, cioè il "valore aggiunto" in termini di ricerca scientifica, non riguarda il suo valore "fisico", effettivo, determinato dai materiali usati. Il prezzo di una merce, rispetto al passato, è sempre più influenzato da fattori estrinseci, come appunto la ricerca e la progettazione, la pubblicità, la moda ecc.

Centralismo e democrazia

Nella storiografia marxista spesso si notano dei giudizi positivi circa il fatto che lo sviluppo degli Stati borghesi implicò la fine delle autonomie locali e regionali, in quanto - si afferma - senza la centralizzazione dei poteri difficilmente la borghesia avrebbe potuto avere la meglio su feudatari e clero.

Tuttavia, la stessa storiografia, subito dopo aver costatato il successo della centralizzazione politica, afferma che proprio essa creò nuovi problemi, nuove contraddizioni antagonistiche, che finirono col danneggiare soprattutto gli interessi dei ceti non proprietari.

Questo modo di vedere le cose oggi può essere considerato superato, poiché una qualunque forma di *centralizzazione* dei poteri (anche la più progressista sul piano ideologico), senza una forte *democratizzazione* a livello locale e regionale, porta sempre a favorire gli interessi di una ristretta minoranza (anche se le intenzioni originarie andavano nella direzione opposta). Lenin si accorse subito di questo pericolo, ma non ebbe il tempo per scongiurarlo (il suo testamento politico, purtroppo, non venne neppure preso in considerazione).

La centralizzazione non può servire a giustificare il superamento più agevole del passato regime, se in tal modo si rischia di comprometterre, anche nel breve periodo, l'interesse della maggioranza dei cittadini. Il socialismo sovietico fu favorevole (anche con Lenin) al centralismo, al fine di combattere meglio l'aristocrazia feudo-clericale e la borghesia, e pensò che nel lungo periodo - dopo la vittoria sulla controrivoluzione - le masse avrebbe beneficiato di una ricaduta positiva delle conquiste rivoluzionarie. Ma tale ricaduta, in realtà, non si è mai verificata, se non in termini molto limitati (relativamente alla situazione socioeconomica, poiché in quella delle libertà civili e politiche la ricaduta non ci fu per nulla).

Oggi bisogna affermare che il centralismo può essere condiviso solo a condizione che si affermi, nel contempo, un'ampia democrazia di base e che, in ogni caso, il centralismo ha senso solo se è funzionale alla democrazia e non questa a quello. Nessun centralismo può vincere l'antagonismo sociale e politico senza l'appoggio delle masse.

Diritto e Stato nella Russia socialista

La domanda, cui hanno cercato di dare una risposta i teorici marxisti del diritto degli anni '20 e '30 in Russia, era la seguente: si può elaborare un diritto socialista più democratico di quello borghese, in grado di sussistere per un tempo non definibile, oppure la presenza stessa del diritto indica che la società non si è ancora sufficientemente democratizzata? In tal caso quali sono le condizioni per cui, pure in presenza del diritto e quindi dello Stato, si può ugualmente pensare che un progresso della democrazia socialista comporterà l'estinzione sia dello Stato che del diritto?

Nell'ambito del marxismo classico si è sempre sostenuto che il diritto, come la politica, è sorto col nascere delle classi e dello Stato. Il diritto - si diceva - è la volontà della classe dominante sancita in legge e, come tale, serve per opprimere le classi non proprietarie. Sicché gli schiavisti lo usavano contro gli schiavi, i feudatari contro i contadini e oggi i borghesi lo usano contro i proletari. Nelle società pre-socialiste il diritto è sempre servito per difendere la proprietà privata dei mezzi produttivi.

Qualunque marxista sostiene che, agli albori della storia umana, l'osservanza delle norme comuni era garantita non dal diritto coercitivo, ma dalle tradizioni, dall'educazione, dal senso comune del collettivo e dal gruppo di anziani che lo gestiva: non avrebbe certo avuto senso parlare di "diritti e doveri" in riferimento al comunismo primitivo.

Solo col tempo, quando si sono formate delle classi, la forza dell'autorità morale del collettivo è stata sostituita con l'autorità della forza materiale dei singoli proprietari. Il diritto appare insieme all'ineguaglianza nella ripartizione dei beni, quando cioè una minoranza sfruttatrice non può mantenere il proprio dominio economico e politico senza ricorrere alla forza dello Stato e del diritto, i quali, il più delle volte, vengono fatti passare per elementi neutrali, equidistanti rispetto agli interessi delle classi contrapposte. Il diritto "classista", infatti, si pone come diritto *unico*, sebbene suddiviso nelle sue varie tipologie: pubblico, privato, costituzionale, tributario, commerciale, ecc. La preoccupazione delle classi dominanti è sempre stata quella di mostrare che loro stesse sono sottoposte alle leggi, in quanto la legge è uguale per tutti.

Quando si realizzò la rivoluzione bolscevica, si arrivò, ad un certo punto (con la nascita dello stalinismo), a fare un discorso diverso. Vishinskij infatti sosteneva che in uno Stato socialista il diritto è indispensabile, in quanto serve a tutelare le conquiste rivoluzionarie, che sono quelle della stragrande maggioranza dei cittadini. Tutelarle contro chi? - ci si poteva chiedere, visto che il nemico interno è già stato sconfitto. Tutelarle contro il nemico *esterno*, cioè contro quei paesi che vogliono la fine del socialismo e che possono servirsi di "collaborazionisti" all'interno dello Stato socialista.

L'aspetto singolare di questa posizione è che si riteneva possibile, anzi necessario, elaborare un *diritto proletario* proprio in nome dello *Stato socialista*, appunto perché la proprietà era stata *statalizzata*. Cioè il partito comunista si serviva di un organo tipicamente "borghese": lo Stato (con tutto il suo apparato coercitivo) per realizzare un *diritto democratico*. Invece di sostenere che diritto e Stato andavano progressivamente e parallelamente smantellati, a favore dell'*autogoverno popolare*, il partito usò entrambi gli elementi per negare la possibilità di questo autogoverno. Non solo, ma per dimostrare la giustezza del proprio operato, si servì, come pretesto, del fatto che il socialismo era circondato da vari paesi capitalisti intenzionati a distruggerlo, come già avevano cercato di fare durante la rivoluzione, sostenendo le Armate bianche, e con l'interventismo armato subito dopo la fine della prima guerra mondiale.

È inspiegabile come la maggioranza dei comunisti sovietici abbia potuto pensare che la democrazia si sarebbe sviluppata grazie all'uso di due strumenti (Stato e diritto) nati in funzione anti-democratica. Evidentemente si era convinti che quello fosse l'unico modo per difendersi dai nemici esterni. Tuttavia questo può significare soltanto una cosa: che alla fine degli anni '20 la rivoluzione *era già fallita*. Essa cioè non aveva in sé gli elementi sufficienti (né pratici né teorici) per un proprio svolgimento democratico. Praticamente si era convinti che, concedendo l'autogoverno al popolo, questo l'avrebbe usato per ripristinare il capitalismo o addirittura il feudalesimo nelle campagne. Cioè si pensava che, siccome il capitalismo è una realtà esterna molto forte, sarebbe stato impossibile al socialismo sopravvivere senza una direzione centralizzata (statalizzata) dell'intera economia.

In altre parole il governo in carica non si era fidato della propria popolazione e aveva agito in maniera, per così dire, paternalistica e quindi autoritaria. E in questo proprio autoritarismo ha finito col compiere gravissimi eccidi di massa nel mondo rurale, introducendo il terrorismo di stato nei confronti di chiunque, eliminando tutti gli intellettuali non allineati: in una parola comportandosi come la chiesa romana al tempo dell'Inquisizione e della Controriforma.

Sulle dittature socialiste

Fino ad oggi gli uomini (soprattutto nell'area occidentale) hanno cercato di affermare il proprio potere con l'uso di mezzi "esterni", *materiali*, come la scienza, la tecnica, le armi, i capitali..., servendosi anche, ma solo in subordine, di forze *immateriali*, come la religione, l'ideologia, la psicologia delle masse, la persuasione attraverso i mass-media ecc. Questi strumenti immateriali vengono forse usati di più oggi, in questa fase imperialistica, in cui, dopo le due catastrofi mondiali del 1915-18 e del 1939-45, i paesi occidentali, se vogliono restare sulla cresta dell'onda, sono costretti a servirsi di strumenti che non mostrano immediatamente tutta la loro protervia, la loro aggressività.

Da sempre, in occidente, il concetto di potere si basa sull'esigenza di affermare anzitutto un *potere sugli altri*, servendosi appunto dei mezzi esteriori a disposizione, materiali e immateriali. Solo in maniera molto relativa si considera importante affermare un *potere su di sé*. Nella civiltà borghese si tende a sacrificare qualunque cosa in nome del *profitto*, salvo poi rendersi conto che una vita agiata, vissuta nelle ristrettezze, all'insegna del risparmio, poteva essere una scelta per i pionieri del capitale, non certo per i loro figli. Le generazioni che vivono nel benessere creato dai loro padri, generalmente lo sperperano nel lusso, e quando questo atteggiamento si generalizza, si finisce col creare situazioni che portano facilmente a guerre esterne o dittature interne.

In occidente il potere politico, più che essere legato all'ideologia, che qui, a causa dell'individualismo sfrenato, è continuamente soggetta a ripensamenti che la riducono a un nulla, è legato da sempre alla corruzione, alla venalità del dio quattrino, alle intese col grande capitale. L'economia borghese si serve della politica per regolare i propri conflitti di classe, e questo metodo è spesso trasversale ai partiti dell'arco parlamentare: il *consociativismo* è tipico della politica occidentale, anche perché non si può entrare in politica senza ampi appoggi finanziari o comunque non è possibile restarvi.

La mancanza di *autocontrollo* della propria sete di potere ha spesso generato dei governi effimeri, distrutti più che dalla forza degli avversari, dalle intrinseche debolezze. In Italia p.es. i partiti di governo sono stati spazzati via durante il periodo cosiddetto di "Mani pulite", mentre ancora stavano esultando per la fine del "socialismo reale", anche se poi molti si sono ricostituiti in forme anche peggiori, in quanto la corruzione, in politica, non va certo considerata un'eccezione.

Probabilmente le due dittature che per prime hanno cominciato a invertire l'ordine dei fattori, privilegiando gli aspetti immateriali del loro potere, che anzitutto era politico e ideologico, sono state lo *stalinismo* e il *maoismo*. Entrambe infatti non sono state sconfitte da forze esterne (gli Stati "nemici"), ma da ripensamenti critici al loro interno. Anzi, finché sono rimasti in vita i leader principali, la maggioranza delle popolazioni autoctone era persuasa che nel loro paese si fosse realizzata la vera democrazia. Ci sono voluti molti anni prima di capire che si trattava di dittature altamente sofisticate.

La grande capacità che queste dittature hanno avuto, rispetto a quelle occidentali, di sopravvivere per diverse generazioni, è dipesa appunto dal fatto che, valorizzando anzitutto i fattori *immateriali* del potere, esse sono riuscite a ottenere un grande consenso di massa, riuscendo altresì a ridurre i conflitti sociali a un unico conflitto, quello tra i privilegiati degli apparati statali e tutti gli altri cittadini, i quali hanno cominciato ad avvertire il bisogno di cambiare radicalmente le cose solo dopo che il divario tra ideali e realtà era diventato insopportabile. La miseria materiale non può essere accettata, in nome di un ideale da realizzare, per un tempo indefinito. Che poi oggi il benessere di pochi venga pagato in Russia e in Cina da un malessere ancora maggiore da parte di molti, questo è un altro discorso. Oggi in questi paesi si sta pagando l'illusione di credere che l'unica alternativa possibile al "socialismo reale" sia il capitalismo.

L'Europa dell'est e alcuni paesi asiatici hanno potuto realizzare delle dittature di tipo "socialista" semplicemente perché la formazione originaria delle loro tradizioni sociali non era stata caratterizzata dall'individualismo ma dal *collettivismo*. E sotto questo aspetto è probabile che in futuro i paesi asiatici, sudamericani e africani avranno la meglio sull'occidente.

Per poter sconfiggere le nuove dittature socialiste occorrerà dimostrare una grandissima *umanità*, associata a una forte autoconsapevolezza di sé, a una spiccata attitudine per i problemi sociali... Probabilmente le future dittature, per potersi imporre, avranno sempre più bisogno di mascherarsi con gli strumenti della democrazia, e nessuna maschera è più convincente, sul piano democratico, di quella del socialismo. Già il fascismo e il nazismo avevano provato a mettersela.

Quando l'occidente sarà convinto di aver eliminato dalla faccia della Terra ogni forma di socialismo, sarà allora che il socialismo si affermerà: quanto democratico solo le masse potranno deciderlo.

I classici del marxismo e la Russia

Alla luce del fallimento del cosiddetto "socialismo reale" oggi ci si chiede se non avessero ragione quanti sostenevano che in Russia doveva svilupparsi il sistema capitalistico prima che si potesse pensare a una rivoluzione socialista. Aver voluto fare una rivoluzione socialista in un paese fondamentalmente agrario, sembra essere stato un grave errore.

Marx ed Engels avevano sempre detto che se in Russia si fosse passati dal feudalesimo al socialismo agrario, evitando una transizione capitalistica, il tentativo avrebbe potuto avere successo solo a condizione che in Europa occidentale si fosse, nel contempo, compiuta la rivoluzione socialista, in modo che le due rivoluzioni avrebbero potuto sostenersi a vicenda. Non era importante che partisse prima l'una o l'altra; era importante, per i russi, l'appoggio decisivo del proletariato occidentale, altrimenti i governi borghesi avrebbero affossato il loro tentativo.

Come noto, le cose, almeno sotto il leninismo, andarono diversamente; nel senso che Lenin, quando vide il tradimento della II Internazionale durante la guerra mondiale e l'interventismo straniero in Russia dopo la rivoluzione, non particolarmente ostacolato dal proletariato occidentale, si convinse che la Russia avrebbe dovuto farcela da sola e che semmai sarebbe stata l'Europa occidentale a trovare, in virtù di questo esempio, la forza per muoversi per conto proprio.

Morto Lenin, Trotzky pensò che se non si fosse esportata la rivoluzione in Europa, essa col tempo avrebbe avuto il fiato corto, proprio perché la Russia era troppo "contadina" per competere coi paesi europei. Stalin invece era del parere che utilizzando la tecnologia occidentale, imponendo la collettivizzazione forzata di qualunque strumento produttivo e un terrorismo di stato, si poteva costruire il socialismo anche in un solo paese. Vinse la sua linea e il prezzo che la Russia pagò fu enorme, sotto qualunque punto di vista: questo non per dire che se avesse vinto il trotzkismo il prezzo sarebbe stato minore.

Quanto alle idee di Marx ed Engels, esse furono totalmente smentite dallo sviluppo del capitalismo occidentale, proprio in quanto non si comprese che un eccessivo sviluppo di questo sistema economico non avvicina ma allontana il momento della rivoluzione politica, tanto che oggi una transizione al socialismo non è all'ordine del giorno di alcun partito parlamentare occidentale. Il massimo che i partiti di sinistra arrivano a prospettare è un "miglioramento" del sistema attuale, un'attenuazione delle sue contraddizioni attraverso lo strumento dello Stato sociale.

Ciò è tanto più vero quanto più si pensa che all'Europa occidentale non è affatto servito, ai fini di una rivoluzione socialista, che nell'Europa dell'est si fosse sviluppata un'esperienza di "socialismo reale", per quanto dittatoriale sia stata sotto lo stalinismo e la stagnazione. Semplicemente l'Europa s'è lasciata condizionare dal fatto che lo sfruttamento del Terzo mondo le permetteva un tenore di vita relativamente elevato, tale per cui si era in grado di attutire parecchio l'acutezza degli antagonismi sociali e quindi la percezione che se ne poteva avere.

Ora, qual è stato l'errore di fondo dei classici del marxismo che ha indotto a fare previsioni del tutto sbagliate? L'errore di fondo sta nel fatto che Marx, Engels e Lenin (ma anche Trotzky e Stalin) non ritanevano i contadini sufficientemente maturi per fare una rivoluzione socialista. I comunisti non avevano alcun rapporto coi contadini, non solo perché questi erano credenti, ma anche perché non erano urbanizzati. Anzi, il fatto stesso che i contadini fossero convinti di vivere una sorta di "socialismo agrario", attraverso l'obščina, il mir e l'artel, non li avvicinava affatto - secondo i marxisti - al socialismo scientifico, ma anzi li allontanava.

La polemica di Marx contro Bakunin, di Engels contro Tkačëv e di Lenin contro i populisti lo dimostra eloquentemente. Marx cominciò a nutrire qualche ripensamento solo alla fine della sua vita, quando intrattenne una corrispondenza con Vera Zasulič, e Lenin adottò, per realizzare la rivoluzione, il programma agrario dei socialisti-rivoluzionari, che loro stessi non riuscivano a realizzare essendosi compromessi con le forze borghesi.

Tutti i classici del marxismo han sempre ritenuto indispensabile uno sviluppo della borghesia, non foss'altro che per una ragione: con esso le differenze di classe sarebbero state ridotte al minimo (borghesia e proletariato), sicché l'esigenza di una trasformazione radicale del sistema sarebbe stata inevitabilmente più forte. Volevano l'acuirsi delle contraddizioni perché consideravano questo una premessa indispensabile alla transizione.

Anche Lenin ne era convinto, con la differenza, rispetto agli altri marxisti (p.es. Plechanov), che quello sviluppo in Russia andava considerato *già sufficiente* per compiere la rivoluzione, nel senso che bastava avere a che fare con un proletariato industriale presente nelle grandi città, in grado di guidare la rivoluzione in tutto il paese. Naturalmente all'interno della categoria del "proletariato" si mettevano gli stessi intellettuali, che avrebbero dato alla classe operaia la vera coscienza rivoluzionaria, altrimenti questa sarebbe rimasta ferma a una coscienza sindacale.

I fatti, in un certo senso, diedero ragione a Lenin, ma solo perché egli riuscì a capire che se non avesse cercato il consenso dei contadini, promettendo la proprietà della terra senza alcuna forma di riscatto o di indennizzo, la rivoluzione sarebbe fallita subito. Lenin era una persona intelligente, flessibile. Non apprezzava i coltivatori diretti perché li equiparava alla piccola-borghesia, ma con la Nep venne incontro alle loro esigenze, anche perché erano stati i contadini che, durante il periodo del comunismo di guerra, avevano permesso al governo sovietico di resistere alla controrivoluzione bianca e straniera.

Ma come si sarebbe comportato Lenin se non fosse morto nel 1924? Certamente non avrebbe avuto nei confronti dei contadini l'odio che ebbe Stalin, e che avrebbe avuto anche Trotzky, se avesse vinto la partita col suo principale rivale. Il terrore staliniano fu così duro che se in Russia non ci fosse stata l'invasione nazista, la rivoluzione sarebbe caduta prima.

Praticamente è stato proprio lo stalinismo a preparare non solo la fine del socialismo, ma anche la ripresa di quel capitalismo che era stato interrotto dai bolscevichi. E questo proprio perché all'interno dello stalinismo non vi è mai stata alcuna possibilità di realizzare una transizione progressiva verso il socialismo democratico. Dalla morte di Stalin all'ascesa di Gorbaciov la Russia ha vissuto complessivamente 30 anni di stagnazione, che è parsa ai comunisti di tutto il mondo non così grave, in quanto si riteneva che, in ogni caso, l'Urss rappresentasse il baluardo più forte contro i tre poli dell'imperialismo mondiale (Usa, Europa occidentale e Giappone), contro la guerra fredda e la minaccia nucleare e contro il neocolonialismo occidentale nel Terzo mondo.

Dall'esterno non si riusciva a percepire l'effettiva gravità di quella stagnazione. L'implosione del 1991 apparve del tutto inaspettata. Eppure, strumentalizzando le riforme di Gorbaciov per eliminare qualunque forma di socialismo, essa, ad un certo punto, fu del tutto inevitabile. L'Occidente non solo non comprese la natura democratica di quelle riforme, ma iniziò a illudersi che la propria democrazia avrebbe definitivamente smesso di credere che, per realizzarsi in maniera adeguata, avesse bisogno delle idee del socialismo.

In che senso recuperare il leninismo?

Come noto la democrazia per noi occidentali è qualcosa di meramente teorico, che va conquistato sul piano pratico. Ne parliamo, ma siamo lontanissimi dal viverla, anzi forse quanto più ne parliamo tanto meno la viviamo. La democrazia borghese per noi è formale proprio nel senso che praticamente esiste solo un'oligarchia al potere. Anche i parlamentari di sinistra in fondo sono dei privilegiati rispetto alla stragrande maggioranza dei cittadini.

Questa situazione si trascina sin dai tempi in cui è nata la civiltà, che si è sempre configurata come scontro di classi antagonistiche. Ogni tentativo di superare questa conflittualità sociale ha prodotto nuove forme antagonistiche, nuovi rapporti di forza con cui, in un modo o nell'altro, sono sempre stati traditi gli ideali originari, quelli che avevano suscitano le lotte e persino le rivoluzioni.

Si è passati dallo schiavismo al servaggio, dal servaggio al lavoro salariato e dal lavoro salariato non si riesce a passare al lavoro libero.

Il passaggio dallo schiavismo al servaggio non è stato spontaneo, ma indotto da due fattori: le invasioni cosiddette "barbariche" e la sostituzione del politeismo pagano col monoteismo cristiano.

Anche il passaggio dal servaggio al lavoro salariato non è stato spontaneo, in quanto si sono dovuti distruggere il feudalesimo con le sue rendite, nonché le comunità di villaggio e l'autoconsumo, sostituendo poi il cattolicesimo-romano col protestantesimo.

A partire da Marx ed Engels (ma anche prima in verità) si è cominciato a dire che il capitalismo poteva essere superato solo con l'abolizione della proprietà privata e col superamento di ogni forma di religione.

La Russia e i paesi est-europei, ma anche altri paesi comunisti sparsi nel mondo, hanno però sperimentato che una proprietà collettiva statalizzata non rappresenta che un socialismo amministrato dall'alto, cioè una nuova forma di dittatura (più ideopolitica che economica).

Qual è dunque la nuova forma di socialismo che possiamo e dobbiamo proporre per il presente?

Sicuramente non può essere quella pre-marxista, cioè quella del socialismo utopistico, perché se su una cosa il marxismo classico ha sempre avuto ragione, è stata proprio quella di ritenere impossibile costruire socialmente, economicamente il socialismo senza prima aver politicamente abbattuto i governi borghesi. Questa lezione l'avevano capita teoricamente Marx ed Engels, e Lenin la mise anche in pratica.

Se consideriamo tutto il periodo del socialismo europeo e americano (da quello utopistico a quello scientifico), dobbiamo dire che si parla di "socialismo" da almeno 200 anni (negli Usa è addirittura vissuto il "socialismo", pur senza che se ne parlasse in questi termini, presso tutte le tribù indiane, fino al loro quasi definitivo sterminio verso la metà del

XIX secolo). E dobbiamo dire che anche in buona parte del Terzo mondo pre-coloniale è esistita una forma di socialismo agrario, tribale, clanico ecc. che non ha saputo reggere l'impatto dell'imperialismo occidentale.

Eppure l'occidente non ha mai sperimentato praticamente alcuna forma di moderno socialismo, se si escludono brevissime, tragiche parentesi (più che altro dei tentativi) come la Comune di Parigi, la Repubblica di Weimar, il Biennio rosso italiano, la seconda Repubblica spagnola... Forse l'unico "socialismo" che in Europa abbiamo vissuto, incluso ovviamente quello pre-schiavistico, è stato quello feudale (altomedievale), che però conosceva servaggio e clericalismo.

Oggi in Europa occidentale il socialismo è tornato ad essere una mera quanto vaga ispirazione politica (il termine "ideologia" dopo il crollo del "socialismo reale" è diventato quanto mai desueto). Anzi, molti partiti, avendo ereditato le migliori conquiste del socialismo passato, oggi si fregiano del titolo di "socialista" pur essendo dei partiti chiaramente borghesi.

Probabilmente gli unici progressi maturati in campo socialista hanno riguardato la *cultura*, che è diventata più *laica*, se non addirittura più atea. Esperimenti di "socialismo cristiano", dal punto di vista della cultura socialista, oggi sarebbero impensabili in Europa, essendo definitivamente tramontati tutti quei tentativi di conciliare socialismo e cristianesimo (catto-comunismo, cristiani per il socialismo, teologi della liberazione, ecc.).

Oggi abbiamo a che fare con un socialismo laico ma politicamente borghese, in quanto molto lontano dalla prassi rivoluzionaria di un partito leninista. Tuttavia riproporre l'idea di un partito leninista, senza considerare che è passato un secolo dalla sua fondazione, non avrebbe senso.

Dunque con che cosa bisogna integrare il leninismo per renderlo ancora attuale? Se guardiamo l'uso che in Italia s'è fatto del gramscismo (dei *Quaderni*), in questi ultimi 50 anni, bisogna dire, a chiare lettere, che un uso eccessivo del gramscismo porta il socialismo al riformismo.

Il gramscismo va bene solo nel senso che, oltre a una lotta *politica*, bisogna condurre anche una lotta *culturale*, ma è fuor di dubbio che la lotta politica deve restare prioritaria, se si vuole realizzare il socialismo anticapitalista, e che una lotta culturale vera e propria è semmai un compito che può essere condotto efficacemente solo *dopo* la rivoluzione politica, non prima, nel senso che è ingenuo pensare che con la sola battaglia culturale si possa arrivare a una rivoluzione politica (o che si possa realizzare il socialismo senza alcuna rivoluzione).

E che di rivoluzione occorra tornare a parlare lo dimostra il fatto stesso che nell'ambito del capitalismo continua a non essere possibile realizzare alcuna forma di socialismo, neppure là dove il "comunismo" è al governo, come in Romagna, da più di mezzo secolo.

Questo per dire che l'odierno dibattito tra centro-destra e centro-sinistra non sfiora neanche lontanamente la questione di fondo. Costantemente infatti si fronteggiano soltanto due diversi modi di gestire il capitalismo: oligarchico e populistico, entrambi in nome della democrazia.

Risorgerà il socialismo dalle sue ceneri?

In fondo Eduard Bernstein aveva visto giusto: con l'imperialismo la classe operaia non aveva bisogno di compiere la rivoluzione; la ricchezza aumentava per tutti e, con essa, la democrazia; si poteva arrivare al socialismo anche per via parlamentare, senza alcuna rivoluzione violenta. L'acutizzazione dei rapporti sociali, cioè la radicale polarizzazione delle classi antagonistiche, prefigurata nel *Manifesto* del 1848, non era avvenuta: dunque occorreva un mutamento significativo di strategia politica. La sinistra doveva diventare riformista. E in Europa occidentale lo divenne, prima con Bernstein, poi con Kautsky, infine con tutti gli altri.

Solo i bolscevichi non li seguirono. E loro fecero una rivoluzione radicale, così come l'avrebbero voluta Marx ed Engels, che però, col tempo, si rivelò fallimentare. Non meno drammatico fu il destino dei socialisti riformisti, che finirono col perdere completamente la loro natura socialista.

In che cosa il socialismo ha sbagliato?

Anzitutto non ha capito che il miglioramento delle condizioni di vita, in Europa occidentale, non dipendeva affatto dall'industrializzazione capitalistica, bensì dall'imperialismo, cioè dallo sfruttamento delle colonie. Era in virtù di questo sfruttamento che si poteva corrompere la classe operaia, aumentandole i salari o comunque offrendole migliori condizioni di lavoro, in cambio di un proprio silenzio sul sistema in generale.

Se la classe operaia preferisce le rivendicazioni sindacali alla lotta politica rivoluzionaria, i suoi dirigenti, ad un certo punto, l'asseconderanno. La lotta rivoluzionaria richiede infatti molti rischi e sacrifici, senza i quali non è possibile perseguire ideali elevati. Se poi sono gli stessi dirigenti a non credere più nella lotta rivoluzionaria, la classe operaia, che non ha lo stesso livello culturale e non è capace di avere una veduta d'insieme delle cose, se ne farà una ragione ancor prima.

Qui infatti era Lenin a brillare per intelligenza: la classe operaia, lasciata a se stessa, matura soltanto una coscienza sindacale; per averne una di tipo rivoluzionario, bisogna infondergliela dall'esterno, e questo è un compito che può fare solo l'intellettuale, poiché solo lui può vedere che la contraddizione tra capitale e lavoro è sempre assoluta e mai relativa a circostanze di tempo e luogo. Può essere variegata la strategia con cui la si affronta, ma l'obiettivo finale deve restare integro: quello della conquista del potere politico per il ribaltamento del sistema.

Ma come si può pensare di ribaltare il sistema in presenza dell'imperialismo? A questa domanda Lenin rispose dicendo che bisogna saper approfittare del momento favorevole, quello più critico, quello che produce infinite sofferenze, assolutamente insopportabili, che, ai suoi tempi, erano determinate dalla guerra mondiale. Egli lanciò una parola d'ordine molto chiara, anche se per realizzarla ci voleva molto coraggio e non poca organizzazione: trasformare la guerra mondiale contro un nemico esterno in una guerra civile contro il nemico interno. La classe operaia russa doveva abbattere il capitalismo interno attraverso una rivoluzione, dopodiché si sarebbe tirata fuori dalla guerra mondiale. E così fece.

Riuscirono i socialisti euro-occidentali a fare altrettanto? Nessuno. La guerra mondiale fu vista come guerra tra nazioni, quando invece doveva essere vista come guerra tra capitalisti di nazioni imperialistiche, che mandavano a morire, per i loro sporchi interessi, i rispettivi lavoratori (operai o contadini che fossero). Non ci furono ribellioni di massa a questa carneficina. E alla fine il socialismo non si realizzò da nessuna parte, a testimonianza che un affronto meramente parlamentare, cioè riformistico, delle contraddizioni strutturali del capitalismo, conduce soltanto a una forma di opportunismo e di tradimento degli ideali originari. Per un piatto di lenticchie, concesso dai loro rispettivi governi, i socialisti persero la primogenitura degli ideali rivoluzionari.

Tuttavia il socialismo mostrò ovunque altri gravi difetti, di fronte ai quali persino la Russia si trovò del tutto impreparata, tanto che nel 1991 decise di chiudere l'esperienza del socialismo statale, quello gestito in maniera burocratica. E, con questa realizzazione piena di manchevolezze, si buttò via anche la necessità di un socialismo democratico. Si finì col far tornare in auge il capitalismo, più o meno corretto da esigenze di tipo statale.

Quali furono gli altri macroscopici difetti del cosiddetto "socialismo reale"? Fu il fatto di non aver capito che la classe operaia era totalmente priva di cultura e socialmente sradicata, mentre quella rurale aveva per tradizione un senso storico della collettività e si trasmetteva la propria cultura ancestrale oralmente di generazione in generazione. Fu il fatto di non aver capito che la produzione industriale in serie è una pura e semplice mostruosità, che può andar bene per esigenze specifiche in un lasso di tempo determinato, ma che non ha alcun senso in una condizione di vita normale. Non è da una produzione del genere che può dipendere il benessere di un paese, anche perché con essa vengono messe in subordine tutte le preoccupazioni di tipo ambientalistico.

Fu anche il fatto di non aver capito che il contadino non diviene per forza un piccolo-borghese quando possiede un pezzo di terra. Certo, il contadino vuol essere padrone in casa propria - com'è naturale che sia -, ma è disposto spontaneamente alla cooperazione, a convivere pacificamente col proprio vicino, a risolvere qualunque controversia, pur di far sopravvivere la propria famiglia.

È piuttosto l'operaio, il quale spesso non è che un ex contadino o un ex bracciante rurale, ad aver bisogno d'essere integrato in maniera organica nella società. Anche l'intellettuale di sinistra che lo rappresenta è uno sradicato come lui, uno che non ha riferimenti culturali o sociali al mondo rurale e che si deve creare un'identità dal nulla.

Lenin era convinto, influenzato in questo dalle idee di Marx ed Engels, che la classe operaia, non avendo nulla da perdere, fosse più rivoluzionaria dei contadini, che avevano appunto la terra da difendere oppure da ottenere come obiettivo finale della loro lotta. La storia ha dimostrato che la classe operaia, non avendo una propria cultura ancestrale, è più facilmente manipolabile dei contadini, pur essendo questi tradizionalmente religiosi, mentre quella è di idee ateistiche. Infatti il socialismo staliniano, dopo averli fatti passare per dei piccolo-borghesi, sterminò milioni di contadini e non toccò gli operai, i quali, non a caso, credevano ciecamente nel socialismo amministrato dall'alto.

Certo, ci si può chiedere se i contadini russi, lasciati da soli (in mano ai populisti prima e ai socialisti-rivoluzionari dopo), avrebbero compiuto lo stesso la rivoluzione. Probabilmente non l'avrebbero fatta, ma solo per colpa dei propri dirigenti, che s'illudevano di poter ovviare pacificamente alla penetrazione del capitalismo nelle campagne.

I dirigenti russi dei contadini sono sempre stati degli ingenui, prima nei confronti dello zarismo, poi nei confronti del capitalismo. Ci volle Lenin per far capire ai contadini che se si fossero alleati con gli operai, avrebbero ottenuto subito la terra in proprietà e gratuitamente, senza dover pagare i forti indennizzi previsti dalla passata abolizione del servaggio. I contadini credettero in Lenin e si allearono con gli operai non solo per fare la rivoluzione, ma anche per uscire dalla guerra mondiale e per combattere la controrivoluzione bianca e l'interventismo straniero. Fecero enormi sacrifici (soprattutto a causa del comunismo di guerra, poi superato dalla Nep leniniana), e alla fine vinsero.

Chi distrusse il loro entusiasmo? la loro tenacia? Lo stalinismo, un'ideologia irrazionale che puntò tutto sulla industrializzazione pesante e accelerata, che doveva essere integralmente pagata dalla classe rurale, costretta peraltro a una collettivizzazione forzata. Idea, questa, che Stalin mutuò proprio dal suo irriducibile nemico, Trotsky, il quale vedeva i limiti dello stalinismo solo nella gestione burocratica e autoritaria del potere.

Questi errori molto gravi sono stati pagati in maniera drammatica. I contadini non erano contrari all'industrializzazione, ma a un primato inaccettabile, che ne faceva pagare a loro tutti i costi. Un primato che non poteva neppure essere giustificato dicendo che il socialismo russo rischiava d'essere distrutto dalle potenze occidentali. Se ci fosse stato un nuovo interventismo straniero, come quello del 1918-20, sarebbero stati nuovamente i contadini a scongiurarne il pericolo, le conseguenze. Questo perché decine di milioni di contadini, disposti a difendere la loro terra a qualsiasi prezzo, sono una forza spaventosa, di cui tutti devono aver paura.

Stalin ne eliminò una quantità sterminata, convinto che solo con l'industrializzazione si poteva tener testa ai paesi capitalistici avanzati. Ottenne esattamente l'effetto contrario: il capitalismo, infatti, non ha bisogno di usare le armi convenzionali, quelle da fuoco, per abbattere i propri nemici, e neppure quelle non convenzionali, come le armi atomiche. Per vincere gli basta la propaganda ideologica, la pubblicità commerciale, l'esibizione del benessere a oltranza, degli agi e delle comodità a tutti i livelli, del lusso sfrenato, della democrazia parlamentare, delle borse per qualunque valore e titolo, dei giganteschi mercati internazionali, degli istituti di credito finanziari, dello spionaggio e controspionaggio, della corsa alla conquista dello spazio cosmico, del peso della propria moneta negli scambi mondiali, della manipolazione degli istituti o enti internazionali, come p.es. l'Onu, l'Unesco, l'Ocse, la Fao, ecc.

E così oggi si sono tutti "imborghesiti": gli operai rivoluzionari, i contadini attaccati alla loro terra, gli intellettuali socialcomunisti, i partiti di sinistra... Oggi, di fronte a un capitalismo che si muove molto facilmente su un piano globale (che è insieme materiale e immateriale), non si è neppure capaci di darsi degli strumenti altrettanto "globali" per difendersi.

In sintesi

Marx è arrivato molto tardi a capire che la comune agricola primitiva o pre-borghese poteva essere un'alternativa al capitalismo e la base del socialismo democratico. La corrispondenza con la Zasulič l'attesta, ma non l'attestano gli studi fatti sul pre-capitalismo (a motivo del fatto ch'egli non ha mai cercato un rapporto positivo con la società e la cultura agricola: al massimo la identificava con la rendita feudale).

Infatti in quella suddetta corrispondenza sostiene che senza una contestuale rivoluzione socialista in Europa occidentale, la comune agricola non avrebbe potuto farcela, a lungo andare, nei confronti del capitalismo. Engels ha giustificato questo ritardo ermeneutico dicendo che gli studi sul pre-capitalismo erano molto scarsi al loro tempo. In realtà sin dalla relazione di Las Casas contro gli spagnoli abbiamo cominciato a studiare le popolazioni non europee, non feudali, non borghesi, e non abbiamo mai smesso, anche se da allora le abbiamo sterminate quasi tutte o inglobate nel nostro sistema dominante.

Probabilmente i classici del marx-leninismo non hanno capito che la comune agricola poteva costituire un'alternativa non solo al capitalismo ma anche al socialismo industrializzato, in quanto erano troppo influenzati dalle ideologie borghesi (Marx ed Engels erano stati discepoli di Hegel). Lenin ha semplicemente pensato di favorire al massimo i contadini per poter realizzare più velocemente la rivoluzione industriale. Certo se lui non fosse morto così presto, i costi di questa industrializzazione non sarebbero stati fatti pagare interamente alla classe rurale, come si fece con Stalin e come si sarebbe fatto anche con Trotzsky.

Indubbiamente Lenin rimase un politico rivoluzionario sino alla fine dei suoi giorni e non rinunciò mai a un rapporto coi contadini. Marx invece diede il meglio di sé sino al 1848-50, poi - divenendo scienziato economista - si lasciò determinare dalla categoria hegeliana della "necessità" ed Engels non fu in grado di fare meglio, anzi, nell'ultimo periodo della sua vita, accentuò questa dipendenza.

Non meno certa è l'impossibilità di realizzare, sotto il capitalismo, un'alternativa sociale senza una contestuale rivoluzione politica. Marx ed Engels avevano pienamente ragione quando dicevano che il socialismo utopistico peccava di un'ingenuità imperdonabile. Tuttavia, in attesa che avvenga la fatidica rivoluzione, sarebbe necessario iniziare a creare qualcosa di alternativo, proprio come facevano i socialisti utopisti. Deve però essere qualcosa non di industriale, bensì di *rurale*, perché dai tempi di Marx ed Engels il problema *ambientale* è diventato più importante di quello economico. Non serve a niente lottare per il diritto al lavoro e neppure per una proprietà sociale dei mezzi produttivi, se non si ripensano *in toto* i criteri con cui si produce ricchezza.

A tale proposito sarebbe opportuno prendere in esame i modelli delle ultime comunità primitive sparse qua e là nel nostro pianeta. Questo significa che l'approccio che dobbiamo avere nei confronti nella transizione deve per forza essere di tipo *antropologico*, con uno sguardo costante rivolto alle esperienze pre-schiavistiche. E su questo, purtroppo, il socialismo scientifico è ancora molto indietro, poiché non vede un'alternativa al sistema se non in rapporto al sistema stesso.

Con questo non si vuole affatto sponsorizzare l'anarco-primitivismo (di John Zerzan e soci), le cui idee estremistiche, del tutto e subito, risultano essere di una povertà disarmante quanto a tattica e strategia per realizzarle. Resta evidente che non si può parlare in alcun modo di alternativa al capitalismo senza una socializzazione della proprietà e dei mezzi produttivi. Tuttavia il punto focale non è tanto questa socializzazione (che si deve comunque fare), quanto piuttosto come impostare il sistema in modo che il *valore d'uso* non debba dipendere in alcun modo da quello di scambio e, in secondo luogo, come far sì che le esigenze riproduttive della natura non debbano essere penalizzate dalle nostre esigenze produttive.

Ora, se si dà la priorità al valore d'uso, le strade da percorrere finiscono coll'essere soltanto due: *autoconsumo* e *baratto* delle eccedenze, il tutto gestito da una *democrazia diretta* e quindi *locale*. Oggi chi non accetta queste cose non è lontano da ciò che sostengono gli economisti borghesi, che possono essere "illuminati" quanto vogliono, ma che restano sempre "borghesi".

Il ruolo del Terzo mondo

Che cos'è il neocolonialismo?

Ancora non è chiaro - neppure a certi ambienti della sinistra - che il concetto occidentale di "libero mercato" è relativo al concetto di "sfruttamento neocoloniale". Tale connessione risulta poco chiara per due semplici ragioni:

1. l'occidente capitalistico, per più di un secolo, ha dovuto sostenere le proprie posizioni contro il socialismo scientifico (che all'ovest si è manifestato in chiave soprattutto teorica, mentre all'est anche in modo pratico, per quanto il socialismo statale sia oggi superato a favore e non certo a favore di un socialismo democratico);

2. il secondo motivo è che i paesi del Terzo mondo ancora non riescono a far valere i loro diritti in ambito occidentale, cioè non riescono a dimostrare in quale rapporto di dipendenza sono costretti a vivere.

In tal modo, a noi occidentali il benessere pare la logica conseguenza del "libero mercato" e non ci rendiamo assolutamente conto che senza il corrispettivo "sfruttamento neocoloniale", le contraddizioni e i conflitti di classe nella nostra area geografica sarebbero enormemente superiori. Chi riesce a intuire, in qualche modo, la totale dipendenza del Terzo mondo dai nostri interessi, non arriva neanche a chiedersi: "Cosa possiamo fare?", perché a questa domanda pensa che non vi sia risposta (o che almeno l'uomo comune non possa darla). Siamo così abituati a ragionare in termini "occidentocentrici" che non riusciamo neppure a fare cose del tutto elementari, che potrebbero avere anche un grande effetto politico (ad es. se Israele opprime i palestinesi, smettiamo di comprare i pompelmi Jaffa; se in Sudafrica 18 milioni di neri non hanno peso politico, smettiamo di comprare oro e diamanti, e così via). Questi semplici collegamenti siamo tardi a farli a causa dell'ignoranza che ci caratterizza (non conosciamo i termini della questione neocoloniale), oppure per pigrizia (crediamo che altri ci penseranno), o per scetticismo (pensiamo che in ultima istanza un boicottaggio economico servirebbe a ben poco), o addirittura per convenienza (atteggiamento, questo, che riguarda chi fa affari col Terzo mondo). E così, o non ci accorgiamo che la nostra ricchezza dipende per buona parte dalla povertà del Terzo e Quarto mondo, oppure, anche se ce ne accorgiamo, non facciamo niente per modificare questa situazione.

Da noi la borghesia è persino riuscita a convincere l'opinione pubblica che non siamo noi ad aver bisogno del Terzo mondo ma è il contrario. Siamo noi che inviamo i generi alimentari, i macchinari, i professionisti, che concediamo loro i crediti necessari... Le logiche dell'imperialismo e del neocolonialismo sfuggono completamente alla comprensione sociale ed economica del comune cittadino. Si pensi solo ai nostri tecnici e professionisti che vanno a lavorare in quei paesi, soprattutto quelli petroliferi: essi si sentono autorizzati a chiedere, per il "disturbo", degli stipendi assolutamente esorbitanti. Le aziende che li inviano pensano di poter pretendere qualunque cosa, ben sapendo che il Paese petrolifero non ha alternative (almeno fino a quando non fa una rivoluzione politica).

Se le nazioni del Terzo mondo rifiutano la nostra "collaborazione", rischiano, per come vivono adesso, di piombare nella rovina più totale (infatti tutta la loro produzione è finalizzata alle esigenze del mondo occidentale); se però continuano ad accettarla, non usciranno mai dal circolo vizioso della dipendenza neocoloniale, poiché, in ultima istanza, chi detiene le leve del potere economico mondiale è l'occidente. Il Terzo mondo non può conservare gli attuali rapporti di dipendenza sperando di emanciparsi economicamente: basare un'economia prevalentemente sull'export significa camminare sul filo del rasoio. Basta vedere cosa è successo al Brasile, che oggi ha raggiunto il settimo posto nella classifica mondiale dei paesi sviluppati e che ha ben 130 milioni di poveri! Da cosa dipende la ricchezza di una nazione: solo dal prodotto interno lordo o anche da un'equa distribuzione dei profitti?

Quale "nuovo ordine" tra occidente e Terzo mondo?

Uno degli aspetti più inquietanti della storia del genere umano è il fatto che le azioni ingiuste, come le guerre di conquista, gli omicidi per interesse politico o economico, i saccheggi per pura cupidigia, in una parola tutte le oppressioni di carattere sociale, politico, economico, morale sono state compiute in nome o della giustizia o della libertà, assai raramente sono state compiute manifestandone le reali motivazioni. Chi fa qualcosa che oggettivamente va contro la dignità dell'uomo, spesso è convinto d'essere nel giusto, cioè di fare cose che tutelano proprio questa dignità (come quando si sterminarono le civiltà pre-colombiane per affermare quella europea). Questo, se vogliamo, dimostra la naturale disposizione dell'uomo al bene, poiché nessuno si preoccuperebbe di dimostrare che i suoi crimini sono per un fine positivo se il bene e il male fossero unanimemente posti sullo stesso piano.

Solo nella misura in cui l'uomo ha consapevolezza che il suo "benessere" dipende dal "malessere" altrui, può scattare nella sua coscienza il senso di colpa. Il quale - come spiega la psicanalisi - non può sussistere oltre un certo grado d'intensità o un certo limite di tempo, per cui s'impone la necessità di rimuovere l'angoscia irrisolta con motivazioni di ordine ideologico (ad es. l'indio va sfruttato perché appartiene a una razza inferiore).

Qui però il discorso potrebbe farsi sociale e proseguire in due direzioni: 1) l'angoscia suddetta riaffiora nella coscienza occidentale tutte le volte che chi subisce l'oppressione rivendica i propri diritti, interessi, valori, bisogni ecc.; 2) al cospetto di tali rivendicazioni, la coscienza occidentale ha bisogno di darsi delle giustificazioni sempre più sofisticate per continuare a opprimere.

Ci si può chiedere: perché l'occidente si è sempre comportato, a partire dall'impero romano, in maniera così innaturale? La risposta a questa domanda andrebbe ricercata nelle motivazioni che hanno portato al fallimento tutti i progetti di liberazione dall'ingiustizia e dallo sfruttamento dell'uomo sull'uomo. Quando un progetto fallisce, le generazioni seguenti ereditano il desiderio di un'emancipazione condizionato dal precedente fallimento. Ciò significa che col passare del tempo l'esigenza di una vera liberazione si fa sempre più forte, ma che non meno forte sarà il condizionamento per impedire che tale esigenza venga soddisfatta.

Vediamo l'occidente contemporaneo: perché si comporta in maniera così perversa nei confronti del Terzo mondo? perché non cerca collaborazione, vantaggi reciproci, scambi equivalenti, intese multilaterali...? È semplice: 1) perché se concedesse troppo spazio agli interessi del Terzo mondo, sarebbe poi costretto a rinunciare a molta della propria opulenza; 2) perché fino ad oggi esso ha sempre creduto di aver realizzato la migliore civiltà possibile.

Questo modo di ragionare è controproducente, a lungo andare, anche per l'occidente, poiché un benessere basato sullo sfruttamento altrui provoca guasti ad ogni livello, non solo a chi lo subisce ma anche a chi ne beneficia, sebbene ovviamente con diversa intensità. Quando si spezza un equilibrio, tutti ne pagano le conseguenze, chi più chi meno, chi un modo chi in un altro. L'odierna immigrazione dei terzomondiali verso le aree metropolitane dell'occidente non sta forse a dimostrare che se non si risolvono i problemi del neocolonialismo e dell'imperialismo, l'occidente stesso vi resterà travolto?

Per quanto riguarda la convinzione d'essere i "migliori", va detto che proprio il sottosviluppo del Terzo mondo attesta il limite fondamentale del capitalismo occidentale, il quale si è sempre ben guardato dal portare il Terzo mondo ai suoi livelli tecnologici e scientifici. Il Terzo mondo infatti non è sottosviluppato tanto perché "arretrato" quanto perché "sfruttato". Nell'arretratezza non ha mai patito la fame come nello sfruttamento: anzi, quando sono iniziate le scoperte geografiche c'era molta più fame nell'evoluta Europa, dominata da rapporti di classe, che non negli arretrati paesi extra-europei, prevalentemente caratterizzati da rapporti tribali e comunitari (per quanto non mancassero in certe aree geografiche rapporti schiavistici o di casta). L'occidente in sostanza ha approfittato di un'arretratezza tecnologica per imporre un rapporto di sfruttamento economico e di soggezione politica, culturale e militare.

Ma c'è anche un altro aspetto molto importante da sottolineare. Noi parliamo di sottosviluppo del Terzo mondo riferendoci anche alla sua "arretratezza tecnologica", ma se consideriamo il concetto di sviluppo in maniera più globale e qualitativa, ci accorgeremo che l'occidente, sul piano dei rapporti umani, ovvero della capacità di vivere il *valore delle cose*, non è molto più sviluppato del Terzo mondo. Noi facciamo coincidere "sviluppo tecnologico" con "civiltà", ma avendo strettamente collegato (per motivi storici) la tecnologia col capitalismo, non abbiamo fatto altro che produrre altissime forme di inciviltà (razzismo, schiavismo, colonialismo, ecc.). Ciò significa che il Terzo mondo non ha meno diritti dell'occidente d'inserirsi nel processo storico della civiltà.

Il problema che a questo punto si pone è il seguente: dobbiamo avere a che fare, in futuro, con un Terzo mondo sempre più intenzionato a imitare i modelli occidentali, oppure vi sarà la possibilità di costruire, a livello mondiale, un qualcosa di diverso, un vero "nuovo ordine"? Cioè a dire il Terzo mondo ha in sé la forza sufficiente per creare questo "nuovo ordine" o dovrà avvalersi del contributo delle stesse forze occidentali che lo sfruttano?

Occidente e Terzo mondo

L'occidente capitalistico, grazie al colonialismo e al neocolonialismo, ha soltanto posticipato la necessità di risolvere le proprie contraddizioni antagonistiche. Il colonialismo, infatti, non solo non ha risolto definitivamente le contraddizioni del capitalismo di paesi come Usa, Giappone, Europa, ma ne ha create di nuove laddove prima non esistevano.

Ora che tutto il Terzo mondo è schiacciato dal peso di queste contraddizioni, rischia molto facilmente d'essere travolto dal crollo dei mercati finanziari dello stesso occidente, dove la speculazione dovuta alla enorme liquidità di capitali ha raggiunto livelli parossistici, e persino l'occidente rischia di crollare sotto il peso delle proprie contraddizioni, che da "produttive" stanno diventando sempre più "monetarie".

Il Terzo mondo non è in grado di pagare i debiti che noi gli abbiamo procurato e che continuamente gli aumentiamo offrendogli un credito che non può restituire. Noi offriamo i crediti con due scopi precisi: impedire che le contraddizioni sociali si trasformino in rivoluzioni politiche, e controllare finanziariamente le economie che per noi sono fonti di materie prime a buon mercato e mercati stessi di sbocco per i nostri prodotti, per non parlare del fatto che i nostri imprenditori sono fino ad oggi riusciti ad assicurare alti salari alla loro manodopera proprio perché sfruttavano quella delle colonie (questa cosa l'aveva già osservata Lenin quando parlava di corruzione dei dirigenti socialisti, che avevano fatto degli operai una sorta di lavoratori aristocratici).

Il Terzo mondo non può competere con l'occidente, se non offrendo una manodopera da qualificare a bassissimo costo. Quello che non può fare è imporre dei prezzi adeguati alle proprie merci, di cui noi abbiamo particolarmente bisogno. Se e quando riesce a farlo, è perché in realtà la produzione di queste merci avviene grazie alle filiali delle nostre multinazionali, che si servono di manodopera locale a basso costo, ma il prodotto del lavoro lo gestiscono autonomamente nelle borse di tutto il mondo.

Le multinazionali, dietro il pretesto di offrire lavoro, espropriano i paesi del Terzo mondo di tutte le loro risorse. E non c'è modo di uscire da questo circolo vizioso, proprio perché durante la fase del colonialismo in senso stretto i paesi occidentali avevano obbligato a riconvertire le economie delle colonie basate sull'autoconsumo in mercati per l'esportazione di prodotti che da noi, per vari motivi, non si potevano produrre o non era conveniente farlo (metalli preziosi, petrolio, caffè, cacao, spezie...).

Il Terzo mondo non ha mezzi sufficienti per competere con noi e soprattutto non ha la mentalità adeguata. D'altra parte non può neppure tornare indietro, poiché la penetrazione del capitalismo ha sconvolto completamente le loro economie. L'unica alternativa che ha, restando nell'ambito del capitalismo, è quella di sfruttare al massimo le proprie risorse interne, umane e naturali, offrendo sui nostri mercati dei prodotti equivalenti ai nostri ma ad un prezzo di molto inferiore. È questa, in fondo, la politica della Cina, che fino ad oggi è risultata vincente.

Se sono in grado di acquisire velocemente la nostra tecnologia, sono anche in grado di mandarci in rovina (come noi mandammo in rovina loro coi prezzi delle nostre merci industriali al tempo del primo colonialismo), ma non avendo loro delle colonie da sfruttare, quali costi faranno pagare ai loro ambienti e alle loro popolazioni? Quel che sta succedendo in Cina è un esempio molto eloquente.

Per il momento molti Stati neocoloniali si affidano ancora all'emigrazione dei loro cittadini, oppure chiedono continuamente una dilazione del pagamento dei debiti o addirittura una loro riduzione o estinzione, e offrono anche garanzie economicamente e finanziariamente molto vantaggiose alle nostre aziende che vogliono aprire da loro delle filiali. È una fortuna per l'occidente che il Terzo mondo si muova in maniera sparsa e disomogenea: non esiste un unico governo africano o sudamericano o una unione confederale su base paritetica. Gli Stati si muovono in maniera individuale, continuando a privilegiare i rapporti con le loro exmadrepatrie. Tendono persino a reprimere le guerriglie interne con le stesse armi che vendiamo loro, quelle guerriglie che da sempre vorrebbero emanciparli da un rapporto di dipendenza nei nostri confronti.

Che i paesi del Terzo mondo abbiano bisogno di governi che facciano i nostri interessi è documentato da tutti quei colpi di stato contro le popolazioni sfruttate che cercavano di mandare al potere un partito socialista, il cui primo provvedimento era ovviamente quello di nazionalizzare le risorse principali del paese. L'americana Cia è responsabile di una infinità di delitti.

Il Terzo mondo infatti non ha bisogno dell'occidente (anche se noi diciamo il contrario), esattamente come uno sfruttato non ha bisogno del proprio sfruttatore. Noi siamo solo parassiti che succhiano sangue: in cambio non offriamo nulla. La nostra economia, il nostro sistema di vita si basa sul saccheggio di risorse altrui e, quando ciò ci viene impedito, sulla violenza. Il problema semmai è che quando il Terzo mondo deciderà di emanciparsi davvero dal nostro sistema di vita, dovrà necessariamente rivedere il proprio, che dipende prevalentemente dal nostro.

Quel che è certo è che se il Terzo mondo decidesse di diventare capitalistico come noi, una nuova guerra mondiale per ripartirsi le sfere d'influenza sarebbe inevitabile, non esistendo più terre vergini da colonizzare. Solo che una guerra mondiale condotta con le armi atomiche renderebbe vana la vittoria: quale paese sconfitto dall'atomica si potrebbe mai tenere sotto occupazione? Oggi gli stessi militari che, in semplici guerre locali, usano l'uranio impoverito, muoiono di cancro a distanza di pochi anni.

Dunque cosa può fare il Terzo mondo per uscire da questo vicolo cieco?

1. Anzitutto deve tornare a credere nel valore dell'*autoconsumo*, finanziando quelle imprese basate proprio su questa forma di economia, che permette la sussistenza a intere comunità di villaggio;

2. deve inoltre cercare di realizzare una democrazia superiore a quella dell'occidente, che ha molto di politico e assai poco di sociale;

3. deve collaborare col proletariato occidentale (agricolo e industriale), mostrando chiaramente da dove viene la ricchezza dei nostri paesi e che cosa si può fare perché abbia termine questo sfruttamento che dura da mezzo millennio.

Noi e il Terzo mondo

Oggi la realtà del Terzo mondo è così lontana dai nostri interessi che non arriviamo neanche a chiederci: "Cosa possiamo fare?", perché a questa domanda pensiamo che non vi sia risposta (o che almeno l'uomo comune non possa darla).

Da noi la borghesia è persino riuscita a convincere l'opinione pubblica che non siamo noi ad aver bisogno del Terzo mondo ma è il contrario. Siamo noi che inviamo i generi alimentari, i macchinari, i professionisti, che concediamo loro i crediti necessari... Siamo così abituati a ragionare in termini "occidentocentrici" che le logiche dell'imperialismo e del neocolonialismo sfuggono completamente alla comprensione sociale ed economica del comune cittadino. Si pensi solo ai nostri tecnici e professionisti che vanno a lavorare in quei paesi, soprattutto quelli petroliferi, chiedendo compensi altissimi.

Se le nazioni del Terzo mondo rifiutano la nostra "collaborazione", rischiano, per come vivono adesso, di piombare nella rovina più totale (tutta la loro produzione è finalizzata alle esigenze del mondo occidentale); se però continuano ad accettarla non usciranno mai dal circolo vizioso della dipendenza neocoloniale, poiché in ultima istanza chi detiene le leve del potere economico mondiale è l'occidente. Il Terzo mondo non può conservare gli attuali rapporti di dipendenza sperando di emanciparsi economicamente.

In tantissimi paesi del Terzo mondo si esporta solo quello che l'occidente è disposto a comprare. Ciò comporta l'enorme estensione delle monocolture (p. es. caffè, cacao, zucchero, tè, soia, ecc.). Il paradosso del Terzo mondo è diventato di questo tipo: quanto più si esporta tanto più aumenta la povertà per molti e la ricchezza per pochi. L'export infatti, per essere competitivo, deve appartenere a grandi aziende, le quali, a gestione tutta privata e dotate di grandi mezzi, tendono a inghiottire i piccoli appezzamenti, pagando dei salari da fame ai loro dipendenti. I contadini hanno poco o niente da mangiare, o perché non hanno la terra in proprietà o perché ne hanno in misura insufficiente (quella che coltivano - di proprietà dei latifondisti - produce beni alimentari destinati all'export e non al loro fabbisogno alimentare), oppure perché i salari che ottengono come braccianti agricoli sono troppo bassi per poter comprare gli stessi prodotti alimentari al mercato urbano o altri prodotti occidentali importati. Ecco da dove proviene il nostro benessere, ecco come si regge in piedi il concetto di "libero mercato".

Bisognerebbe popolarizzare il concetto di sfruttamento neocoloniale mostrando che per sfruttare una nazione si fa più uso della finanza, della tecnologia, della professionalità che del "cannone". Bisognerebbe rendere accessibili queste perverse logiche al cittadino comune, partendo ad es. dalla quotidianità: zucchero, caffè, cacao, riso, cotone... da dove provengono? Quanto paghiamo questi prodotti? Il prezzo è giusto? Rispecchia effettivamente la quantità e la qualità del lavoro svolto? In quali condizioni hanno vissuto i lavoratori che li hanno prodotti? Cosa vendiamo al Terzo mondo? A quali condizioni? A quali prezzi? e così via.

Oggi il neocolonialismo è molto sofisticato, ma questo non può impedirci di conoscerlo nei dettagli. In fondo se oggi in occidente il peso di certe contraddizioni non è così esplosivo, dipende anche dal fatto che l'abbiamo trasferito in altre aree geografiche. Le contraddizioni del capitalismo oggi, che è imperialistico, stanno soprattutto nei suoi legami organici con la periferia, più che al suo interno. Sono questi legami che gli permettono di sopravvivere.

A che serve l'antropologia?

È assurdo che un antropologo debba limitarsi ad *andare* presso una comunità primitiva per poi *tornare* a riferire qualcosa alla società da cui è partito. Ciò avrebbe un senso se quella comunità soffrisse di un dramma per colpa di chi la vuole distruggere o comunque espropriare delle risorse del territorio in cui vive. Diversamente si tratterebbe soltanto di un rapporto meramente intellettuale o di semplice mediazione culturale tra due realtà opposte, di cui il ricercatore sa già quanto sia profonda la loro differenza.

Non serve a nulla soddisfare la nostra (di noi occidentali) "curiosità esotica", anche perché, comportandosi così, solo per dare un senso alla sua attività accademica, l'antropologo non farà che aumentare la diffidenza che quelle comunità provano già, e giustamente, nei nostri confronti.

Se uno vuol fare un mestiere del genere, dovrebbe aver chiaro, in via preliminare, che la società da cui parte non è un modello per le comunità primitive che vorrà incontrare. È anzi impossibile che al giorno d'oggi un ricercatore non sappia che le differenze tra noi e loro, causate da lunghi e drammatici processi storici, sono abissali, al punto che i nostri sistemi di vita non sono assolutamente titolati a insegnare a quelle comunità il modo migliore per vivere in maniera sociale e rapportarsi alla natura.

È inoltre impossibile che non sappia – se è intellettualmente onesto – che oggi la società da cui egli proviene (sia essa fondata sul capitalismo o sul socialismo) tende ad essere un pericolo per la comunità che vuole incontrare. Qualunque società contemporanea che non metta in discussione il rapporto di "dominio" che ha nei confronti della natura, per non parlare dei rapporti antagonistici tra ceti sociali economicamente forti e ceti deboli, è una sicura minaccia per la sopravvivenza di una comunità che definiamo, dal nostro punto di vista, come "arcaica". Siamo troppo diversi per poterci capire. Non è una semplice questione di linguaggio o di cultura.

Ecco perché la funzione dell'antropologo non dovrebbe essere, in prima e ultima istanza, quella di "capire" razionalmente tale diversità, ma anche quella d'introdurre il concetto di "alternativa" o di "transizione" all'interno della propria società, eventualmente servendosi di esperienze "arcaiche" o "primitive" (ma sarebbe meglio usare il termine "primordiali" o "native", "autoctone" o "etniche", onde evitare il rischio di paragonarle a qualcosa di "selvaggio").

L'antropologo deve saper proporre alla propria società una discussione sulle condizioni irrinunciabili per non nuocere alle esperienze completamente diverse da quelle della stessa società da cui lui proviene e in cui vuole continuare a esistere. S'egli decidesse di andare a vivere nella comunità indigena che vuole conoscere, il discorso sarebbe diverso, ma quando mai viene fatta (o nel passato è stata fatta) una scelta del genere? Al massimo la si fa per un certo periodo di tempo, e sempre per motivi di studio o di carriera accademica. E in ogni caso, se davvero la si facesse come scelta di vita, non avrebbe più senso definirsi "antropologi". Si diventerebbe membri effettivi di quella comunità, dando in un certo senso per scontato che la società da cui si proviene non abbia alcuna possibilità di migliorare qualitativamente se stessa. Il che sarebbe un errore.

Se l'antropologo vuol prendere le difese delle cosiddette "comunità arcaiche", dovrebbe chiarire esplicitamente, *là dove vive*, che la società da cui proviene rappresenta una minaccia per la loro sopravvivenza.

Dovrebbe cioè assumersi la responsabilità di dire che il suo compito di ricercatore non è tanto quello di "andare" dagli indigeni, come se avesse da insegnare a loro qualcosa che non sanno, quanto piuttosto quello di permettere agli indigeni di dire qualcosa a noi, di far presente a noi le incredibili difficoltà che devono superare per far fronte alla continua espansione planetaria delle nostre società.

"Loro" dovrebbero venire da "noi" per dire a "noi" come dovremmo vivere, permettendo a "loro" di continuare a esistere. Il problema n. 1 infatti è che la nostra esistenza sembra essere del tutto incompatibile con la loro. È come se chiedessimo a un neonato di guidare un'automobile: sarebbe una richiesta stupida non tanto perché, prima di poterlo fare, gli occorrerebbe un certo tempo, quanto perché oggi siamo noi che dobbiamo chiederci se davvero abbia ancora un senso usare delle automobili per spostarsi.

Lo vediamo tutti i giorni che le auto sono una delle principali fonti dell'inquinamento del pianeta. Mentre noi guidiamo un qualunque mezzo motorizzato, stiamo procurando un problema alle comunità arcaiche che non lo usano.[5] Il mondo è interconnesso, che ci si creda o no, che lo si voglia o no. Lo sanno bene le multinazionali, gli istituti finanziari, i broker delle borse di titoli e valori, gli ecologisti... Ormai lo sanno tutti che non ci si può più approcciare alle suddette comunità come se fossero un fenomeno locale, geograficamente circoscritto, soggetto a specifiche problematiche.

Anche gli antropologi lo sanno e sanno anche che le contraddizioni del sistema capitalistico si stanno acutizzando. Non è più possibile pensare che con la scienza e la tecnica si possano risolvere i problemi che sono stati creati proprio dalla rivoluzione industriale. O che tali problemi possano essere risolti trasferendo gli impianti industriali, soprattutto quelli più inquinanti, nei paesi del Terzo Mondo (o trasferendo qui le scorie che quegli impianti producono o i relitti inutilizzabili per essere smantellati).

Oggi non è neppure questione di "proprietà privata" capitalistica o di "proprietà statale" socialistica, per quanto sia fuor di dubbio che, al fine di ridurre gli effetti nocivi sui nostri ambienti, la proprietà dei mezzi produttivi vada "socializzata", essendo questo l'unico modo per responsabilizzare le comunità locali.

---

[5] Si potrebbe anche aggiungere che la potenza (espressa in cavalli fiscali) delle auto diventa sempre più irrilevante, a causa del fatto che, essendo state prodotte in gran numero sin dalla loro nascita, esse provocano nelle città degli ingorghi insopportabili, sicché ciò ch'era stato progettato per accorciare le distanze, oggi inevitabilmente le allunga.

Oggi bisogna porre all'ordine del giorno il problema di come uscire dal concetto di "civiltà", intesa in senso "industriale". L'antropologo deve poter mostrare ai propri concittadini che esiste la possibilità di vivere un'esistenza molto diversa. E l'indigeno, dal canto suo, può farci capire che questa possibilità non è utopica ma *reale*.

Tuttavia, affinché venga percepita come "reale", noi occidentali dobbiamo rovesciare i *criteri di fondo* con cui viviamo nelle nostre società. Il discorso antropologico deve per forza associarsi a una critica dell'*economia politica liberistica* (o di derivazione borghese), e diventare, esso stesso, un discorso *politico-eversivo*.

L'antropologo deve impegnarsi non solo a favore della sopravvivenza delle comunità arcaiche, ma deve anche saper porre le basi per un mutamento radicale della società in cui lui stesso vive. Senza questo mutamento, la sopravvivenza di una qualunque comunità indigena è a rischio. Ed è a rischio anche la nostra.

Se l'antropologo si limita a voler "conoscere" tali comunità e non si preoccupa di fare altro, involontariamente fornisce informazioni utili ai nostri sistemi sociali per eliminare, in qualche maniera, quelle stesse comunità. Diventa, anche contro le sue migliori intenzioni, "una spia del sistema" e un imbonitore per gli indigeni, capace solo di vendere nuove illusioni.

Ai tempi della prima rivoluzione industriale erano gli economisti borghesi che svolgevano questo ruolo mistificatorio nei confronti dei contadini infeudati. Sarebbe triste che oggi venisse ereditato dagli antropologi nei confronti delle ultime comunità arcaiche rimaste in vita. È bene quindi guardare con molto sospetto qualunque teoria antropologica che non metta sul tappeto le questioni più urgenti dell'umanità.

Sul dominio politico dell'imperialismo

Il futuro dell'occidente rischia d'essere caratterizzato, se non interverranno fattori che promuovano lo sviluppo della democrazia, da una sorta di "dominio politico-militare" dell'*imperialismo*. Infatti, la decolonizzazione ha saputo eliminare il dominio politico di singole potenze imperialiste (Francia, Inghilterra, Usa, ecc.), ma non ha potuto eliminare, se non limitatamente, il dominio economico di queste potenze, tanto è vero che ad un certo punto è sorto il *neocolonialismo*, il quale si è sviluppato sulla base delle ultime rivoluzioni tecnico-scientifiche, nonché sulla base di nuovi rapporti commerciali e finanziari di dipendenza.

Il capitalismo occidentale, per sopravvivere, ha assolutamente bisogno di questo neocolonialismo. Esso cioè è stato disposto ad accettare la decolonizzazione politica del Terzo mondo negli anni '50-'70, appunto perché sapeva che la propria egemonia economica sui mercati internazionali non sarebbe stata intaccata granché. Se avesse avuto una paura del genere sarebbe scoppiata subito una terza guerra mondiale, come rischiò di avvenire durante la nazionalizzazione egiziana del canale di Suez, durante la guerra di Corea, la rivoluzione cubana e la guerra in Vietnam e da ultimo la guerra nel Golfo Persico. Non è forse sintomatico che il grande sviluppo delle multinazionali e il fortissimo indebitamento estero del Terzo mondo si siano verificati non prima ma *dopo* la decolonizzazione politica?

Oggi il capitalismo occidentale, che è diventato, dopo il fallimento del socialismo statale, di nuovo assai potente sul piano economico, ha il timore che la profonda crisi economica del Terzo mondo possa scatenare delle rivoluzioni anti-capitalistiche. Ecco perché ha l'assoluta necessità di affermare un dominio *politico* dell'imperialismo, su scala mondiale, diretto formalmente da organismi internazionali (come ad es. l'Onu) e di fatto da un unico vero centro, gli Stati Uniti, coadiuvati da Europa occidentale e Giappone, che sono le sue propaggini più significative, soprattutto nell'ambito dei centri finanziari mondiali.

Lo sviluppo dell'imperialismo politico-istituzionale è iniziato con l'amministrazione di Reagan, agli inizia degli anni Ottanta, ed è probabile che si svilupperà per molto tempo, in quanto la forza bellica dell'occidente è ancora grandissima. Tale imperialismo dovrà necessariamente essere gestito da forze che si richiamano alle idee del socialismo, poiché senza una compatta organizzazione, interna ed esterna, senza il richiamo a idee di giustizia e uguaglianza, è impossibile realizzare tale progetto. Un progetto così impopolare avrà bisogno di grandi giustificazioni teoriche e ideologiche. Cosa che, al momento, non sono in grado di garantire né la Russia né la Cina.

In pratica avremo in tutto l'occidente, se non interverranno fattori contrari, una sorta di neocapitalismo di stato in nome del socialismo. Di quale socialismo? Non esattamente quello stesso che i paesi est-europei hanno rifiutato, ma una sua variante, mentre quegli stessi paesi, se non si lasceranno abbacinare dai miraggi del capitale, dovranno sviluppare una sorta di socialismo democratico e autogestito, cioè una forma più avanzata del socialismo amministrato.

Nei prossimi decenni dunque saranno gli Stati Uniti l'oggetto di studio più interessante degli intellettuali occidentali. Questa nazione s'imporrà sempre più agli occhi del mondo per le sue qualità politiche, culturali, artistiche, non ovviamente in riferimento alle istituzioni, al governo, allo Stato, che anzi conosceranno regressi e involuzioni autoritarie

120

sempre più marcati, quanto piuttosto in riferimento alle esperienze di opposizione al sistema. La forza militare degli Usa sarà sempre più "dimostrata" e non solo a livello locale o regionale ma anche globale. Se gli Usa applicheranno la loro forza militare su vasta scala (come ad es. nel Golfo Persico, sotto il patrocinio dell'Onu), ciò verrà percepito come un esempio dimostrativo per tutto il mondo.

L'occidente, dal canto suo, non potrà più addebitare ai paesi socialisti la causa della propria insicurezza o instabilità; non si potrà più accusare l'Urss di voler destabilizzare il mondo intero. Fino ad oggi gli Usa ci avevano insegnato a comportarci così, cioè a scaricare su un nemico esterno le tensioni che si accumulano all'interno. Ora però all'occidente la paura dovrà per forza nascere dall'interno, in conseguenza del fatto che il potere di una nazione, gli Usa, viene ad aumentare in modo spropositato. Tutto il mondo occidentale dovrà temere gli Stati Uniti come nel corso della II guerra mondiale l'intera Europa temeva la Germania nazista. Ora finalmente l'Europa occidentale dovrà affrontare da sola i grandi condizionamenti che si accingono ad imporle con la forza gli Stati Uniti, i quali, naturalmente, preferiscono avere a che fare con un'Europa sotto l'ombrello della Nato, docile ai media americani, divisa e soggetta al potere del dollaro, che non un'Europa unita, senza Nato, autonoma su tutti i piani e legata all'Euro.

Gli attuali paesi socialisti o quelli ex-comunisti non potranno fare molto, proprio perché saranno gli Usa a decidere quale peso essi avranno sulle relazioni coll'occidente. Gli Usa non vogliono perdere la loro leadership mondiale: per questo non possono vedere di buon grado le relazioni amichevoli dell'Europa occidentale e del Giappone con la Russia e con la Cina. Prima infatti la "concorrenza" tra est e ovest si poneva più che altro a livello *ideologico*, in quanto il cosiddetto "socialismo reale" presumeva d'essere se non un sistema più ricco e più avanzato tecnologicamente, almeno un sistema più giusto. Oggi, scoperto che la giustizia sociale realizzata era alquanto relativa, tale sistema, se vorrà sopravvivere, dovrà puntare non solo sulla superiorità ideologica ma anche su quella qualitativa del benessere sociale. Cosa che però non sta avvenendo, in quanto l'ex-sistema socialista, salvo eccezioni, sembra aver preso una direzione a favore del capitale, seppur sotto la direzione dello Stato). Superiorità ideologica e qualità della vita sembrano essere incompatibili.

In ogni caso gli Usa non possono stare a guardare: una cosa infatti è servirsi dell'influenza del Giappone e dell'Europa occidentale in funzione anti-socialista (e anti-terzomondista); un'altra è veder sviluppare l'economia di questi alleati occidentali, che hanno saputo riallacciare le relazioni economico-commerciali coi paesi considerati una volta altamente pericolosi; un'altra ancora è costatare che, in virtù di tali progressi socio-economici, sale l'influenza politica dei partner occidentali, quell'influenza che potrebbe minacciare la supremazia militare e ideologica americana in tutto l'occidente.

Se gli Usa potessero usare il loro potenziale bellico con maggiore tranquillità, senza dover rendere conto a nessuno, sarebbero in grado di controllare meglio non solo quella parte di Terzo mondo strettamente legata all'occidente, ma anche lo stesso occidente. La guerra contro l'Irak è forse servita per dimostrare al mondo intero - se qualcuno ancora non l'avesse capito - chi "comanda". In quei pochi mesi è apparso chiarissimo che tanto l'Europa occidentale quanto il Giappone erano alle strette dipendenze degli Usa. Con questa guerra gli Usa hanno chiuso un capitolo della loro storia, quello degli scrupoli che impedivano di compiere una guerra sino in fondo, usando qualunque mezzo necessario, cioè quegli scrupoli (che nel conflitto col Vietnam raggiunsero l'apice) determinati dalle proteste dell'opinione pubblica, alimentate dai mass-media, in un clima di contestazione generale al sistema.

Ora le cose sono cambiate. Già con l'invasione di Grenada e di Panama si era capito chiaramente che gli Usa non vogliono più essere minimamente influenzati, quando sono in atto le loro operazioni belliche, né dalla stampa (che anzi cercano di corrompere come meglio possono: basta vedere il ruolo della Cnn), né dalla *public opinion* (che dai media dipende moltissimo, soprattutto negli Usa). Ecco perché hanno messo sordine e censure su tutto. La guerra contro Noriega a Panama e Bishop a Grenada è stato solo il preludio di questa grande offensiva contro l'Irak, che abilmente l'amministrazione americana è riuscita a condurre con il patrocinio del Consiglio di sicurezza dell'Onu. Anche da questo punto di vista si è trattato di una assoluta novità: per la prima volta gli Usa sono riusciti a legalizzare il loro imperialismo servendosi d'istituzioni internazionali. L'atteggiamento della Russia nel corso della guerra contro l'Irak è stato chiaramente ingenuo, in quanto ci si è voluti fidare che il governo americano avrebbe rispettato alla lettera il contenuto delle 12 risoluzioni dell'Onu contro l'Irak, ovvero che non sarebbero andati al di là del mandato ricevuto.

In realtà con questa guerra la Russia è uscita, e speriamo definitivamente, dal suo ruolo di "superpotenza alla pari", lasciando ampi margini di manovra all'imperialismo americano, ma - si potrebbe aggiungere - mettendo così alla prova le capacità democratiche delle masse popolari dell'occidente, che fino a ieri delegavano per intero all'ex-Urss il compito di contrastare lo strapotere americano. L'Urss di Gorbaciov, seconda nazione al mondo, aveva capito che l'imperialismo statunitense non poteva essere fermato col deterrente nucleare, poiché l'uso del nucleare comporta l'autodistruzione dell'umanità.

E ora? Ora si spera che le nazioni comprendano che con la logica della forza, della minaccia, della guerra o comunque della violenza, non si ottiene alcun vero beneficio. Una vittoria sul terreno della pace non è la vittoria di una sola nazione ma del mondo intero.

Gli Usa rappresentano l'essenza più pura e più sofisticata del sistema economico capitalistico, la punta più avanzata: lo sono in maniera globale, non settoriale (come ad es. il Giappone, che finanziariamente è ricchissimo ma che non ha una goccia di petrolio). L'Europa occidentale e il Giappone hanno vissuto nel passato troppo feudalesimo per poter aspirare a una tale "purezza". Occorreva una nazione "vergine", che provenisse sì dall'Europa, ma solo geograficamente. Questo spostamento del centro gravitazionale del mondo economico e politico occidentale dall'Europa agli Stati Uniti non è stato ancora percepito dagli europei in modo chiaro e distinto. Essi infatti ancora s'illudono di poter essere dei protagonisti della storia o di poterlo sempre più diventare, in futuro, grazie soprattutto all'Europa unita. Ma se l'Europa riuscirà a unirsi, gli Usa non staranno certo a guardare. Essi non sopportano concorrenti di sorta, se non quando sono più o meno sicuri di vincere o di poter ottenere una facile rivincita, per cui faranno di tutto per togliere all'Europa del futuro la sicurezza di cui essa ha bisogno. E forse un giorno l'Europa capirà che per fronteggiare l'imperialismo americano occorre essere uniti anche con la parte orientale del proprio continente.

Per il momento, gli americani hanno solo un modo per minare la sicurezza degli europei, quello di privarli della loro risorsa energetica fondamentale: il *petrolio*. Gli esiti della guerra nel Golfo Persico, in futuro, potranno essere utilizzati anche a tale scopo. Qui infatti sono concentrate le maggiori riserve petrolifere del mondo occidentale o comunque quelle di migliore qualità e a più buon mercato. Se i paesi dell'Opec non potranno più smerciare il petrolio come prima (ad es. perché i pozzi dell'Irak o del Quwait potrebbero essere distrutti, o perché l'Arabia Saudita potrebbe essere posta sotto stretto controllo americano, o perché l'Iran, che ha un conto in sospeso con gli Usa, potrebbe subire un attacco nucleare), sia l'Europa occidentale che il Giappone saranno costretti a rifornirsi di greggio presso gli americani, che così potranno usare questa materia prima come di un'arma per ricattarci.[6] Essi cioè potranno piegarci

---

[6] Gli Usa non hanno mai visto di buon occhio neppure il gasdotto che dalla Siberia arriva in Europa occidentale, e ora si stanno servendo della crisi in Ucraina per farlo saltare.

con la politica dei prezzi sia che s'impadroniscano di tutto il petrolio mediorientale, sia che si servano del proprio dopo aver distrutto quello del
Golfo. Il petrolio del Mare del Nord è infatti sufficiente solo per Inghilterra e Norvegia, e le risorse sono limitate, mentre quello del Venezuela
o del Messico può essere controllato, volendo, dagli stessi americani.

I flussi migratori

Cosa ci stanno insegnando i flussi migratori? Una cosa che noi
occidentali non accetteremo mai: il nostro benessere dipende anche dal
malessere altrui. Cioè il livello di benessere di cui fruiamo è molto elevato proprio perché si basa anche sullo sfruttamento di risorse umane e materiali che non ci appartengono. Se questo livello dipendesse unicamente
dalle nostre risorse, sarebbe sicuramente molto più basso o molto meno
generalizzato. Anzi, in tal caso, se non riuscissimo a porre un freno alla
corsa verso il benessere, ovvero ai criteri con cui lo si persegue, noi saremmo continuamente alle prese con disordini sociali, guerre civili, rivoluzioni politiche.

In occidente gli ultimi due conflitti mondiali sono stati compiuti
per spartirsi le zone d'influenza ove poter sfruttare impunemente risorse
non proprie. Se dalla II guerra mondiale ad oggi abbiamo goduto di un
lungo periodo di relativa pace, è stato perché i paesi da noi sfruttati non
si sono ribellati con forza e decisione.

Oggi però si assiste a una sorta di surrogato mondiale di queste
mancate rivoluzioni politiche: i popoli oppressi del Terzo Mondo stanno
emigrando in massa verso l'occidente. Mentre i cinesi stanno invadendo i
mercati occidentali con le loro merci a bassissimo costo, i popoli africani, sudamericani, mediorientali si stanno spostando (chi per motivi politici, chi economici, chi militari) verso i territori più agiati del pianeta, al
fine di poter riscattare la loro vita.

Chi emigra ha rinunciato all'idea di fare una rivoluzione contro
di noi; si è rassegnato a diventare come noi. Tuttavia per noi questa scelta è non meno sconvolgente di una guerra di liberazione nazionale contro
il globalismo neoliberista. Infatti non siamo attrezzati a ospitare dei flussi
migratori così massicci. Avvertiamo chiaramente che il nostro livello di
benessere è seriamente minacciato. Contro questi immigrati si sta per
scatenare l'inferno. La pazienza sembra aver raggiunto il livello massimo
di sopportazione. Gli immigrati che si avvertono con maggiore ostilità
sono gli africani di religione islamica, soprattutto quelli privi di mezzi di
sussistenza e bisognosi di tutto.

I concetti di "missione" e di "assistenza"

È assurdo andare a vivere all'estero volontariamente, allo scopo di sentirsi più importanti, per fare del "bene" agli altri. Come si può conoscere il "bene" di persone che non si sono mai viste né conosciute? Al massimo ci potrà essere una collaborazione temporanea, finalizzata a un determinato obiettivo, oppure ci potrà essere un gemellaggio, cioè uno scambio di esperienze alla pari. Al di là di questo, il concetto di "missione" appare come una mostruosità, in quanto non fa che riflettere l'esigenza di un imperialismo culturale, ideologico.

Chi pensa che nel Terzo mondo ci siano condizioni di vita che impongono alla coscienza morale una scelta missionaria, dimentica che quelle condizioni sono determinate, da secoli, nell'area occidentale del capitalismo. Se veramente si volesse fare del "bene" a quelle popolazioni, bisognerebbe modificare in occidente questi rapporti di sfruttamento e dipendenza. In caso contrario il "bene" profuso non sarà altro che una forma di "assistenza", grazie alla quale, anche contro le migliori intenzioni di chi la pratica, non si farà altro che legittimare ulteriormente la realtà dello sfruttamento, poiché proprio con l'assistenza si tende a far credere che lo sfruttamento sia inevitabile o comunque sopportabile. E in ogni caso, anche se si volesse fare lo stesso dell'assistenzialismo, non ci sarebbe bisogno di andare in un qualche Paese del Terzo mondo: in occidente i marginali (tossicomani, barboni, alcolisti, carcerati, zingari, immigrati...) sono tantissimi.

Il fatto però è questo: chi va nel Terzo mondo, spesso ha la consapevolezza di sentirsi superiore. Fare l'elemosina o l'assistenza ai marginali che vivono da noi non stimola un particolare sentimento di superiorità: al massimo può placare la "coscienza infelice" di chi si sente in colpa nel vedere tanta miseria umana e vuol fare qualcosa di concreto. Nel Terzo mondo invece le stesse azioni meritorie comportano immediatamente una valorizzazione di sé, non foss'altro che per la risonanza di questa scelta di vita fra gli amici e i parenti che si lasciano in patria. Chi presta assistenza nel Terzo mondo sa subito di avere "ragione" rispetto a chi non fa nulla in occidente, e quando torna per chiedere finanziamenti, pretende d'essere ascoltato, anche se si limiterà a toccare i tasti della "coscienza morale", evitando di fare analisi di tipo economico e politico, in quanto teme che l'interlocutore non riesca più a commuoversi e a staccare un assegno.

In occidente fare o non fare assistenza, a chi di noi è in stato di bisogno, può sembrare equivalente: i mass-media, gestiti dai poteri forti, non ne parlano volentieri, poiché la preoccupazione principale che hanno è quella di minimizzare i problemi. In genere comunque si pensa che, entro certi contesti comunitari (p.es. la Caritas), l'assunzione di questi ruoli o funzioni è doverosa.

Il marginale, dal canto suo, non migliorerà di molto la sua condizione: è lo stesso carovita che glielo impedisce, quello stesso carovita che tiene molte famiglie apparentemente normali sul filo del rasoio. Inoltre l'assistenza, se anche viene percepita come indispensabile dal marginale, per essere efficace, in occidente, essa ha sempre bisogno di continue sovvenzioni, pubbliche e private, per cui chi la presta deve spesso scendere a compromessi non del tutto onorevoli col potere politico ed economico. Il che può anche entrare in urto coll'esigenza di frequentare i marginali allo scopo di allontanarsi dalle dinamiche borghesi del vivere civile. Qui naturalmente non si prende neanche in considerazione chi si è servito del disagio per arricchirsi, come, a volte, si sente dire nell'ambito delle comunità per tossicodipendenti o nelle strutture riservate agli anziani.

Nel Terzo mondo invece, anche se le condizioni di vita sono più difficili da sopportare, si avverte subito la consapevolezza d'essere una persona importante per il fatto appunto di "prestare assistenza". Lo dimostra anche la continua esigenza che abbiamo d'imporre la nostra cultura, religione, lingua... Il missionario ha diritto d'essere finanziato proprio perché svolge anzitutto un servizio all'occidente.

Da noi non è raro il caso di vedere dei marginali divenuti tali proprio per aver rifiutato la mentalità dominante: difficilmente costoro sarebbero disposti ad accettare l'assistenza in cambio di una nuova religione o di nuovi modelli culturali. Se lo fanno, devono pensare che si tratti di una loro scelta, non di un'imposizione dall'esterno.

Nel Terzo mondo, essendo marginali, molto spesso, dalla nascita, si è più disposti ad accettare qualunque contropartita pur di sopravvivere. In questo senso è facile, per noi occidentali, provare sentimenti di superiorità. Non è però significativo che quando in quei paesi scoppiano delle rivoluzioni sociali, vengono presi di mira anche i centri assistenziali da noi là edificati?

Un'ultima cosa. Spesso si va nel Terzo mondo anche perché si rifiuta l'idea borghese che l'assistenza debba essere delegata a un'istituzione. L'assistente (o chiunque faccia esperienza di volontariato sociale o civile) vorrebbe vedere impegnati tutti i cittadini del suo Paese d'origine, ma sa che ciò è un'utopia. Scegliendo invece di andare nel Terzo mondo, egli sa in anticipo che qui è più facile mobilitare un impegno collettivo. Ma in tal modo, inevitabilmente, egli si trasforma in una "istituzione assistenziale" dell'occidente, cioè diventa l'alibi che la coscienza borghese si dà per non fare cose più impegnative e risolutive nei suoi rapporti col Terzo mondo.

La fame nel mondo[7]

Quando si parla di "fame" nel mondo, bisogna parlare del Terzo mondo[8], cioè di quell'area geografica che non fa parte né dell'occidente industrializzato, dove l'economia è capitalistica e di mercato (Primo mondo), né di quell'area del cosiddetto "socialismo reale" (Secondo mondo), dove la produzione è pianificata dallo Stato e dove però in questi ultimi anni tale modello di sviluppo è entrato profondamente in crisi.

1. Il Terzo mondo nel 2000 avrà l'80% della popolazione mondiale, gran parte della quale vivrà in condizioni poverissime: già oggi il debito di quest'area coll'estero supera di molto i mille mrd di $. Tanto è vero che si parla anche di Quarto mondo, quell'area cioè che comprenderebbe i paesi più arretrati del Terzo mondo (ad es. Etiopia, Ciad, Tanzania, Bangladesh ecc.).

2. Che cos'è la *fame*? Quand'è che si può parlare di alimentazione insufficiente o di denutrizione? Il fabbisogno alimentare degli esseri umani -come noto- viene espresso in calorie, e varia a seconda dell'età, del peso, del sesso, della salute, del lavoro, del clima, del metabolismo, delle abitudini alimentari. Normalmente, un'alimentazione sufficiente deve garantire almeno 2.000 calorie al giorno.

    Ebbene, si calcola oggi che nel mondo più di 1 mrd e 300 mil di persone (circa 1/3 della popolazione mondiale) ha un'alimentazione insufficiente. Secondo l'OMS, di questo 30% almeno 500 milioni non dispongono neppure di 1500 calorie al giorno, per cui soffrono di fame assoluta.

3. Per non parlare del problema della *sete*. Le ultime ricerche fatte nel Terzo mondo indicano che in Africa circa il 75% della popolazione rurale non ha acqua potabile; in Americalatina sono il 77%; in Estremoriente circa il 70%. In valori assoluti, sono più di 600 milioni le persone al mondo prive di acqua potabile.

4. *Conseguenze della fame*. Un'alimentazione insufficiente porta a: dimagrimento, apatia, debolezza muscolare, depressione del sistema nervoso, minor resistenza alle malattie, invecchiamento

---

[7] Testo scritto nella seconda metà degli anni Ottanta e non aggiornato nei dati.

[8] Terzo mondo è stata una parola inventata da un giornalista francese nel 1952, in analogia col Terzo stato della Rivoluzione francese.

precoce, morte per inedia, ventre gonfio, avvizzimento della pelle.

Queste conseguenze si manifestano soprattutto nei bambini, la cui mortalità nel Terzo mondo è altissima. Le malattie parassitarie e infettive colpiscono soprattutto i bambini non solo a causa della denutrizione, ma anche per le precarie condizioni igieniche (acqua inquinata, mancanza di fogne, ecc.). L'UNICEF ha calcolato che la causa principale di morte dei bambini fino a 5 anni è dovuta alla disidratazione conseguente alle diarree provocate da infezioni intestinali.

5. *Differenze nei consumi alimentari tra Nord e Sud.* Come noto, gli alimenti fondamentali che dovrebbero comparire in tutte le diete, sulla base di percentuali più o meno rigorose sono i seguenti: 70% carboidrati (cereali, frutta, patate, zuccheri ecc.) (1 gr. = 4 calorie); 15% proteine, di cui metà di origine vegetale (legumi, cereali ecc.) e metà di origine animale (carne, latte, uova ecc.) (1 gr = 4 calorie); 15% grassi (olio, burro ecc.) (1 gr = 9 calorie); piccole vitamine e sali minerali presenti nella frutta e verdura, e circa 2,5 litri di acqua. Secondo la FAO, i livelli calorici medi della popolazione italiana sono superiori del 50% rispetto al necessario. Da noi la percentuale di bambini che muore nel primo anno di età è di 1,4%.

È stato dimostrato che il 61% del totale delle calorie di cui dispone in media ciascun abitante del Terzo mondo proviene dal consumo dei cereali (riso, frumento, orzo, segale, miglio...), mentre molto ridotto è il consumo degli altri alimenti (ad es. per la carne è 3,9%, mentre nei paesi sviluppati è 13,4%). Nei paesi più sviluppati la percentuale dei cereali consumati raggiunge solo il 30% del totale delle calorie, mentre molto elevata è la quota dei prodotti di origine animale (carne, latte, uova, pesce). Ad es. nel Nordamerica i cereali forniscono solo il 24% delle calorie, mentre in Asia più del 78%.

La prevalenza di un solo elemento-base nell'alimentazione (in questo caso i cereali) dà luogo a diete monotone, ripetitive, prive di quella varietà e di quei valori nutritivi che sono necessari per un'alimentazione equilibrata.

6. *L'alimentazione dei paesi avanzati.* In Occidente il fenomeno alimentare più diffuso è la sovralimentazione. Noi soffriamo di mali fisici tipici del nostro modo di mangiare: disturbi al cuore, appendicite, calcoli, vene varicose, emboli, trombosi, ernie, emorroidi, cancro del colon e del retto, obesità, ecc.

Per di più abbiamo l'abitudine a utilizzare alimenti che hanno subìto processi di trasformazione (refrigerazione, cottura, raffinazione, ecc.) invece di alimenti freschi: il che rende la dieta più costosa sul piano economico (ed anche più povera dal punto di vista del suo valore nutritivo).

Il problema maggiore però è costituito dal fatto che poco meno della metà dei cereali prodotti sulla Terra vengono utilizzati in Occidente per alimentare quel bestiame che viene poi consumato, da noi, sotto forma di carne, uova e latte. Ora, per produrre una sola caloria di origine animale ci vogliono ben 7 calorie di cereali. La conseguenza di questo è ovvia: nei paesi avanzati una persona consuma in media molti più cereali di quanti ne consumi una persona del Terzo mondo: praticamente più di 2,5 kg al giorno (pane-pasta-cereali e soprattutto carne-latte-uova), contro i 500 gr al giorno del Terzo mondo.

Se l'enorme quantità di cereali destinati all'alimentazione del bestiame venisse impiegata direttamente nell'alimentazione umana, potrebbero venir nutrite ben 2 mrd e 500 mil di persone. Con la sola quantità di cereali che Usa e Urss destinano al bestiame, si potrebbero nutrire 1 miliardo di persone.

7. *La diseguale distribuzione delle risorse*. La fame non è un male inevitabile. Dal 1970 al 1983 la produzione alimentare complessiva (cereali, legumi, tuberi, carne ecc.) è aumentata del 47% (l'aumento medio dei prodotti in quei 14 anni è stato del 3,3% l'anno). L'incremento della popolazione nello stesso periodo è stato, a livello mondiale, dell'1,9% annuo, mentre nel Terzo mondo del 2,5%.

Come si può notare, la causa primaria della fame del mondo non sta in una produzione alimentare insufficiente, ma nell'impossibilità per i più poveri di acquistare gli alimenti prodotti. I prezzi dei generi alimentari sono troppo alti per i redditi medi della popolazione del Terzo mondo. Nei paesi avanzati la spesa alimentare rappresenta il 20-25% del reddito familiare, mentre il resto viene speso per vestiario, mezzi di trasporto, alloggio, divertimenti ecc. Nei paesi più poveri invece la spesa alimentare costituisce fino all'80% del reddito familiare. Da noi la povertà raramente comporta fame e denutrizione, nel Terzo mondo invece povertà significa subito fame.

Gli stereotipi sulla fame

1. Dall'opinione pubblica dei paesi più ricchi la fame del Terzo mondo è considerata come l'effetto perverso di situazioni inevitabili, tipiche dei paesi più poveri (ad es. il clima, l'arretratezza tecnologica, gli alti tassi di natalità, ecc.) Una convinzione di questo genere porta a due atteggiamenti: rassegnazione-indifferenza, oppure, nel migliore dei casi, compassione-elemosina. In nessun caso si mettono in discussione i meccanismi economici e sociali che legano il Sud al Nord del mondo.

2. Posizione geografica sfavorevole? Guardando una qualunque cartina geografica, si ha la netta impressione che il problema della fame e del sottosviluppo si concentri soprattutto nella fascia equatoriale fra i due tropici. Ma se guardiamo le cose più da vicino, ci accorgeremo, ad es., che il Sud degli Usa e l'Australia non soffrono affatto la fame, mentre alcune zone temperate (come il Sud dell'Americalatina) patiscono la fame al pari di certi paesi equatoriali e tropicali. Inoltre la storia ci dice che molte zone oggi sottosviluppate sono state un tempo assai ricche (ad es. l'Egitto, gli imperi inca, maya, azteco, ecc.).

3. Risorse agricole insufficienti? Oggi l'agricoltura del Terzo mondo è di due tipi: a) agricoltura di sussistenza, assai povera perché priva di tecnologia, senza surplus commerciale, in via di estinzione perché il grande latifondo tende a inghiottirla; b) agricoltura di mercato, ma solo in forma di monocoltura (caffè, zucchero, cacao, tè, cauccìù, cotone, arachidi ecc.), che raggiunge anche livelli altissimi di produttività, ma non serve alla normale alimentazione quotidiana, anche perché è generalmente destinata all'export verso l'Occidente.

4. Inoltre i profitti della produzione per l'export vanno a vantaggio solo di un esiguo numero di persone o di grosse multinazionali occidentali.

5. Infine i prezzi vengono decisi nelle borse dei paesi più ricchi. Basta dunque una o poche annate agricole negative (per siccità o caduta di prezzi o per lo sviluppo dei surrogati) perché le conseguenze siano subito disastrose.

6. Povertà di risorse minerarie ed energetiche? I paesi del Sud per alcuni minerali (alluminio, stagno, cobalto, ecc.) dispongono del 50-60% delle risorse mondiali. I paesi dell'OPEC sono i massimi produttori di petrolio del mondo. I fatti inoltre dimostrano che, per sopravvivere, il Terzo mondo deve soprattutto esportare materie prime (non solo quelle che in occidente mancano o sono carenti, ma anche quelle che, pur non mancando in occidente, risul-

tano, rispetto a quelle occidentali, meno costose). Inoltre non dimentichiamo che è soprattutto l'occidente a disporre della necessaria industria di trasformazione delle materie prime.

7. C'è carenza di industrie? Senz'altro. Ma in questi ultimi anni l'incidenza della produzione industriale sul PNL ha raggiunto delle percentuali elevatissime (ad es. dal 1970 al 1981 per il Brasile era del 18,8%, mentre per gli Usa del 2,4%; per il Messico del 17,8%, mentre per il Giappone del 2,2%; per la Corea del sud del 15,6%, mentre per l'Italia dell'1,9%). Eppure questo non ha affatto comportato nei paesi più avanzati del Terzo mondo la fine della miseria; al contrario: se la ricchezza dei ricchi è aumentata è aumentata anche la povertà dei molti.

8. Il tasso demografico è troppo alto? I tassi di produttività mondiale, in questi ultimi 15-20 anni, sono sempre stati superiori a quelli di natalità mondiale. Il problema sta piuttosto nella cattiva distribuzione delle risorse. È comunque vero che nel Sud la popolazione aumenta più in fretta della produzione, ma è sbagliato considerare l'alta natalità come una causa della fame e non come un effetto. In Occidente, con lo sviluppo della produzione, si è avuta una graduale diminuzione della popolazione. Le famiglie non hanno più bisogno del lavoro dei figli: li mandano a scuola e questo comporta notevoli spese.

Le risposte alla fame

Risposta occidentale

• Teoria dello sgocciolamento: concentrare gli aiuti allo sviluppo industriale; agricoltura e servizi ne beneficiano di conseguenza, in modo automatico.
Verifica di questa teoria: Europa nel dopoguerra, Piano Marshall. L'esperimento in Europa è riuscito. Anche in Giappone. La stessa teoria applicata al Terzo mondo è risultata fallimentare. Perché?

1. Settore più importante-tradizionale è quello agricolo. La stessa cultura-psicologia-mentalità è agricola, cioè non portata alla ricerca del profitto con rischio, all'investimento, ecc.

2. Settore industriale era privo di professionalità-competenza. Il settore industriale che qui si è sviluppato è stato quello occidentale (ad es. multinazionali, che non possono avere, nell'ambito

della nazione che le ospita, interessi di carattere generale), oppure quello di pochi capitalisti locali, che hanno pensato solo ad arricchirsi il più possibile.

Conseguenze:

Ricchezza notevole di pochi (locali e no); povertà notevole di molti (nell'agricoltura); colossale indebitamento degli Stati (i crediti sono stati necessari per avviare l'industrializzazione); sviluppo tutto basato sull'export di materie prime e di prodotti che acquista l'Occidente. Grazie all'export il Terzo mondo può ottenere il denaro per estinguere il debito. Ma ciò di fatto non avviene (i debiti sono troppo ingenti, i tassi d'interesse troppo alti per le loro risorse). Non solo, ma aumenta la fame proprio in proporzione all'aumentare dell'export, che è tutto monocolturale.

Risposta del blocco comunista (posizione oggi inesistente)

- Il Terzo mondo non deve commerciare con l'Occidente;

- Deve rifiutare le multinazionali;

- Deve nazionalizzare tutte le proprie risorse;

- Deve considerare l'Urss un partner privilegiato.

Conseguenze:

Inefficienza dell'apparato produttivo di quei Paesi che hanno adottato questa strategia (Angola, Mozambico ecc.):

- sia perché tutto nazionalizzato: senza iniziativa privata non funziona nulla (burocrazie, mancanza di incentivi, ecc.),

- sia perché il Terzo mondo è soggetto all'Occidente da troppi secoli perché se ne possa liberare in poco tempo (ad es. molte sue colture sono state imposte dalla madrepatria: cambiarle non è facile),

- sia perché gli stessi paesi comunisti (a causa dei loro problemi economici interni) non erano in grado di aiutare in modo decisivo quei paesi del Terzo mondo che hanno imboccato la strada del socialismo: Cuba, Etiopia, Angola, Mozambico, Vietnam, ecc.

Risposta del Terzo mondo

Teoria dello sviluppo autodeterminato (basarsi sulle proprie forze):
1. rivalutare le proprie materie prime alzandone il prezzo (ad es. il petrolio nel 1973);
2. contare di più all'ONU, dove il Terzo mondo è maggioritario (ma il Consiglio di sicurezza resta l'organo principale).

Teoria dello sviluppo interdipendente (aiuto reciproco):
1. il Nord ha bisogno delle materie prime del Sud, ma il Sud ha bisogno della tecnologia del Nord;
2. creare un rapporto paritetico, tra eguali. Oggi 1/4 della popolazione mondiale (Nord) consuma i 3/4 della ricchezza mondiale. Ogni anno almeno 25 mrd $ vengono pagati per gli interessi sui debiti. Inoltre i prezzi, decisi nelle Borse-valori delle città occidentali più importanti, sono di molto inferiori al valore delle materie prime del Terzo mondo.

Altre risposte che entrambe le suddette teorie terzomondiali prevedono di far proprie:
1. crediti a tassi agevolati, posti sotto controllo;
2. sviluppo di una propria industria di trasformazione dei prodotti agricoli;
3. trattamento preferenziale all'export del Terzo mondo;
4. promuovere l'autosufficienza alimentare;
5. favorire anzitutto agricoltura, allevamento, pesca e artigianato, ma introdurre lentamente, progressivamente un processo verso l'industrializzazione;
6. opere di prevenzione e risanamento che impediscono la formazione di deserti, deforestazioni, siccità...;
7. consapevolezza che nemmeno la cancellazione totale del debito risolverebbe di per sé il problema del sottosviluppo.

Reazione dell'Occidente alle soluzioni proposte dal Terzo Mondo

1. Estinzione parziale di certi crediti.
2. Riduzione della propria dipendenza dal petrolio.
3. Aiuti meramente alimentari.
4. Cibo e debito come armi di ricatto e di controllo politico.
5. Introduzione di surrogati che sostituiscono certe materie prime (p.es. cioccolato, zucchero...).

6. Non imporre al Terzo mondo obblighi di tutela ambientale.
7. Chiedere governi forti per controllare lo scontento popolare.
8. Continuare a considerarsi "creditore" e a considerare il Sud come "debitore".

Hosea Jaffe e il colonialismo

I

Giustamente Hosea Jaffe sostiene, in *Davanti al colonialismo: Engels, Marx e il marxismo* (ed. Jaca Book, Milano 2007), che l'idea engelsiana di favorire il colonialismo europeo per accelerare il processo d'industrializzazione nelle periferie coloniali, al fine di porre le basi per una transizione al socialismo, era un'idea non "socialista" ma "imperialista", frutto di un'interpretazione meccanicistica o deterministica del materialismo storico-dialettico.

E ha altresì ragione quando afferma che la contraddizione principale, nell'ambito del capitalismo, è diventata, a partire dalla nascita del colonialismo, non tanto quella tra capitalista e operaio delle aziende metropolitane, quanto quella tra Nord e Sud, dove con la parola "Nord" non si deve intendere solo l'imprenditore ma anche lo stesso operaio che nell'impresa capitalista si trova a sfruttare, seppure in maniera indiretta, le risorse del Terzo mondo.

Detto questo però Jaffe non è in grado di porre le basi *culturali* per comprendere la nascita del capitalismo (che non può essere considerato una mera conseguenza del colonialismo, in quanto quest'ultimo s'impose già nel Medioevo con le crociate ed esisteva già al tempo della Roma e della Grecia classica e non per questo è possibile parlare di capitalismo, che storicamente nasce solo nel XVI sec.). Jaffe non è neppure in grado di porre le basi *politiche* di un accordo tra il proletariato del Nord e quello del Sud.

Alla fine del suo percorso egli si ritrova su posizioni speculari a quelle engelsiane: laddove infatti si considerano interi continenti (Asia, Africa, America latina) incapaci di avviare l'industrializzazione borghese in maniera autonoma e quindi di favorire una transizione al socialismo, qui invece si considera l'occidente, *en bloc*, del tutto inadatto a comprendere i meccanismi mondiali dello sfruttamento economico; il che fa diventare assolutamente inutile il tentativo, da parte del proletariato coloniale, di cercare, nelle aree metropolitane dell'occidente, quei soggetti che possono condividere i suoi processi di democratizzazione sociale.

Hosea Jaffe assume una posizione deterministica rovesciata, al punto che gli diventa impossibile esprimere dei giudizi obiettivi sui limiti delle esperienze socialiste dei paesi coloniali (come quelle avvenute a Cuba, in Cina, nella Corea del Nord ecc.).

Pur di poter manifestare una posizione contraria all'occidente *in sé*, considerato quasi come una categoria metafisica, Jaffe è disposto a transigere su molti difetti dei regimi socialisti. Anche perché continuamente ribadisce la tesi secondo cui una transizione al socialismo è più facile in un paese economicamente arretrato che non nell'occidente avanzato.

Alla fine non gli resta che auspicare una terza guerra mondiale in cui lo scontro non avvenga più tra potenze imperialistiche, ma tra Nord e Sud. Col che lascia del tutto irrisolto il nodo relativo al modello di sviluppo. A lui interessa soltanto che il Sud si liberi del Nord, non che si liberi anche della sua assurda industrializzazione.

II

In realtà non è di nessuna importanza che un paese sia industrialmente "avanzato" o "arretrato" ai fini della transizione al socialismo. Quello che più importa è la capacità di saper organizzare una rivoluzione che porti effettivamente a vivere una transizione verso il *socialismo democratico*.

In astratto infatti si può dire che un paese arretrato, sul piano industriale, è più vicino alle idee del socialismo in quanto è più vicino al *pre-capitalismo*, cioè alla cultura *pre-borghese*. Ma si può anche dire il contrario, e cioè che quanto più un paese è industrialmente avanzato, tanto più avverte il problema di uscire dalle contraddizioni del sistema, che rendono la vita invivibile, specie per le conseguenze ambientali che hanno.

Nei paesi avanzati non sono avvenute rivoluzioni socialiste non perché è più facile che queste avvengano nei paesi arretrati - come diceva Trotski -, ma perché i paesi avanzati industrialmente sono anche quelli che praticano il *colonialismo*, oggi a livello internazionale, seppur, rispetto a ieri, in forme più economico-finanziarie che politico-militari.

Nel mondo non esistono paesi avanzati o arretrati *autonomi*, in grado di sperimentare percorsi *indipendenti* gli uni dagli altri. Nel mondo esistono paesi avanzati sul piano tecnologico che dominano politicamente o anche solo economicamente altri paesi arretrati sul piano industriale.

Tale dipendenza impedisce di servirsi liberamente delle tradizioni pre-borghesi per realizzare una transizione al socialismo. Questo peraltro il motivo per cui Lenin non credeva che il populismo russo, con la sua idea di "comune agricola", sarebbe riuscito a impedire la diffusione del capitalismo in Russia.

Se i paesi avanzati non avessero colonie da sfruttare, le loro contraddizioni interne, a causa dei rapporti fortemente antagonistici, diverrebbero esplosive in poco tempo. Invece, grazie allo sfruttamento coloniale, il peso di queste contraddizioni può essere scaricato sui paesi arretrati.

L'Europa occidentale ha iniziato a comportarsi così già con la civiltà cretese, ereditata poi da quella ellenica; ha continuato a farlo, in grande stile, coi Romani; ha proseguito nel Medioevo col fenomeno delle crociate; e in epoca moderna ha inaugurato con la scoperta dell'America il colonialismo su scala mondiale.

Sono almeno tremila anni che l'Europa ha una pretesa di dominio verso le realtà più deboli. Ogniqualvolta i conflitti sociali diventano troppo acuti per poterli risolvere pacificamente, in politica interna si usano i sistemi autoritari, i metodi repressivi, e in politica estera si adottano programmi di conquista coloniale, di sfruttamento delle risorse altrui, umane o naturali che siano.

Ai problemi di natura sociale ed economica si risponde con soluzioni poliziesche (all'interno) e militari (all'esterno). Dopo aver represso il dissenso interno, si cerca di contenere il malcontento generale, facendo pagare a popolazioni estranee il prezzo delle proprie contraddizioni.

Ecco perché il dissenso interno riesce a trovare, temporaneamente o in territori circoscritti, uno sfogo alle proprie frustrazioni. Nel passato i dissidenti perseguitati in Europa si trasferivano nelle colonie, riproponendo quegli stessi rapporti antagonistici che subivano in patria, con la differenza che ora, nelle colonie, erano loro a farli subire alle popolazioni indigene.

Anche ammettendo che nella loro terra d'origine i dissidenti volevano realizzare una qualche transizione al socialismo, bisogna dire che questa esigenza non s'è mai realizzata nelle colonie ch'essi hanno conquistato o semplicemente abitato. E non solo perché la loro stessa madrepatria non gliel'avrebbe mai permesso.

I coloni hanno sì potuto riscattarsi dal peso delle contraddizioni subìte in patria, ma solo perché sono diventati i nuovi padroni in casa altrui. Non hanno mai cercato un rapporto di collaborazione con le popolazioni incontrate, onde potersi opporre al dominio della madrepatria. E se l'hanno fatto, è stato in maniera strumentale, per necessità di circostanza, per aumentare il loro potere di colonizzatori. Il dissenso frustrato nella madrepatria s'è trasformato nelle colonie in dominio nei confronti dei territori conquistati e delle popolazioni sottomesse.

Questa cosa è potuta andare avanti finché ci sono state terre da conquistare e popolazioni da sfruttare. Ma oggi tutto il pianeta è stato colonizzato. Se le popolazioni sottomesse cominciassero a ribellarsi, non ci sarebbe più modo, da parte dei paesi tecnologicamente avanzati, di trovarne di nuove da sottoporre a nuovi sfruttamenti.

L'antagonismo non può più espandersi geograficamente, può solo acutizzarsi a livello sociale, là dove riesce a dominare. Se non riusciamo a realizzare una transizione al socialismo, le barbarie è assicurata.

III

Detto questo, resta sempre da chiarire che cosa s'intenda per "socialismo democratico" e, su questo, Jaffe è incredibilmente lacunoso. Non avendo posto alcuna premessa per un discorso di tipo *culturale*, si trova a ripetere sempre le stesse cose, senza riuscire ad offrire suggerimenti significativi per uscire non solo dalla dipendenza coloniale, ma anche dai meccanismi sociali e culturali che creano il *bisogno* di avere un dominio coloniale.

Qui il discorso si fa davvero ampio e tutto da costruire. Se Jaffe si fosse concentrato sulle origini socio-culturali del capitalismo, non avrebbe dato così grande peso al colonialismo, che pur di quelle origini è parte organica, ma sarebbe stato costretto a dare un qualche peso alla religione, alla teologia, alla filosofia, al diritto, all'arte, alla scienza, all'etica e alla morale, cioè a tutte quelle discipline che il marxismo ha sempre definito come "sovrastrutture" dell'economia e che, per questa ragione, sono sempre state considerate dagli studiosi di sinistra come una sorta di *mero rispecchiamento* della realtà concreta dell'economia. In realtà tra struttura e sovrastruttura esiste un reciproco condizionamento, che impone allo studioso un'analisi di tipo *olistico*, obbligata a tener conto di tutti gli aspetti nel loro insieme.

Lo stesso colonialismo dipende da una determinata *cultura*, esattamente come il capitalismo. Se gli uomini di una civiltà, di una religione, di una nazione ecc. si sentono, ad un certo punto, in diritto di dover conquistare territori altrui, significa che già al loro interno esiste questa deformazione, esiste già il senso del *dominio* da parte del più forte nei confronti del più debole. Questo senso o sentimento o atteggiamento sociale non dipende dalla psicologia dei popoli, ma da una *cultura*, da una *concezione della realtà*. E questa concezione, nell'antichità, si esprimeva soprattutto in chiave *religiosa* (mitologica o metafisica o razionale che fosse).

Le cause del colonialismo possono anche essere state sociali, politiche, economiche, ma noi dobbiamo cercare le cause *culturali*, quelle precedenti a tutto. Bisogna scoprirle e combatterle, proprio perché di fronte a una determinata situazione sociale non si debba nuovamente rispondere con la scelta dell'antagonismo e quindi inevitabilmente con quella del colonialismo. Il problema principale infatti è quello di non ripetere, in forme diverse, gli errori del passato.

In occidente le forze progressiste non possono aspettare la fine del colonialismo *prima* di cercare un'alternativa al capitalismo. Se il problema sta anzitutto "fuori" (nelle colonie), alla fine *soltanto* quelli di "fuori" potranno risolverlo. Ma se la borghesia avesse aspettato la fine spontanea della rendita feudale, non sarebbe mai riuscita a far trionfare l'idea di profitto.

Hosea Jaffe e la riscoperta del comunismo primitivo

Hosea Jaffe è uno di quegli economisti di sinistra che dice pane al pane e vino al vino. Non so quanti suoi colleghi contemporanei sostengano che va recuperata la società primitiva, quella pre-schiavistica, al fine di ritrovare l'uguaglianza e la democrazia "moderne". Di sicuro non v'è nessuno tra quelli borghesi e si farà fatica a trovarne persino qualcuno tra quelli marxisti.

Lui p.es. nega una cosa che per il marxismo (e forse questa è una delle tante ragioni che ha indotto la Jaca Book a pubblicare molti suoi libri) è sempre stato considerato un dogma: la *necessità* di una qualsivoglia transizione a un livello superiore di civiltà, sia quella dal comunismo primitivo allo schiavismo, che quella dal feudalesimo al capitalismo, per non parlare di quella dal capitalismo al socialismo. È proprio sul concetto di "necessità" che non vuol sentire ragioni.

Di tutta la civiltà europea, a partire dalla nascita dello schiavismo come stile di vita, Jaffe non salva nulla. Per lui la più grande disgrazia dell'umanità è stata la distruzione del comunismo primitivo. Non solo, ma, pur dichiarandosi marxista (che oggi in occidente è come dire "alieno"), egli ha sottoposto a dura critica i classici del marxismo, soprattutto là dove ritengono "arretrati" i popoli non-europei, giustificando così il colonialismo occidentale, al fine appunto di poter parlare di "necessaria transizione al socialismo".

Secondo lui con la nascita dell'imperialismo (verso la fine dell'Ottocento) è andato irrimediabilmente distrutto il comunismo primitivo a livello planetario. *En passant* potremmo aggiungere a questa tesi incontrovertibile la seguente considerazione: l'imperialismo (oggi chiamato *globalismo*) riproduce la stessa percezione unitaria del pianeta che avevano gli uomini primitivi, che si sentivano liberi di esplorarlo e di popolarlo come volevano, ma con la fondamentale diversità che oggi, per avere questa consapevolezza, bisogna essere proprietari di capitali.

Sotto questo aspetto la vera mimesi del comunismo primitivo non è neppure prerogativa del globalismo occidentale, i cui capitali sono gestiti da privati o, al massimo, da società anonime, ma diventerà prerogativa di un paese che sta per prendere in mano le redini dell'intero pianeta: la Cina, per la quale la gestione dei capitali deve essere *strategica* e non individualistica, e per poterlo essere efficacemente, occorre l'intervento dirigistico dello Stato e del partito unico. Lo Stato non può essere al servizio dei capitali più di quanto questi non debbano esserlo nei confronti dello Stato.

Al tempo di Marx - scrive Jaffe nel suo *Era necessario il capitalismo?* (Jaca Book, Milano 2010) - l'ultima esperienza di comunismo primitivo era quella della *obščina russa* (che poi, in realtà, era una forma edulcorata di feudalesimo, in quanto il vero comunismo primitivo poteva al massimo trovarsi in qualche tribù misconosciuta, ridotta di numero e dispersa in quelle zone non appetibili o non ancora debitamente sfruttate dal grande capitale, dell'Africa, dell'Asia, del Sudamerica o dell'Oceania).

Hosea Jaffe è uno di quegli economisti radicali che sostiene che senza lo sfruttamento di questo comunismo primitivo non sarebbe mai nato il capitalismo. In tal senso fa le pulci allo stesso Marx, il quale non affermò mai espressamente che l'accumulazione originaria del capitalismo fu una conseguenza diretta del colonialismo. Nel *Capitale* infatti il colonialismo è indubbiamente visto come elemento che favorì la nascita del capitalismo, ma non è visto come fattore determinante in prima istanza.

Jaffe invece, per sostenere la sua tesi, anticipa il colonialismo all'epoca delle crociate, cioè lo fa risalire ad almeno mezzo millennio prima della nascita della rivoluzione industriale, sicché questa poté avvenire proprio perché le "casse per gli investimenti" erano già piene di uno sfruttamento intensivo e plurisecolare.

Gli si può dar torto? Sì, ma a condizione di dargli ragione quando equipara le crociate a una forma di colonialismo. Tuttavia per far nascere il capitalismo non basta il colonialismo. Se fosse così facile, non si spiega perché il "capitale" (nell'accezione borghese) abbia dovuto impiegare mezzo millennio prima di nascere; e meno ancora si spiega perché, passato questo mezzo millennio, le prime due grandi nazioni colonialiste europee, il Portogallo e soprattutto la Spagna, non siano mai diventate capitalistiche (in senso industriale o finanziario), se non dopo un altro mezzo millennio, con molta fatica e, per giunta, quando i loro imperi coloniali non li avevano più.

Per diventare capitalisti ci vuole una *mentalità*, una *cultura* molto particolare, che non avevano neppure i Romani, che pur avevano creato una società mercantile e coloniale molto più evoluta, molto più centralizzata e organizzata di quella europea esistente al tempo delle crociate.

Ci vuole una mentalità che faccia della *liberà formale* (*giuridica*) il criterio dei rapporti umani, che anzitutto vogliono essere "produttivi", basati sulla "quantità". Questa non è una cosa semplice, poiché viene più istintivo trattare il perdente, il nullatenente o l'insolvente alla stregua di uno schiavo. Per ritenere necessaria una mediazione giuridica tra oppresso e oppressore, occorre compiere un salto di qualità.

Certo anche i Romani avevano il diritto - eccome se l'avevano! -, ma da esso erano totalmente esclusi gli schiavi. Il concetto di "persona" non lo si applicava allo schiavo, e anche quando la legislazione chiedeva agli schiavisti di non eccedere nelle punizioni, al massimo imponeva una sanzione amministrativa.

C'è voluto il cristianesimo e la cultura "barbara" per umanizzare il rapporto di schiavitù, trasformandolo in rapporto servile. Ma questo a Jaffe non interessa, e neppure al marxismo è mai interessato. È vano chiedergli di fare un'analisi di questa cultura: il suo discorso è meramente strutturale, ponendosi, in questo, sulla falsariga di quello vetero-marxista. L'unica "cultura" che vede è quella ideologica che ha favorito l'abolizione formale della schiavitù per trasformare il colonialismo in un imperialismo, modernizzando, per così dire, il razzismo.

A suo dire l'Europa occidentale ha conosciuto solo esperienze di schiavismo e di razzismo (almeno a partire dai Greci), fatto salvo il periodo altomedievale, dominato da popolazioni extraeuropee, che al massimo conoscevano un "dispotismo comunitario". L'Europa cioè sarebbe passata da una forma di schiavismo all'altra, diffondendolo come un virus in tutto il pianeta. I due principali eredi di questo schiavismo sono stati gli Usa e il Giappone.

Trattare o discutere con questi tre poli dell'imperialismo è fatica sprecata. Il loro obiettivo è quello di dominare il mondo. Semmai - scrive Jaffe che, in questo, la pensa come Samir Amin - ci si deve chiedere quale sia il modo migliore per difendersi da questi sistemi schiavistici. Jaffe infatti contesta sia Marx che Engels là dove ritengono che il capitalismo, pur con tutte le sue aberrazioni, costituisce un prodotto "necessario" della storia, propedeutico alla nascita del socialismo.

Jaffe sostiene che per realizzare il socialismo non c'era affatto bisogno del capitalismo, anche perché, là dove questo s'è imposto, non s'è mai verificata alcuna transizione socialista, come invece è accaduto in alcuni paesi poveri e colonizzati, ovvero negli anelli più deboli del sistema mondiale borghese.

Pensare dunque che il capitalismo possa aiutare a realizzare il socialismo è pura follia. Infatti - scrive Jaffe - persino il proletariato industriale dell'occidente è co-responsabile dello sfruttamento del Terzo Mondo, e se dovesse scoppiare una guerra contro qualche paese colonizzato o addirittura un conflitto mondiale, assai difficilmente esso la trasformerebbe - come già chiedeva Lenin nel corso del primo conflitto mondiale - in una guerra civile contro i propri governi nazionali.

Più che cercare rapporti di collaborazione con l'occidente, il Terzo Mondo dovrebbe organizzarsi in maniera autonoma, cercando di ridurre al massimo i propri rapporti di dipendenza neocoloniale.

Per Hosea Jaffe il vizio di fondo dell'economia mondiale sta nel voler vivere sulle spalle altrui, cioè sta nel *colonialismo*, che India e Cina, p.es., non hanno mai praticato, pur conoscendo lo schiavismo. In tal senso la fine del capitalismo e del colonialismo non necessariamente dovrà comportare la fine dell'industrializzazione, ma solo un diverso modo di gestirla.

Se avesse però fatto un discorso "culturale" e avesse ripensato i rapporti tra uomo e natura, Jaffe avrebbe dovuto ammettere che anche l'industrializzazione della produzione è un concetto che va superato. E si sarebbe forse risparmiato l'ingenuità di credere che un paese come la Cina, una volta imparato ad usare la libertà giuridica nella maniera fittizia dell'occidente, non sia destinata a diventare una potenza imperialistica.

La memoria del valore d'uso [9]

In un vecchio libro dell'Istra (Istituto di studi per la transizione, di Comunione e liberazione), *Quale 1984* (Jaca Book, Milano 1975), mai più ripubblicato, a cura di quello che allora era il principale economista di questo movimento: Giuseppe Folloni, divenuto poi docente di Economia applicata all'Università di Trento, è possibile leggere un dibattito molto interessante fra tre grandi economisti marxisti: Samir Amin, Hosea Jaffe e André Gunder Frank (quest'ultimo morto nel 2005), che hanno

[9] Parzialmente pubblicato su "Il Piede e l'Orma", n. 3/2011

scritto per tutta la loro vita sulla transizione al socialismo da una prospettiva "terzomondiale".

Il dibattito fu in sostanza la riproduzione degli interventi di un convegno di studi dell'anno prima, che si tenne sotto lo choc della prima grave crisi mondiale del capitalismo dalla fine della seconda guerra mondiale, causata dal boicottaggio petrolifero degli Stati arabi produttori di petrolio (Opec), durante la guerra arabo-israeliana del 1973. Il titolo voleva porsi in ovvio riferimento al libro famosissimo di G. Orwell.

Quella volta la Jaca Book, prima della svolta reazionaria di C.L. in occasione del delitto dell'on. A. Moro, editava cose di tutto rilievo, nella collana "laica" denominata "di fronte e attraverso". Meriterebbero d'essere riletti tutti i saggi di Amin, Frank e Jaffe (ma anche quelli di P. Jalée), che molto hanno (ancora oggi) da insegnare ai teorici del socialismo occidentale. Stranamente le opere di Amin, Frank e Jalée si fermano, presso la Jaca, proprio agli anni Settanta, mentre quelle di Jaffe hanno continuato ad essere editate sino a quest'anno. E se quelle di Amin si trovano anche presso altri editori, quelle di Jalée e di Frank sono rarissime, anche perché pochissimo tradotte in lingua italiana (eppure il solo Frank ne ha scritte più di mille in trenta lingue diverse!).

In ogni caso questi economisti poterono trovare spazio nella Jaca perché permettevano a C.L. di sostenere un discorso "terzoforzista", con cui favorire una sorta di "terza via social-cristiana" tra capitalismo e socialismo scientifico: all'interno di un'operazione del genere (che probabilmente negli anni Settanta non aveva quel carattere strumentale e ideologico che ha oggi) mettersi dalla parte del Terzo mondo diventava praticamente inevitabile.

Negli anni compresi dalla contestazione operaio-studentesca (1968-1977), sino al delitto Moro (1978), passando per il suddetto choc petrolifero, si credette seriamente, in Italia e in buona parte dell'Europa, nella possibilità di realizzare un socialismo migliore di quello sovietico, un socialismo gramsciano che passasse attraverso una sorta di egemonia culturale di valori pre- e anti-borghesi.

Furono tante le conquiste dei lavoratori (uomini e donne) e degli studenti, ma tanta fu anche l'ingenuità (cui poi si cercò di reagire anche con le forme estreme del terrorismo) di pensare che ciò fosse sufficiente per cambiare il "sistema". Alla fine il socialismo non si realizzò, neppure quando si disse (pensando di poter costruire qualcosa senza precedenti storici) che nell'Europa dell'est era finita la "spinta propulsiva".

Anzi, con l'avvento del craxismo, andò al potere una parodia di socialismo, una finzione laica della vecchia socialdemocrazia borghese, che ideologicamente si richiamava al proudhonismo, avente valori etici per molti versi ancor meno pregnanti di quelli della democrazia cristiana. Fu un socialismo che, cercando compromessi con gli esponenti peggiori della Dc, nell'illusione di poter dominare incontrastato il panorama politico, forte anche del fatto che con Gorbaciov l'Urss stava implodendo, si trovò immerso in scandali così gravi, in una corruzione così forte che trascinò con sé tutti i partiti della prima repubblica.

Tuttavia anche quella volta la sinistra non seppe approfittarne e, grazie alla propria ingenuità, lasciò che andasse al potere la costola peggiore del craxismo: il berlusconismo, che coi fascisti di ieri e i razzisti di oggi, ha saputo fare della corruzione l'essenza del proprio fare politica. Con Craxi ci si serviva dell'economia per alimentare un sistema politico corrotto; ora è l'economia che si serve della politica per alimentare la propria corruzione.

*

Ma torniamo ai tre grandi teorici del socialismo. Perché meritano di essere ricordati? Quali sono gli aspetti più significativi del loro pensiero? A quali domande di Folloni dovevano rispondere? Quella introduttiva ai loro interventi era la seguente: nonostante la crisi strutturale del capitalismo (siamo negli anni Settanta e già se ne parlava!), non s'intravede alcuna pratica di socialismo nei paesi terzomondiali, anzi, al contrario, la penetrazione dei capitali stranieri si fa sempre più massiccia. E mentre il cosiddetto "socialismo reale" non riesce ad essere un modello convincente nel mondo, in quanto troppo autoritario, nell'Europa occidentale la sinistra rimane ferma su posizioni socialdemocratiche. La classe operaia si è sempre più imborghesita, e si ha la netta impressione che da queste crisi periodiche il capitalismo ne uscirà non indebolito ma rafforzato. Per quale ragione?

Folloni abbozza nell'*Introduzione* la seguente, generica, risposta: forse dobbiamo riformulare ciò che deve essere considerato come "risorsa"; forse dobbiamo ripensare il rapporto fra "tecnica e attività lavorativa umana"; forse siamo ancora troppo ignoranti "riguardo a ciò che desideriamo", al modo come ottenerlo, agli strumenti per ottenerlo. Cioè se non ripensiamo i criteri stessi di produttività, sviluppo, benessere, tecnologia, nessun socialismo potrà mai inaugurare alcuna vera transizione. Di sicuro in questo ripensamento - così conclude - il ruolo dello Stato va enormemente ridimensionato, proprio perché il livello statuale costituisce sempre una mortificazione della varie identità culturali. Ed è non meno certo che, se non si recupera il "valore d'uso" dei beni di consumo, qualunque transizione resterà "balbettante".

*

Il primo intervento è quello di Samir Amin, che rimprovera al socialismo euroccidentale di essersi troppo imborghesito, si essere troppo incentrato su di sé: "il resto del mondo viene considerato più o meno come una lontana barbarie". Inoltre ritiene sia stato un errore imperdonabile aver considerato come del tutto "neutrali" i modelli industriali, i metodi tecnologici, i modelli di consumo e di organizzazione del lavoro.

Questo errore di valutazione è stato compiuto sia a est che a ovest in Europa, ed è stato frutto di un'impostazione *economicistica* del marxismo, filosoficamente *positivistica*. Nella Russia bolscevica non si mise mai in discussione l'idea che dovesse esserci un'accumulazione analoga a quella capitalistica (seppur gestita dallo Stato) per compiere la rivoluzione industriale, né che dovessero essere i contadini a pagarne il prezzo maggiore. Anzi in quel paese proprio tale accumulazione pose fine all'alleanza operaio-contadina che aveva portato i comunisti alla vittoria. Un errore che - secondo Amin - la Cina non fece, anche perché era socialmente più arretrata della Russia.

Samir Amin, finché Mao è rimasto al potere, ha sempre dato dei giudizi eccessivamente lusinghieri della rivoluzione cinese, quando in realtà il maoismo, pur avendo riservato maggiori attenzioni all'agricoltura, non era meno autoritario dello stalinismo (tant'è che non accettò neppure la condanna kruscioviana del culto della personalità e violò ripetutamente i confini della Russia e dell'India).

Un altro aspetto interessante dell'intervento di Amin è la differenza ch'egli pone tra "modo di produzione" e "formazione sociale". A suo parere il meglio di sé Marx l'avrebbe dato non quando presenta un modello puro, astratto, in cui i contendenti sono ben distinti: borghesia e proletariato, ma quando, nella seconda parte del terzo libro del *Capitale*, partendo dall'analisi della rendita feudale, inizia a vedere una combinazione storica di modelli di produzione, ovvero le radici storiche delle alleanze di classe.

"Formazione sociale" è un concetto più duttile, più flessibile, più storico e meno tendente all'economicismo. Proprio dallo studio comparato dei modi di produzione si scopre, p.es., che in tutti quelli pre-capitalistici "la generazione del surplus è trasparente e l'istanza dominante è quella ideologica". Per giustificare un palese sfruttamento del lavoro altrui, nelle condizioni in cui esiste un'oggettiva dipendenza dalle forze della natura, ci si serve, in primis, di un'ideologia di tipo *religioso*, in cui tutti, in qualche modo, si devono riconoscere.

144

Cosa che invece non è indispensabile sotto il capitalismo, ove il plusvalore è mediato dai rapporti di scambio, "dal fatto che la forza-lavoro è una merce" (è poi sulla base di questa apparente libertà, che è *giuridica* senza essere *sociale*, che gli economisti hanno buon gioco - dice Amin - a far coincidere il saggio del plusvalore, che è fondamentale per capire lo sfruttamento, con quello del profitto). L'ideologia borghese infatti è quella della "libertà personale", che è formale proprio in quanto, sul piano astratto, si pone soltanto in maniera giuridica.

Amin non riesce a vedere quanto possa aver influenzato la nascita del capitalismo un'ideologia religiosa come quella *cattolico-romana* e soprattutto *protestantica*, però riesce a capire che se ci si muove entro il concetto di "formazione sociale" si fa della transizione non un succedersi inevitabile di modi di produzione opposti l'un l'altro, bensì un luogo in cui giocare responsabilmente la propria volontà politica innovativa. "Il sistema non scompare per le sue interne contraddizioni economiche".

Peraltro quando si parla di "formazione sociale", si ha più chiaro il significato del capitalismo mondiale. Il mondo contemporaneo infatti è tutto capitalistico, anche se vi sono modi di produzione pre-capitalistici. Le merci strategiche, così come l'uso dei capitali, sono internazionali, senza confini di sorta. Semmai è il mercato del lavoro che, nonostante i flussi migratori, resta ancorato a confini nazionali.

Si noti la lucidità e la preveggenza di analisi elaborate all'inizio degli anni Settanta. Decisiva è l'affermazione secondo cui il *valore d'uso* di qualunque bene è determinato dal suo *valore di scambio*, ma i valori di scambio che vengono proposti sul mercato non rispondono a reali necessità d'uso: il capitalismo crea "un insieme di falsi bisogni", i quali, in forza di un'alienazione di massa, vengono considerati "veri".

Questo processo avviene ovunque, senza distinzioni di alcun genere. Il capitalismo non può reggersi in piedi se non riesce a convincere un qualunque consumatore ad acquistare ciò di cui potrebbe anche fare a meno per poter sopravvivere e riprodursi.

Nella parte finale del suo intervento Amin cerca di dimostrare come il capitalismo sia in grado di porre dei rimedi alle proprie inevitabili storture. P.es. subito dopo il periodo del 1840-48 (in cui il capitalismo era confinato prevalentemente a Inghilterra e Olanda ed era basato sulla proprietà familiare dei grandi capitalisti) la crisi venne superata con l'invenzione della società anonima a responsabilità limitata, e con l'allargamento dell'area geografica del capitalismo a paesi come Francia, Germania, Italia, Russia, Impero austro-ungarico.

La seconda crisi, segnata dalla sconfitta della Comune di Parigi, è degli anni 1870-80, che il capitalismo europeo supera con l'imperialismo. Il capitale, divenuto sempre più astratto, si spersonalizza e, nella forma della società anonima, può conquistare il mondo intero. Il risultato politico è la nascita della socialdemocrazia, cioè "la riduzione positivistica del marxismo a economicismo".

La terza crisi strutturale è quella che inizia con la prima guerra mondiale e prosegue fino alla seconda passando per il crac del 1929: è quella in cui si verifica la prima spaccatura del sistema con la nascita della Russia comunista. La soluzione alla crisi è costituita dall'ingresso degli Usa sulla scena mondiale: un paese già in grado di influenzare Europa occidentale e Giappone. Intanto in Russia l'ideologia tecnocratica fa del comunismo un capitalismo statale senza capitalisti.

La quarta crisi è quella degli anni Settanta, su scala planetaria. Larghe masse sempre più proletarizzate si trovano a pagare i guasti del capitalismo senza aver realmente beneficiato del suo processo di crescita. Inoltre la domanda di indipendenza nazionale da parte delle ex-colonie dei paesi europei non è stata pienamente portata a compimento. Infine il capitalismo di stato, che si è voluto introdurre in alcuni paesi arabi, s'è rivelato fallimentare.

Amin pensava allora che sarebbe potuto accadere qualcosa di significativo, in senso socialista, in Sudamerica, nel mondo arabo, nell'Europa latina e forse anche in India. Ma su questo le sue previsioni si sono rivelate del tutto infondate.

*

Hosea Jaffe fa invece un discorso molto tecnico, anzi matematico, ma per dimostrare la fondatezza di una tesi molto importante, che peraltro lo vedrà impegnato in molte altre pubblicazioni successive.

La premessa della sua tesi è una sorta di costatazione di fatto: il proletariato occidentale è "borghese" come la propria borghesia, in quanto compartecipa allo sfruttamento del proletariato terzomondiale. Di conseguenza - ed ecco la tesi vera e propria - senza una base coloniale il capitalismo non potrebbe sussistere.

Il capitalismo, in altre parole, non avrebbe alcun interesse a sviluppare la sua base coloniale, se questa non gli facesse aumentare il plusvalore estorto. Dentro il modo di produzione capitalistico non possono coesistere in maniera autonoma modi di produzione pre-capitalistici, in quanto tutto deve essere finalizzato alla produzione di plusvalore.

Propriamente parlando non esiste uno "scambio ineguale" tra Asia, America latina e Africa, da una parte, e Stati Uniti, Europa occidentale e Giappone dall'altra, poiché nei paesi del Terzo mondo sono

146

sempre i monopoli occidentali che vendono merci nel mercato mondiale. Non esiste un saggio internazionale unico (e medio) del profitto, in quanto tale saggio è molto più alto nelle colonie che nei paesi imperialisti.

Paradossalmente nelle colonie, dove più avrebbero bisogno di valori d'uso per sopravvivere decentemente, si producono valori di scambio strategici per il benessere del *solo* occidente. Non è quindi il mondo coloniale ad essere "emarginato", ma è quello occidentale a essere "parassita", in quanto si avvale di capitale costante (lavoro morto accumulato in cinque secoli di colonialismo) per estorcere una quota di plusvalore (lavoro vivo) che è superiore allo stesso plusvalore estorto nelle aree più avanzate del mondo. Infatti i veri paesi "produttori" sono nel Terzo mondo; quelli occidentali sono prevalentemente "consumatori".

A distanza di 35 anni è difficile dar torto a Hosea Jaffe. Oggi il capitale delocalizza nei paesi del Terzo mondo qualunque tipo di attività, anche quelle che in occidente vengono considerate tra le più avanzate. Il crollo del cosiddetto "socialismo reale" non ha fatto che accelerare bruscamente un processo iniziato molto tempo prima, in paesi (come p.es. Taiwan, Singapore, Sud-Corea, Hong Kong ma anche l'India) che certamente non davano modo di pensare (e su questo gli imprenditori sono stati lungimiranti) a un eventuale utilizzo delle tecnologie occidentali in funzione anti-capitalistica. Oggi fa sorridere persino l'idea di non delocalizzare nella Cina politicamente comunista delle tecnologie strategicamente vitali per la sopravvivenza del capitale. Gli imprenditori non solo sanno distinguere perfettamente la forma politica dalla sostanza economica, ma hanno anche capito che se un paese del Terzo mondo utilizza le loro tecnologie più avanzate, i riflessi negativi che ciò potrà avere sulle sorti dell'occidente in senso lato saranno largamente compensati da quelli altamente positivi per le sorti del capitale.

I limiti dell'analisi di Jaffe stanno altrove, p.es. là dove non vede l'influenza dell'ideologia sull'economia, là dove pensa che senza colonialismo non ci sarebbe stato capitalismo, là dove auspica che il Terzo mondo si industrializzi come l'occidente, utilizzando per il proprio sviluppo le proprie risorse. D'altra parte negli anni Settanta nessun teorico marxista aveva consapevolezza dell'incompatibilità tra sviluppo industriale e tutela ambientale. La natura veniva vista ancora come qualcosa da "dominare".

L'unica ideologia ch'egli vede è quella di tipo razzistico e fascista che i monopoli occidentali usano nei confronti del proprio proletariato contro quello terzomondiale (p.es. contro il mondo arabo o contro gli immigrati).

Sul colonialismo le tesi di Amin restano comunque più convincenti: il capitalismo ha origini endogene alla cultura europea, il colonialismo è solo una conseguenza esterna, ancorché ineludibile una volta posto l'antagonismo sociale. Il colonialismo infatti può essere definito come il tentativo di risolvere all'esterno le contraddizioni rimaste irrisolte all'interno e che irrisolte non possono restare se internamente si vuol continuare a estorcere plusvalore.

*

Riprendendo un tema trattato da Amin, ma svolgendolo in relazione allo sviluppo tecnologico, Gunder Frank sottolinea che le crisi capitalistiche, di per sé, non vogliono affatto dire che si è in presenza di un momento favorevole per la transizione al socialismo. Spesso anzi, superando le proprie crisi cicliche, il capitalismo diventa ancora più forte.

P.es. negli anni 1763-90 la fase discendente del capitale culminò con una imponente rivoluzione industriale fondata sul tessile. La fase discendente post-napoleonica portò allo sviluppo di macchine per produrre macchine e allo sviluppo della macchina a vapore.

La crisi che va dal 1873 al 1895 portò alla nascita del motore a combustione interna e del motore elettrico. E qui si potrebbe aggiungere che la crisi degli anni Settanta del Novecento, conseguente proprio allo suddetto choc petrolifero, ha portato allo sviluppo impetuoso dell'informatica, cui ha fatto seguito quello della telematica.

La conquista del Far West americano e dell'Australia - dice ancora Frank - portò, per la prima volta, a un aumento significativo dei salari in buona parte del mondo capitalistico.

Dopo la crisi della prima guerra mondiale cominciò a svilupparsi la petrolchimica, e dopo la seconda l'industria nucleare e l'elettronica.

Dal 1950 al 1970 la popolazione è aumentata del 50%, la produzione di tre volte e il commercio di quattro.

Durante le fasi depressive i paesi sottosviluppati assumono un'importanza crescente per il funzionamento del capitalismo, solo che non sanno approfittare politicamente di questo vantaggio.

Quel che è certo è che le fasi espansive sono periodiche come quelle recessive: tuttavia, mentre nelle prime i vantaggi dei lavoratori sono irrisori rispetto a quelli degli imprenditori, nelle seconde invece tutto il peso della crisi ricade su di loro, anche perché gli industriali tendono sempre più a spostare le loro attività là dove il costo del lavoro è minimo, per cui non è da escludere - e Frank lo diceva nel 1974! - che la produzione industriale venga trasferita nel Terzo mondo. Da notare che alcuni paesi venivano da lui considerati come già facenti parte del "sub-imperialismo": Brasile, Argentina, Sudafrica, Iran e Indonesia. Nessun economista in quel momento poteva immaginare l'attuale ruolo della Cina.

Frank era convintissimo - e i fatti gli han dato ragione - che dalla crisi degli anni Settanta sarebbe nata una nuova tecnologia (che infatti fu quella infotelematica). Solo ch'egli in quel momento stava pensando ad altro: energia nucleare di fusione (quella di cui in Italia oggi parla lo scienziato Rubbia, in alternativa a quella di fissione), lo sviluppo del laser (che ha poi fatto nascere l'idea di realizzare dei satelliti militari, che potrebbero essere utilizzati nel cosiddetto "Scudo stellare" americano o *Strategic Defense Initiative*) e l'energia solare, che in effetti prenderà piede con l'impiantistica dei pannelli.

Frank fu anche in grado di prevedere lo sviluppo della biochimica e della genetica e persino lo sfruttamento minerario dei fondali degli oceani (cosa che oggi sta procurando all'umanità immani disastri ambientali).

Ritenendosi meno ottimista di Amin, era altresì convinto che sul piano politico la sinistra euroccidentale non sarebbe stata in grado di sfruttare le crisi del capitalismo (evidentemente perché egli riteneva che le occasioni perdute al sorgere di questo sistema conflittuale avrebbero reso la volontà di resistenza sempre meno efficace, meno forte il desiderio di un'alternativa, meno capace l'organizzazione rivoluzionaria).

Essendo un economista soprattutto interessato ad analizzare il Terzo mondo, lo preoccupava molto il fatto di vedere quanto il plusvalore ricavato da quest'area geografica venisse utilizzato dai monopoli occidentali per corrompere il proprio proletariato e i propri dirigenti politici e sindacali. I monopoli erano in grado di far crescere persino nelle colonie una borghesia autoctona, *compradora*, in tutto e per tutto filo-occidentale.

Frank era addirittura convinto che, a fronte di una crisi davvero grave, il capitalismo può ricorrere al fascismo anche in assenza di una forte lotta di classe. Una tesi, questa, che smonta tutte quelle di destra, che qualche tempo fa (a partire da Nolte) sostenevano che il nazifascismo era stato una reazione allo stalinismo.

*

Ma il pezzo forte del libro è il dibattito tra questi economisti marxisti.

Esordisce Jaffe sostenendo che l'Urss e la Cina non possono essere considerati "paesi imperialisti" come Usa, Giappone ed Europa occidentale, proprio perché non hanno colonie ove poter realizzare un plusvalore del tutto diverso da quello loro interno.

In effetti negli anni Settanta quei paesi non potevano essere definiti "imperialisti" come quelli avanzati dell'occidente. Tuttavia lo sfruttamento "imperialistico" delle proprie risorse interne (da ovest a est in Russia, da est a ovest in Cina) vi è stato anche sotto il socialismo stalinista e maoista (a danno soprattutto dei contadini), e oggi, con l'accettazione dei criteri capitalistici, non ha fatto che accentuarsi in maniera esponenziale.

Russia e Cina (come la stessa Italia post-unitaria) si servono di una larga parte del loro territorio come di una *colonia interna*, dove le risorse umane e materiali costano pochissimo. La differenza sta semplicemente nel fatto che, per motivi oggettivi, la Russia sfrutta di più le risorse naturali e la Cina quelle umane.

Interessante è il diverbio tra Jaffe e Amin sulla questione se il leninismo possa essere definito una forma di "positivismo" all'interno del marxismo.

Secondo Jaffe no, proprio perché il leninismo è stato un'esperienza rivoluzionaria del marxismo. Secondo Amin invece sì, almeno in parte, in quanto il leninismo al potere non mise in discussione la necessità di fare un'accumulazione socialista secondo criteri industriali analoghi a quelli del capitalismo. Di qui la definizione ch'egli dà del "socialismo reale" come di un "capitalismo statale senza capitalisti privati".

Ingenuamente però Amin pensava che il maoismo fosse un superamento del leninismo, avendo esso dato maggior peso alle tradizioni contadine: come se questo fosse di per sé sufficiente ad assicurare una maggiore democrazia politica e culturale! Il maoismo fu in realtà una dittatura fallimentare simile a quella stalinista. E non possiamo dire che lo sarebbe stata anche quella leninista, in quanto Lenin non ebbe il tempo materiale per costruire la democrazia nel proprio paese. Considerando però la sua capacità di analisi dialettica e di attenzione ai bisogni sociali, viene da escludere che di fronte ai primi gravi errori di gestione del potere politico ed economico avrebbe provveduto accentuandone i lati amministrativi, come appunto fece Stalin (e come sicuramente avrebbe fatto anche Trotski). Fu lui a introdurre la Nep dopo il comunismo di guerra e fu sempre lui a lasciare un testamento politico con cui si sarebbe dovuto porre un argine ai metodi dirigistici del partito.

In ogni caso se nel leninismo è esistito un aspetto "economicistico", ciò non gli va attribuito più di quanto non debba esserlo allo stesso Marx, che non può certo essere considerato un'icona da baciare. L'economicismo del *Capitale* è presente ovunque non si voglia mettere in discussione la necessità di compiere una rivoluzione industriale: praticamente in tutti e tre i volumi e, se vogliamo, anche in tutte le opere londinesi di economia politica ad esso precedenti.

Per Amin l'economicismo del *Capitale* è presente solo là dove si sostiene che le contraddizioni economiche porteranno alla crisi finale e quindi alla rivoluzione, cioè nei primi due libri e nella prima metà del terzo, che sono quelli ove il capitalismo viene analizzato astrattamente, come forma pura, mentre nell'ultima parte del terzo libro, parlando della rendita, Marx fa capire che il capitalismo può convivere con forme economiche pre-capitalistiche. Sicché - osserva Amin - in tal caso è meglio parlare non di "modo di produzione" bensì di "formazione sociale".

Perché Amin fa questo discorso, appena abbozzato nella sua relazione e che ora rivolge contro Jaffe? Il motivo sta nel fatto che se si parla soltanto di "modo di produzione" si è poi costretti a vedere un'opposizione radicale tra borghesia e proletariato e si deve necessariamente attendere che le contraddizioni esplodano. Se invece si parla di "formazione sociale", in cui determinati aspetti contraddittori possono coesistere, si può sperare in certe alleanze di classe in funzione anticapitalistica, benché il concetto di "formazione sociale" possa essere utilizzato dallo stesso capitalismo per poter estorcere plusvalore anche là dove esistono situazioni pre-capitalistiche, come generalmente avviene nel rapporto con le colonie, dove il pre-capitalismo permane pur essendo stato finalizzato a produrre per mercati borghesi. Questo significa - secondo Amin - che le contraddizioni tendono a complicarsi e che ci vorrà molto più tempo per risolverle: in ogni caso tutto dipende dalla lotta di classe e non certamente dall'idea di un passaggio automatico da un modo di produzione a un altro.

Jaffe invece non nasconde il proprio scetticismo sul valore di queste alleanze, proprio perché vede il colonialismo come un'esigenza *strutturale* del capitalismo, il quale, dentro di sé, non ha solo capitalisti ma anche operai, i quali insieme sfruttano gli operai e i contadini del Terzo mondo. Sicché quando il capitalismo penetra nel Terzo mondo, tende a devastare qualunque modo di produzione che non gli possa servire. E può anche aver ragione a dire ad Amin che se egli considerasse il capitalismo come "un sistema fondamentalmente coloniale" non farebbe una distinzione così "artificiale" tra "modo di produzione" e "formazione sociale", né crederebbe ingenuamente che di fronte a un'alleanza proletaria tra Nord e Sud sarebbe lo stesso imperialismo ad attenuare il peso del colonialismo, aumentando di conseguenza quello dello sfruttamento del proletariato occidentale. Anche Frank aveva fatto notare ad Amin che l'insorgenza di varie forme di sub-imperialismo (brasiliano, sovietico -

oggi avrebbe messo al primo posto quello cinese) fa aumentare il rischio di una nuova guerra mondiale e che quindi è molto difficile parlare di "alleanze".

Dice a chiare lettere Jaffe: il contadino del Ghana che lavora un piccolo appezzamento e produce cacao per i grandi monopoli fa parte del modo di produzione capitalistico. Gli ribatte Amin: "no, perché il piccolo proprietario di questo tipo è realmente un proprietario della sua terra e spesso, oltre a lavorare personalmente, impiega dei lavoratori e li sfrutta" (p. 147); "la categoria di proprietà della terra è una categoria pre-capitalistica" (ib.). Per Amin infatti capitalismo vuol dire industrializzazione, a prescindere dal colonialismo; quando entra in gioco quest'ultimo, nelle aree rurali del pianeta, il capitalismo diventa "formazione sociale" in cui sono possibili varie alleanze di classe.

In altre parole il colonialismo - secondo Amin - è stato un'esigenza *storica* del capitalismo, non una propria conseguenza *logica*, tant'è che Marx non ne parla in maniera organica ma come aspetto accessorio. La tesi di Jaffe secondo cui "un sistema capitalistico puro è un sistema coloniale" (p. 140), Amin non può condividerla. Chi dei due ha ragione? L'avrebbero entrambi se la questione fosse stata posta in termini *culturali* e non semplicemente *economici*. Il capitalismo infatti nasce in Europa occidentale perché qui, sin dal Mille, ne erano state poste le basi *ideologiche*, prima implicitamente, dentro l'involucro del *cattolicesimo-romano*, poi più esplicitamente, dentro quello *protestantico*: due fenomeni culturali geneticamente europei.

Sotto il cattolicesimo il colonialismo s'è espresso nella forma delle crociate e della conquista dell'America (divenuta poi "latina") e di altri territori dell'Africa e dell'Asia; sotto il protestantesimo s'è espresso nella forma dell'imperialismo mondiale.

Era necessario il colonialismo per far nascere il capitalismo? No, però per poter continuare a farlo funzionare, diventava inevitabile, in quanto il capitalismo è un sistema antagonistico, che crea continui conflitti sociali al proprio interno, i quali, indipendentemente dal livello delle conquiste tecnico-scientifiche, non possono trovare soluzione con la sola rivoluzione industriale, proprio perché questa è parte in causa di quei conflitti, e non tanto perché si configura come "industriale", quanto perché si svolge secondo criteri "privatistici" (essendo privata la proprietà dei mezzi produttivi, lo sono inevitabilmente anche il profitto e il plusvalore).

Sarà poi la storia a dimostrare che esiste "plusvalore", cioè sfruttamento, anche quando la proprietà di tali mezzi è "statale", come nel "socialismo reale". In tal senso però si potrebbe sostenere che il socialismo statale è fallito così repentinamente proprio perché privo di colonie mondiali da sfruttare. Esso ha avuto costantemente bisogno dell'autoritarismo politico proprio perché le uniche risorse da sfruttare erano le proprie, umane e naturali. Ecco perché si può tranquillamente sostenere che se le ex-colonie dell'occidente avanzato, che tali ancora sono sul piano economico - si pensi solo a come viene usato lo strumento del debito del Terzo mondo - non reagiranno a questa soggezione plurisecolare, il capitalismo privato è destinato a durare ancora per molto tempo, anche nel caso in cui emergano nuovi competitori sulla scena mondiale - p.es. Cina e India - intenzionati a rimettere in discussione la spartizione della torta del globalismo.

Ma i limiti delle analisi di Amin e Jaffe bisogna farli risalire allo stesso Marx che se, da un lato, mettendo a confronto capitalismo e pre-capitalismo, ha cercato di capire i motivi per cui il capitalismo si forma solo sulla base di taluni e non di altri presupposti sociali borghesi e persino pre-borghesi; dall'altro però bisogna dire ch'egli non è mai arrivato a interessarsi in maniera approfondita dei presupposti *culturali* di tale transizione, cioè non ha mai visto in maniera *organica* i nessi tra presupposti culturali e presupposti economici e, di conseguenza, non è mai riuscito a considerare *il valore d'uso come culturalmente superiore a quello di scambio*. Marx aveva capito perfettamente che non basta la circolazione del denaro per far nascere il capitalismo e che in virtù di essa, paradossalmente, ci può essere colonialismo senza capitalismo (come p.es. in tutte le società schiavistiche). Tuttavia nelle sue analisi non esiste una *memoria del valore d'uso*, quanto piuttosto una *critica delle contraddizioni del valore di scambio*.

In ogni caso, se Amin poteva aver ragione negli anni Settanta, quando ancora era lecito pensare a un'alleanza tra proletariato metropolitano del Primo mondo e sotto-proletariato periferico del Terzo mondo, oggi la polarizzazione si è così accentuata tra Nord e Sud che un'alleanza del genere pare inverosimile. Anzi la crisi che colpisce il proletariato industriale delle metropoli porta quest'ultimo a vedere i lavoratori super-sfruttati del Terzo mondo come un pericoloso concorrente in un'epoca di globalismo economico, in cui anche il mercato del lavoro si è mondializzato. I fenomeni migratori vengono visti con crescente preoccupazione non dagli imprenditori ma dai lavoratori più marginali, con scarsa formazione, avanti negli anni, non facilmente riutilizzabili in caso di licenziamento.

C'è da dire che Jaffe preferisce parlare di "modo di produzione", in cui il colonialismo è strettamente interconnesso, anche per un'altra ragione. Non vedendo possibili alleanze di classe tra operai sfruttati del

Nord e del Sud, ritiene che una qualunque transizione al socialismo debba essere iniziata anzitutto nel Sud del mondo, proprio per liberarsi del peso del Nord. Al massimo è disposto ad accettare le nazionalizzazioni operate dalle borghesie terzomondiali per accelerare i processi di industrializzazione dei loro paesi (come fece p.es. Nasser col canale di Suez).

Jaffe e Amin sono comunque d'accordo su un aspetto fondamentale, che la classe operaia occidentale non può essere rivoluzionaria se non è anche *anti-imperialista*, proprio perché i monopoli si servono del plusvalore estorto al Terzo mondo per corrompere i lavoratori e i dirigenti sindacali e politici occidentali.

*

Di tutto il dibattito la parte più interessante è sicuramente quella relativa alla questione finale che Folloni pone ai tre economisti. "Nella definizione stessa di ciò che è forza produttiva per il capitalismo, entra una componente ideologica: forza produttiva è ciò che serve al soddisfacimento dei bisogni di un tipo di uomo già a priori preformato" (p. 177).

Folloni naturalmente è qui convinto che la componente ideologica sia *anti-cristiana* per definizione e pensa che l'istituzione che possa meglio garantire un'opposizione al capitale sia la *chiesa romana*, ma non ha il coraggio di dirlo.[10] Pone il problema in termini astratti, mirando al recupero della *memoria del valore d'uso*, cioè al recupero delle *esperienze pre-borghesi*.

L'impostazione del problema tuttavia è corretta, anche se oggi, a distanza di 35 anni da quel dibattito, appare incredibilmente datata, proprio in quanto la cultura pre-borghese in occidente è del tutto scomparsa (tende a scomparire velocemente persino tra i flussi di migranti provenienti dalle aree più depresse del pianeta).

Folloni si chiedeva "se si possono distinguere, all'interno dello sviluppo tecnologico generale, delle forze produttive specificamente socialiste (o per lo meno disponibili per il socialismo)...". Egli ovviamente stava pensando alla cultura rurale, montana o comunque pre-borghese, di tradizione cristiana, ma non lo dice esplicitamente, proprio per continuare il dialogo con degli economisti marxisti che sul piano religioso sono atei e che se nutrono simpatie per il mondo rurale, lo devono al fatto di non essere "occidentalisti" ma "terzomondialisti".

---

[10] Nel 1974 Folloni aveva appena 26 anni, ma deve aver conservato rapporti significativi con gli ambienti cattolici, visto che dal 1993 partecipa in qualità di osservatore (come esperto per la Santa Sede) ai lavori dell'United Nations Conference on Trade and Development a Ginevra.

Folloni voleva fare un "discorso gramsciano", senza però esplicitarne le basi teoriche di fondo. Infatti chiede ai relatori se esiste "lo spazio per un'importante battaglia ideologica che riguardi il costituirsi di una cultura alternativa, già subito: la proposizione di esperienze che rendano il proletariato capace di avvertire bisogni specificamente proletari e non bisogni tipicamente capitalistici" (p. 178).

Senza dirlo sta proponendo l'esperienza di Comunione e Liberazione, che però non era rurale ma *piccolo-borghese*, analoga a quella del *socialismo utopistico* di marca proudhoniana, e unicamente a livello di *consumo*, non produttivo (cioè nell'uso dei servizi sociali, comuni a un collettivo organizzato).

Folloni non si rende conto che proprio l'ideologia cattolico-romana è stata storicamente una delle fonti principali per la nascita della mentalità borghese. Per convincersene, già allora sarebbe bastato leggersi il testo che Amintore Fanfani scrisse nel 1934, quando era ancora professore di Storia economica: *Cattolicesimo e protestantesimo nella formazione storica del capitalismo* (Marsilio 2005), dove venivano confutate le tesi di Max Weber sulle origini dello spirito del capitalismo.

Qui invece egli si chiede se sia possibile ripetere una sorta di "lunga marcia" cinese, in cui proletari e contadini possano dar vita a una nuova dinamica sociale. Folloni esprimeva il tentativo dei ciellini democratici di cercare un'intesa con le istanze migliori del socialismo scientifico, su una piattaforma però di tipo socio-culturale, non politica. Folloni non è interessato all'idea di "lotta di classe".

Dal canto suo Amin deve ammettere che Lenin non fu in grado d'impostare i termini dell'anticapitalismo in maniera *culturale*, avendo privilegiato il momento *politico* dello scontro ideologico e persino armato. Però dice anche che, nonostante il suo larvato economicismo, Lenin aveva "un grande temperamento rivoluzionario e una capacità di reazione immediata" (p. 180), per cui sapeva mettere da parte la teoria quando si doveva rispondere a esigenze concrete.

Amin spiega molto bene cosa vuol dire "economicismo": "è pensare che tutte le forze produttive... debbano essere anzitutto sviluppate attraverso il capitalismo prima che sia possibile qualcosa d'altro; il proletariato deve aspettare e guardare... perché solo dopo esisteranno le condizioni per un mutamento; ciò significa pensare al socialismo come a 'ciò che continua il capitalismo' e quindi accettare i modelli di consumo, le concezioni, i modelli di organizzazione dell'impresa" (p. 181).

"Nessuno - prosegue Amin - aveva dubbi sul fatto che la costruzione del socialismo significasse portare a compimento ciò che il capitalismo non aveva terminato. Questa falsa coscienza, questa ideologia borghese all'interno della classe operaia (inclusi i bolscevichi) è responsabile del ricrearsi di una nuova classe attraverso la rottura dell'alleanza coi contadini. Non fu quindi perché la Russia era un paese arretrato che essa si sviluppò nel modo che oggi sappiamo, ma perché la Russia aveva l'ideologia dei paesi avanzati... quella della classe operaia tedesca, cioè l'ideologia dei settori più avanzati del movimento operaio occidentale, che erano profondamente affascinati dall'efficienza del sistema capitalistico" (ib.).

Curioso che qui egli non abbia voluto aggiungere - facendo un favore a Jaffe - che l'efficienza del capitalismo industriale (il più duro da accettare sul piano delle relazioni sociali) non può mai essere vista in maniera disgiunta dalla pratica del colonialismo, nel senso ch'essa poteva apparire tale in occidente proprio perché faceva pagare il proprio prezzo, le proprie salate incongruenze, ai lavoratori del Terzo mondo (si pensi p.es. all'inquinamento del pianeta, allo smaltimento dei rifiuti o alle deforestazioni).

Fin qui comunque Amin dice cose che Folloni può condividere in toto: una strategia comunista deve porsi come "critica radicale dell'organizzazione dell'impresa, delle gerarchie, del ruolo del sistema educativo, nella riproduzione della società di classe, dell'intera storia della famiglia... non è solo una battaglia economica o politica *stricto sensu*" (p. 182).

Tuttavia Amin, da buon marxista qual è, ricade nell'errore di tutti i marxisti, quello di credere che un mutamento d'indirizzo nella concezione del "bisogno" possa avvenire solo quando le forze produttive sono molto sviluppate; il che gli impedisce di accorgersi che quanto più le forze produttive sono sviluppate, tanto meno sono in grado di recuperare la "memoria del valore d'uso".

Amin si rende conto che una cultura comunista non può essere immaginata solo in occidente, deve esserlo anche nella periferia terzomondiale. Però non sa indicare nulla di concreto su come ciò possa avvenire, se non appunto l'esperienza cinese del maoismo. Persino quella leninista non lo convince in pieno (a differenza di Jaffe), e Folloni gli dà ragione: "Lenin, ancor prima di Stalin, abbatté i comitati di fabbrica, lottò contro una certa dinamica dei sindacati, restaurò un controllo appoggiato sulla dirigenza tecnica..." (p. 183).

Folloni non può accettare che si debba proseguire l'esperienza leniniana, superandone gli aspetti più deficitari, quelli appunto *socio-culturali* (il recupero della memoria del valore d'uso) e anche quelli della *democrazia politica*. Non può dirlo perché l'esperienza del leninismo ideologicamente era *atea*, favorevole al materialismo storico-dialettico. E, per quanto si sforzi d'incanalare il dibattito sul concetto di "valore d'uso", l'unico a seguirlo è Amin, di cui condivide l'idea secondo cui Lenin ha tentato di emanciparsi dall'economicismo della II Internazionale, senza però riuscirvi adeguatamente.

D'altra parte lo stesso Marx si limitò a compiere un'operazione intellettuale da giovane hegeliano di sinistra, andando incontro alle esigenze del proletariato industriale, smontando le assurdità metastoriche degli economisti borghesi, ma senza mai comprendere il significato del mondo contadino.

Folloni sostiene che il primo vero socialismo utopico politico è stato quello di Babeuf (*Congiura degli Eguali*, 1796), che non è possibile capire se non in riferimento a "esperienze viventi di comunismo residuo di modi di produzione precedenti: quindi assoggettato in forma tributaria al feudalesimo" (p. 194), dove, nonostante il servaggio, era possibile rinvenire "una realtà comunitaria di base".

Inutile dire che il discorso di C.L. andava ben oltre queste approssimative affermazioni sulle comunità di villaggio. Folloni è costretto a tenersi sulle generiche perché ha a che fare con economisti marxisti che non avrebbero potuto tollerare minimamente un ritorno al servaggio e tanto meno al clericalismo della chiesa romana.

A Folloni non dispiace l'idea di un'alleanza di classe tra contadini e operai, ma è evidente che, se fosse stato messo alle strette, avrebbe preteso qualcosa di più di un'*intesa socio-culturale su valori etici*, non religiosi. Infatti "la riscoperta di una tradizione di popolo opposta al costituirsi di un popolo in senso borghese" (ib.), non può che voler dire il riproporsi di un'esperienza "cristiana" di popolo, che per Folloni era un'idea da portare avanti soprattutto nel Terzo mondo, rimasto più vicino al ruralismo cattolico.

Folloni è contrario alla cultura borghese non solo perché consumistica, edonistica, individualistica, ma anche perché atea, pur astenendosi dal dirlo: non può guardare avanti più di quanto non voglia guardare indietro. Se proprio il socialismo ha da essere (e negli anni Settanta ce n'erano di ragioni perché lo fosse), che almeno abbia un sostrato culturale religioso. Strano però in tal senso che C.L. non abbia mai cercato un rapporto d'intesa coi cristiani per il socialismo, coi teologi della liberazione, coi catto-comunisti, coi modernisti, ma li abbia sempre ripetutamente condannati, allineandosi alle posizioni più retrive del Vaticano.

Che l'operazione di Folloni sia stata strumentale, seppur nella maniera più indolore, lo dimostra anche il fatto che, cadute le istanze del marxismo, C.L. ha smesso di utilizzare le culture pre-borghesi per criticare il socialismo scientifico. Folloni qui plaude al tentativo culturale di

Gramsci e si chiede se esso non avrebbe potuto essere fatto su basi diverse, pre-borghesi; ma che direbbero oggi i dirigenti di C.L., dopo aver accettato il capitalismo in ogni sua forma?

"Il capitalismo non è un popolo che si sostituisce a un altro... I modi di produzione precedenti pongono un problema di unità materiale e culturale che il capitalismo non conosce, proprio perché è alienazione della merce" (p. 195). Al capitalismo può resistere una *coscienza collettiva*, non un modo di produzione, perché quando si parla di "modo di produzione" s'intende ancora qualcosa di "diviso", mentre l'unità da farsi "ha radici in una unità che resiste, che fa parte della storia" (p. 196).

Folloni non dice che questa unità pre-borghese è di tipo *cristiano*, ma non dice neppure come poterla costruire su basi *laiche*. Dice solo che l'analisi marxista è estranea a questa unità, non avverte il problema di collegarla in maniera organica alla critica dell'economia, né tanto meno avverte il bisogno di recuperare qualcosa di unitario in senso pre-borghese.

Che cosa abbiano detto Jaffe e Frank su questo non è dato sapere. Nel dibattito i loro interventi sono minimali, probabilmente perché troppo radicali per l'Istra. L'unico a replicare è stato Amin, che mostra d'essere d'accordo sul recupero della memoria del valore d'uso, ritenuta antitetica alla prassi del valore di scambio. In tal senso ha ragioni da vendere quando dice che una lotta a favore del valore d'uso è stata compiuta non solo dal socialismo utopistico, ma anche dai movimenti millenaristici medievali e da Thomas Müntzer, ma anche da Abdul Al Mahari, nel I sec. dell'islam, dal movimento dei Karmati in Irak nel X sec., dalla rivolta dei Taiping in Cina: "il giudizio di Marx sull'India non aveva tenuto presente la grande quantità di movimenti contadini e le loro rivendicazioni" (p. 197); dice questo l'economista egiziano sostenendo però una motivazione del tutto erronea per spiegare i fallimenti di tali movimenti: "erano stati incapaci di immaginare... un comunismo nella ricchezza, un comunismo che sappia dominare la natura" (ib.). Solo falliti perché "il loro era un comunismo all'interno dell'accettazione del predominio della natura" (ib.).

Cioè era un comunismo segnato dalla *religione*, privo di scientificità, di tecnologia, un comunismo che credeva nella bontà del monarca di turno, nella sua equidistanza. Amin, che pur ha voluto criticare il positivismo dei marxisti seguaci della II Internazionale, qui si comporta come un vero illuminista, che fa della scienza il proprio dio.

*

Che cosa significhi però recuperare questa memoria del valore d'uso, senza servaggio né clericalismo, nessuno dei partecipanti al convegno ha saputo dirlo. E allora proviamo noi ad abbozzare qualcosa in questa direzione. Chiediamoci anzitutto quali possono essere le prime regole fondamentali per riappropriarsi di una *vita autodiretta*, in cui l'idea di *autonomia produttiva* possa svincolarci dallo strapotere del mercato.

Sul piano economico:

1. Non usare mai nulla che la natura non possa riciclare agevolmente.
2. Le cose che servono per riprodursi devono durare il più possibile.
3. Se proprio si è costretti a scegliere tra esigenze umane e naturali, scegliere quelle naturali, perché si sbaglia di meno.
4. Prima di creare qualcosa di artificiale chiedersi se quanto si trova in natura (o fatto con materiali naturali) può essere sufficiente.
5. Quando è in gioco la sopravvivenza di un collettivo di vita, non fare mai scelte a titolo individuale.
6. Progresso significa migliorare i rapporti con la natura, conservandola il più possibile integra e permettendole una facile riproduzione.
7. Primato del valore d'uso vuol dire anzitutto primato dell'autoconsumo.
8. A ognuno secondo il bisogno, da ognuno secondo le capacità.

Sul piano politico:

1. Nessuna decisione è irrevocabile.
2. Il bisogno è superiore alla legge.
3. Più bisogni più diritti.
4. Nessuno è insostituibile o infallibile, neanche un organo collettivo.
5. La minoranza deve rispettare la volontà della maggioranza, previo dibattito franco e aperto.
6. Le esigenze di un collettivo sono sempre superiori a quelle del singolo individuo.
7. La violazione della libertà di coscienza comporta la violazione di qualunque altra legge.
8. Più la democrazia è delegata e meno poteri deve avere.
9. Nessun ruolo o funzione può essere a vita o ereditario.
10. Il diritto di espressione non può essere usato fino al punto da compromettere il diritto di associazione.

Sul piano culturale:

1. Non parlare di cose che non conosci, che non riguardano la tua vita di gruppo o su cui non puoi offrire alcun contributo significativo per migliorarle.
2. Ricomponi tutto il sapere alle cose essenziali che servono per vivere e riprodursi.
3. Metodo e contenuto, sostanza e forma devono il più possibile coincidere.
4. La verità è sempre relativa alle condizioni di spazio e tempo.
5. La verità oggettiva è superiore a quella soggettiva.

Terzo mondo e comunismo primitivo

Quel che è certo è che in futuro le nazioni che vorranno opporsi al socialismo democratico dovranno farlo dal punto di vista dello stesso socialismo, non del capitalismo, che ormai non ha più giustificazioni. Il capitalismo, a causa della sua disumanità evidente, della superficialità e del vuoto che caratterizzano i rapporti sociali che al suo interno si vivono, non potrà più essere strumento sufficiente per contrastare il progresso autentico dell'umanità.

L'evoluzione del pensiero e dell'ideologia ha già segnato, anticipandola, la fine del capitalismo, al punto che anche il peggior socialismo è sempre ideologicamente più maturo del miglior capitalismo. Un sistema che poggia su se stesso le ragioni della propria esistenza, merita sempre più considerazione di quello che si autoafferma sfruttando risorse altrui. Il capitalismo, soprattutto nella fase imperialistica, in fondo è questo, e tutte le illusioni ch'esso alimenta, dipendono al 100% da questa realtà oppressiva mondiale.

La superficialità dei rapporti borghesi la si nota facilmente nei momenti in cui scoppiano delle guerre imperialistiche o neocoloniali. Basta vedere la risposta di quei pacifisti alla domanda che, ad un certo punto, i governi borghesi sono costretti a porre loro: "Se non vogliamo entrare in guerra col Terzo mondo, ovvero con qualche nazione di quest'area periferica del capitalismo, che si ribella al nostro sfruttamento, l'attuale benessere dell'occidente crollerà: siete disposti ad accettare pace e miseria?". Un vero pacifista dovrebbe rispondere: "Sì, a condizione che la miseria, in occidente, sia uguale per tutti". Si è mai sentita una risposta del genere? Da noi molti pacifisti borghesi non si rendono neppure conto che non si può rifiutare la guerra e conservare nello stesso tempo il benessere agli attuali livelli.

Per questo non è lontano il giorno in cui l'occidente, allorché si renderà conto di non poter più frenare l'emancipazione economica, oltre che politica, del Terzo mondo, dovrà per forza imporre alla propria popolazione un severo regime di restrizioni e di austerità (eventualmente appoggiandosi sui partiti della sinistra): il che riporterà l'occidente all'alba del capitalismo, cioè in quell'epoca caratterizzata da profonde e laceranti contraddizioni sociali.

Se il Terzo mondo si emancipa economicamente e la borghesia metropolitana non vuole perdere la propria egemonia mondiale, le alternative sono due: o guerra col Terzo mondo, o guerra col proletariato occidentale (o entrambe le cose). Senza ombra di dubbio la guerra contro il proletariato occidentale si farà tanto più intensa quanto più l'occidente perderà il confronto col Terzo mondo.

Probabilmente se il comunismo primitivo avesse avuto la possibilità di evolvere in modo "naturale", senza l'ostilità e l'individualismo delle società antagonistiche, avrebbe raggiunto un relativo progresso, poiché è nella natura dell'uomo migliorare gli strumenti di produzione, le proprie capacità operative, ecc. E l'avrebbe raggiunto senza danneggiare il progresso altrui, restando conforme alle proprie capacità gestionali. Non ci sarebbero stati gli squilibri e le assurdità di oggi. Il socialismo democratico sarà sicuramente un ritorno al comunismo primitivo, passando attraverso le società antagonistiche: lo farà con un livello di perfezione tecnologica e di benessere materiale inferiori a quelli realizzati nell'occidente capitalistico (sulle spalle del Terzo mondo), ma sicuramente con una maggiore carica di giustizia.

Il futuro del capitalismo

L'evoluzione storica dell'Europa occidentale (di cui gli Usa rappresentano il punto culminante) non può essere considerata positivamente (e le due guerre mondiali, per restare al nostro secolo, lo stanno a dimostrare), poiché ai problemi che di volta in volta sono emersi in questi ultimi cinque secoli, sono state date soluzioni sempre più lontane dalla democrazia sociale.

Certo, dopo la seconda guerra mondiale l'Europa e gli Usa non hanno conosciuto sanguinose guerre interne, ma questo non significa che, in quest'ultimo mezzo secolo, essi abbiano saputo porre delle basi sicure perché non possa accadere una nuova guerra mondiale.

La pace, normalmente, è una cosa scontata, dopo un conflitto sanguinoso: ciò che non è scontata è la volontà di costruire, durante il periodo di pace, dei rapporti così democratici da rendere impossibile o almeno improbabile un nuovo sanguinoso conflitto mondiale.

L'occidente, in quest'ultimo mezzo secolo, non ha fatto un minimo passo in direzione del superamento delle contraddizioni capitalistiche. Laddove ha pensato di fare dei passi avanti (attraverso le ristrutturazioni tecnologiche, le nuove scoperte scientifiche, le grandi fusioni di imprese e capitali...), si sono avute delle ricadute sociali sempre più gravi (disoccupazione di massa, criminalità crescente, corruzione dilagante...).

Questo senza considerare che il rapporto tra occidente e Terzo mondo non ha praticamente nulla di democratico, da almeno 500 anni. A partire dalla conquista dell'America l'occidente ha sempre scaricato il peso delle proprie contraddizioni sulle spalle del Terzo mondo.

Se l'umanità avrà un futuro, non sarà certo l'occidente capitalistico a guidarlo.

*

Il capitalismo è veramente destinato all'autodistruzione? Secondo Marx sì, poiché esso produce inevitabilmente il proprio "becchino": il proletariato. In realtà il capitalismo non si autodistrugge che metaforicamente. Il proletariato, infatti, finché non acquisisce una coscienza rivoluzionaria, non è in grado di "sotterrare" il capitalismo.

Se proprio si vuole parlare di autodistruzione, bisogna intenderla nel senso che il capitalismo tende a risolvere le proprie crisi cicliche in maniera sempre più distruttiva. La spietata concorrenza dei monopoli elimina ogni avversario, le condizioni di vita dei lavoratori peggiorano sensibilmente, scoppiano guerre locali, regionali e anche mondiali..., ma questo non implica affatto la fine del capitalismo, quanto piuttosto il passaggio da un tipo di sfruttamento a un altro (in occidente ad es. il proletariato sta diventando sempre più intellettuale). Il capitalismo distrugge per autovalorizzarsi: non è mai una distruzione fine a se stessa. E se anche la distruzione totale dell'ambiente rischiasse di minacciare l'esistenza stessa del capitalismo, questi saprebbe sicuramente trovare, prima di quel momento, una via d'uscita.

Facciamo un altro esempio. Oggi il capitalismo sopravvive in occidente garantendo ai lavoratori un relativo benessere, grazie soprattutto allo sfruttamento neocoloniale. Il giorno in cui tale sfruttamento sarà meno intenso, a causa della resistenza politica del Terzo mondo, al punto che il capitalismo occidentale, costretto ad abbassare il tenore di vita dei propri lavoratori, rischierà di essere minacciato da una forte opposizione, si potrà forse parlare di inizio della fine del capitalismo? O non ci si dovrà forse attendere una trasformazione autoritaria del capitalismo, che da formazione sociale il cui potere è prevalentemente basato sulla forza eco-

162

nomica, tenderà a trasformarsi in una formazione sociale il cui potere sarà prevalentemente basato sulla forza politico-militare? Da che cosa può dipendere la fine del capitalismo se non dalla stessa coscienza rivoluzionaria dei lavoratori dell'occidente e del Terzo mondo?

Senza coscienza rivoluzionaria, il capitalismo non farà che autoriprodursi. Nessuna sua crisi ciclica potrà mai essere considerata, di per sé, come l'ultima, quella definitiva. Non si crea il socialismo democratico col fatalismo storico. Il proletariato anzi deve temere che il capitalismo voglia autodistruggersi, poiché nelle condizioni militari in cui oggi vive il genere umano, probabilmente non si salverebbe nessuno.

Il proletariato deve fare in modo che il capitalismo si trasformi progressivamente in socialismo. Esso cioè non deve attendere che il capitalismo, consapevole delle proprie contraddizioni, decida spontaneamente di trasformarsi in socialismo, senza alcuna partecipazione del proletariato al potere. Se mai dovesse accadere una cosa del genere, di certo non si avrebbe a che fare con una socialismo democratico, ma con una sorta di socialismo burocratico, usato per gli interessi del capitale.

È sulla base delle contraddizioni sociali, concretamente individuabili, che il proletariato, occidentale e terzomondista, deve giocarsi la propria credibilità e porre all'ordine del giorno una trasformazione qualitativa del sistema.

*

Dunque dove stiamo andando?

Le tendenze che vanno emergendo nel mondo capitalistico sono le seguenti:

1. privatizzazione progressiva dell'economia, garantendo decentramento o federalismo (in quanto il debito pubblico statale è enorme), ma senza mettere in discussione i monopoli e i rapporti capitalistici. Si vuole una razionalizzazione del sistema, e le forze politiche che sembrano più adatte a tale scopo sono quelle riformiste di "sinistra";

2. rafforzamento dell'esecutivo, cioè dello Stato poliziesco-militare, ivi incluso il presidenzialismo governativo, riducendo il peso della partitocrazia, ovvero convogliando lottizzazioni e clientele verso un obiettivo strategico comune;

3. coordinamento a livello internazionale della repressione contro i lavoratori, sia che essa avvenga all'interno dei singoli Stati capitalisti, sia che avvenga nel rapporto di questi Stati col Terzo mondo. L'imperialismo cioè si va "politicizzando", cioè va assu-

mendo una connotazione politico-militare più funzionale alla riproduzione del capitale.

Come contrastare queste tendenze?

1. socializzare progressivamente l'economia, non limitandosi semplicemente a privatizzarla o a statalizzarla. Autogestione e decentramento devono essere effettivi, a disposizione di tutti i cittadini;

2. l'esecutivo va rafforzato a livello locale, dando potere reale ai cittadini e ai lavoratori e riducendo quello statale;

3. l'integrazione mondiale comporta che i problemi debbano essere affrontati in maniera mondiale, ma questo significa:

> a) che i lavoratori devono acquisire una coscienza universale del loro sfruttamento, poiché l'imperialismo non può essere combattuto solo con una lotta nazionale;
>
> b) che il banco di prova della lotta universale resta quello locale-regionale, al fine di dare la maggiore concretezza possibile al movimento operaio mondiale.

Se l'integrazione europea non si concilia con il decentramento e l'autogestione a livello locale, gli europei rinunceranno all'idea di nazione per trovarsi a combattere con un'idea di "sovra-nazione" ancora più pericolosa.

Da notare che le Leghe vogliono creare un conflitto tra centro e periferia, portando la periferia a diventare centro di se stessa. Apparentemente questo discorso potrebbe essere democratico. In realtà, esse vogliono riprodurre nel "nuovo centro" gli stessi meccanismi di sfruttamento e di oppressione che il vecchio centro sosteneva. La differenza sta che nel "nuovo centro" lo sfruttamento sarà più intensivo, più funzionale. Le Leghe in questo senso rappresentano la "nuova destra".

*

Quanto più aumenta la concentrazione privata dei mezzi produttivi, tanto più ciò appare in contraddizione con la finalità pubblica dei beni prodotti.

Ormai la stragrande maggioranza dei beni e dei servizi collettivi viene prodotta da sempre meno proprietari privati di forza-lavoro, il cui potere è diventato col tempo spropositato.

Questa anomalia, già evidenziata dal marxismo classico, non è stata risolta dal capitalismo di stato, né poteva esserlo. Come noto il *Welfare State* è stato il tentativo di far pagare alla collettività, imponendole forti tasse e un enorme debito pubblico, il peso degli squilibri del capitalismo liberistico, basato sul *laissez faire*, le cui spinte irrazionali, dovute alla spietata concorrenza, nazionale e internazionale, portarono alle due guerre mondiali. Il fallimento del capitalismo di stato sembra stia seguendo a ruota il fallimento del socialismo di stato, con la differenza, di non poco conto, che il primo fa leva soprattutto su risorse *esterne* (colonialismo e neocolonialismo), mentre il secondo s'era limitato, in virtù di una politica economica restrittiva e autoritaria, a sfruttare le sole risorse *interne*.

Oggi lo Stato sociale capitalistico è irreversibilmente in crisi sia perché i suoi debiti sono colossali e difficilmente estinguibili, sia perché i capitalisti continuamente premono per avere mano libera, cioè in sostanza per pagare meno tasse possibili, per sfruttare un lavoro non sindacalizzato, per imporre prezzi di monopolio, per fruire di benefici di ogni sorta da parte dello Stato.

Il capitalismo si basa sull'individualismo; può anche presentarsi sotto forma di trust o di cartello, ma si tratta sempre di associazioni tra individui singoli, i cui interessi non coincidono affatto con quelli della *società civile*.

Oggi la società italiana è in mano a poche "famiglie" private, che sono grandi monopolisti anche sul piano internazionale. Lo Stato è diventato una figura obsoleta, usata sì come mezzo repressivo, coercitivo, fiscale, non senza alcuna funzione regolamentativa del mercato.

In questo secondo dopo guerra lo Stato ha svolto il ruolo di mucca da mungere: le imprese, specie quelle più grandi, hanno infatti ricevuto agevolazioni fiscali, incentivi, sovvenzioni... tutte cose pagate con le tasse dei cittadini, sacrificati sull'altare della competizione internazionale.

Nonostante questo, il capitalismo privato vuole sempre di più: le parole d'ordine sono "flessibilità", "mobilità", "defiscalizzazione", "desindacalizzazione" ecc.

Il capitalismo privato, infatti, essendo un sistema irrazionale e quindi ingovernabile, ha continuamente bisogno di benefici, di agevolazioni, di possibilità di nuovi mercati, di pagare il meno possibile le risorse con cui produrre i beni e i servizi.

E questo è tanto più vero quanto più il capitalismo si *globalizza*. Infatti, finché rimane protetto nell'ambito delle leggi nazionali, il suo trend può anche essere modesto, ma quando si scontra con colossi mondiali su un mercato più aperto o più libero, le sue esigenze si moltiplicano, e questo va a ritorcersi contro gli interessi dei lavoratori e dei cittadini.

Sotto questo aspetto le contraddizioni di questo iper-capitalismo, ovvero le scelte in direzione dello smantellamento dello Stato sociale, appaiono tutte interne all'area metropolitana dell'occidente, cioè risultano indipendenti dai rapporti neocoloniali che pur tale area, in forme del tutto vantaggiose, continua ad avere col Terzo mondo.

Come noto il capitalismo è coinvolto in due tipi di contraddizioni insanabili: una è *interna* e riguarda i rapporti tra capitale e lavoro, e tra industrializzazione e ambiente; l'altra è *esterna* e riguarda i rapporti tra metropoli e periferia neocoloniale.

Quando scoppiano le contraddizioni esterne (rivoluzioni, nazionalizzazioni, crac finanziari ecc.) non sempre ciò ha un riflesso sulle dinamiche interne della zona metropolitana, in direzione di un superamento del capitalismo. Internamente infatti può anche aumentare la repressione nei confronti di qualunque istanza emancipativa.

Ecco perché occorre mettere la società in condizioni di poter fare a meno e del capitale e dello Stato, che è uno degli strumenti principali del capitale. Cioè in sostanza dobbiamo superare il concetto di "valore di scambio" e quindi di "mercato".

*

500 anni di libera concorrenza, 500 anni di monopolio: sarà forse questa l'evoluzione del capitalismo?

Durante la prima fase il capitalismo, per affermarsi, ha dovuto lottare contro il feudalesimo e le altre formazioni sociali precapitalistiche (non solo nell'area metropolitana ma anche nelle colonie).

Durante la seconda fase esso dovrà lottare contro la propria negazione, il socialismo, di cui già si sono viste alcune realizzazioni: utopistica, scientifica e amministrata, le quali ci fanno pensare che esista una sorta di evoluzione storica anche nelle fila del socialismo.

Di sicuro noi sappiamo che l'attuale capitalismo non potrà tentare di risolvere le proprie contraddizioni tornando a una fase irreversibilmente superata: quella appunto della libera concorrenza, dove gli interventi da parte dello Stato erano minimi.

Nuove soluzioni non possono essere cercate che in campo militare, e quanto a ciò si sentano preposti gli Stati Uniti è facile da capire.

Il dominio dell'imperialismo deve ancora assumere una fisionomia politico-militare sufficientemente credibile, al fine d'indurre l'occidente a non anteporre agli interessi internazionali del capitale quelli specifici della singola nazione.

A tale scopo gli Usa hanno bisogno di sviluppare non solo *ester-namente* ma anche internamente delle situazioni contraddittorie, tali per cui la soluzione politico-militare appaia come l'unica possibile.

Antinomie del capitale

Il capitale è un'entità che vive di vita propria. Gli uomini hanno creato un mostro che da tempo non sono più in grado di controllare. Il capitalista non potrebbe smettere di sfruttare neppure se lo volesse.

Nel mondo romano non c'era questa assoluta venerazione per il dio quattrino. Ciò che più contava era la *forza militare*, in tempo di guerra, e la *terra*, con gli *schiavi* per poterla lavorare, in tempo di pace.

Oggi i padroni del mondo possono anche condurre, privatamente, un'esistenza modestissima, quasi ascetica. Nei confronti del dio quattrino hanno lo stesso atteggiamento di riverenza che una volta i credenti avevano nei confronti del dio uno e trino.

D'altra parte non è più visibile, specie da quando sono nati i grandi monopoli, una figura concreta che possa essere definita con l'appellativo di "sfruttatore". Le direzioni aziendali propongono ai loro stessi operai di diventare "soci" dell'azienda acquistando delle quote azionarie. Oltre al danno, di non pagare i salari in maniera adeguata, la beffa, di contribuire con una parte del salario al proprio sfruttamento.

Le assurdità sono all'ordine del giorno. Prendiamo questo semplice esempio: solitamente gli economisti affermano che il calo dell'inflazione è collegato a una minore capacità di consumo, la quale però può portare alla recessione, in quanto le aziende che non vendono come vorrebbero o come dovrebbero, sono costrette a licenziare ecc.

Dunque, quando l'inflazione è alta, aumentano gli scioperi e le lotte sindacali, perché i salari e gli stipendi perdono potere d'acquisto. Viceversa, quando l'inflazione è troppo bassa e diventa deflazione, la situazione è ancora più preoccupante, poiché ciò significa che salari e stipendi sono talmente bassi da risultare inutili per le spese non strettamente necessarie. E chi non vende per fare profitti, muore.

Le aziende chiedono ai cittadini di consumare oltre i loro bisogni e soprattutto oltre le loro possibilità, e quando questi lo fanno, dimostrando così che le aziende producono anzitutto per vendere, ecco che gli economisti dicono che esiste uno sviluppo produttivo. L'aumento del prodotto interno lordo è indice sicuro di benessere.

Altro esempio. Il capitale ha bisogno di sfruttare lavoro altrui per riprodursi, ma poiché il lavoro si ribella a tale sfruttamento, il capitale cerca di sostituirlo con l'automazione delle macchine. Tuttavia, quanto più il capitale si comporta così, tanto meno profitti riesce a realizzare, poiché il plusvalore è dato proprio dal pluslavoro non pagato. I grandi profitti infatti si realizzano ammortizzando velocemente le spese del capitale costante, ma questo alla lunga non è possibile se si sostituisce l'uomo con la macchina.

Concetti come "sviluppo", "benessere", ma anche "povertà", "arretratezza"... oggi vanno completamente ridefiniti. Una società, p.es., può essere "povera" non tanto perché tecnologicamente arretrata rispetto agli standard occidentali, quanto piuttosto perché sottoposta a sfruttamento coloniale o semicoloniale (in questo secondo caso, quando a una liberazione nazionale di tipo "politico" non ha fatto seguito una indipendenza di tipo "economico").

Oggi non è più possibile prendere come termine di paragone lo sviluppo capitalistico, per poter stabilire quando una società è o non è "avanzata". Il capitalismo infatti non è in grado di garantire un benessere di massa neppure al proprio interno. Poiché i suoi standard vitali sono molto elevati, è del tutto naturale che in certe aree di degrado e di emarginazione gli esclusi possano vivere situazioni di disagio persino più grave di quello di certe zone del Terzo mondo.

In occidente il passaggio dal relativo benessere alla più nera miseria a volte può essere così repentino da trovare i cittadini del tutto impreparati, sul piano psicologico, ad affrontare la situazione. Alla fine chi è più "povero": chi è abituato a vivere di espedienti o chi teme di trovarsi da un momento all'altro in una fascia di reddito di cui vergognarsi? I suicidi non sono forse più alti nelle zone di maggior benessere? Nel Terzo mondo, quando la povertà è estrema, ci si ribella. Da noi si diventa criminali o ci si uccide.

In altre parole chiediamoci: era più povera quella società primitiva che tutta insieme cercava nella natura i mezzi di sussistenza, distribuendo le poche risorse disponibili in maniera equa, o è più povera quella società moderna in cui esistono pochi proprietari di molti beni che costringono la maggior parte dei lavoratori ad affrontare con un senso di assoluta incertezza e precarietà il proprio destino?

È più sicura una società dove i problemi vengono affrontati in maniera collettiva, nella convinzione che dalla loro soluzione dipende il destino di tutta la comunità, o è più sicura quella società in cui i vantaggi della soluzione di certi problemi saranno patrimonio prevalente di poche persone?

Per quale motivo sotto il capitalismo un lavoratore dovrebbe sacrificarsi per il bene comune quando i vantaggi più significativi di tale bene vengono acquisiti da poche persone senza scrupoli e, proprio per questo motivo, finiscono col danneggiare il bene comune?

Una volta esisteva la comune solidarietà degli esseri umani per ottenere dalla natura il minimo indispensabile per vivere. Oggi la competizione è a tutti i livelli: tra uomo e uomo, tra uomo e donna, tra lavoratore e disoccupato, tra bianco e nero, tra occidentale e terzomondiale e ovviamente tra uomo e natura (nella fantascienza anche quella tra terrestri e alieni). L'individualismo è estremo, e tutti pensano che possa durare a lungo proprio a motivo del fatto che disponiamo di mezzi tecnici molto evoluti. È la scienza che illude l'uomo contemporaneo di poter vivere in eterno in queste condizioni innaturali.

Peraltro noi siamo convinti che gli uomini primitivi avvertissero la natura come un nemico da combattere. È anzi molto probabile che il concetto di "natura matrigna" sia emerso dopo il sorgere delle civiltà schiavistiche, come un modo ingenuo di attribuire a un'entità metafisica la responsabilità del fenomeno dello sfruttamento sociale.

Una volta il marxismo pensava che il capitalismo, oltre ai guasti provocati dalla cattiva distribuzione dei profitti, avesse la possibilità di produrre cose utili alla collettività. Oggi dobbiamo mettere in discussione anche tali presunti vantaggi. Il rapporto tra produzione umana (che è prevalentemente industriale) e risorse naturali si è così compromesso da minacciare la stessa sopravvivenza della civiltà. Ormai non è più solo in questione lo sfruttamento dell'uomo sull'uomo, ma anche il diritto ad usare una tecnologia che impedisce alla natura di riprodursi con sicurezza e soprattutto in maniera integrale (si veda il discorso ambientalista sulla concentrazione prevalente delle attività produttive nell'uso di risorse non facilmente rinnovabili).

Il capitalismo non è una civiltà più sicura di altre. I mezzi tecnico-scientifici si rivelano del tutto impotenti di fronte alle improvvise crisi di sovrapproduzione o al costante aumento della disoccupazione, o alla caduta tendenziale del saggio di profitto, o ai progressivi trend inflazionistici... D'altra parte quando i principali mezzi produttivi appartengono a poche persone è letteralmente impossibile svolgere una seria opera di programmazione e di pianificazione a lungo termine.

Nel mondo primitivo un qualunque rapporto magico con la natura non presupponeva mai, di per sé, lo sfruttamento dell'uomo sull'uomo. Esprimeva piuttosto un rapporto di dipendenza dell'uomo dalla natura, che tale dovrebbe rimanere anche nella consapevolezza della superiorità della specie umana su qualunque altra specie animale.

La natura non può essere unicamente considerata come una risorsa da sfruttare, ma anche come un bene da tutelare. Che l'uomo sia un *ente di natura* è dimostrato dal fatto che la sua comparsa sulla Terra è cosa relativamente recente. La natura, infatti, è dotata di vita propria, del tutto indipendente da quella umana. E se l'uomo non è in grado di stabilire un rapporto correlato, interattivo, con la natura, il suo destino è segnato, perché la natura, inesorabilmente, si riprenderà ciò che le appartiene.

Il socialismo democratico non può prescindere da questa consapevolezza ambientalista. Il capitalismo non ha più niente da dire per il futuro dell'umanità, e inevitabilmente esso sarà tanto più aggressivo quanto più sarà consapevole della propria ineluttabile fine e quanto più l'umanità gli permetterà di usare mezzi violenti per ritardare il più possibile questa fine.

Il futuro dell'umanità si giocherà sulle diverse interpretazioni da dare al concetto di "socialismo democratico". Come infatti l'Europa occidentale ha sperimentato i fallimenti del cosiddetto "socialismo utopistico", volendo fare delle riforme sociali senza rivoluzione politica, così l'Europa orientale ha sperimentato i fallimenti del cosiddetto "socialismo amministrato", volendo fare la rivoluzione politica senza quella umana.

Il futuro dell'imperialismo

Con sicurezza noi possiamo affermare una cosa: che l'individualismo (cui è connessa la proprietà privata) ha potuto fino ad oggi sopravvivere in occidente soltanto perché esso ha sempre trovato, di fronte a sé, terre da conquistare e popoli da soggiogare.

Oggi però l'imperialismo statunitense, euroccidentale e nipponico hanno come principale preoccupazione quella di salvaguardare se stessi così come sono, senza possibilità ulteriori di espansione. Il problema cioè è diventato quello di come autoriprodursi sfruttando al meglio ciò di cui in questo momento si dispone, nella consapevolezza che in futuro la resistenza (politica e economica) dei paesi neo-coloniali tenderà ad aumentare.

Il paradosso principale dei sistemi individualistici, basati sulla proprietà privata e quindi sull'antagonismo di classe, è quello di apparire particolarmente efficienti, produttivi e dinamici, mentre in realtà essi sono *parassitari* (perché dipendono dallo sfruttamento del lavoro e delle risorse altrui), *statici* (perché non vogliono assolutamente cambiare stile di vita, anzi fanno di tutto per conservarlo) e *autodistruttivi* (perché minano alle fondamenta il rapporto dell'uomo con la natura e con se stesso).

Un imperialismo "politico-militare" è necessario al capitalismo mondiale proprio al fine di conservare lo *status quo*, non tanto per estendersi geograficamente. È dalla prima guerra mondiale che il capitalismo

170

non ha più la possibilità di occupare nuovi territori da colonizzare. L'occupazione può essere solo a livello economico-commerciale (p. es. attraverso le multinazionali) o finanziario (p.es. il debito internazionale).

Il crollo del socialismo reale può anche svolgere la funzione di ritardare la creazione dell'imperialismo "politico-militare" (guidato dagli Usa), poiché i nuovi mercati che si aprono possono servire come valvola di sfogo all'espansione del capitale, ma se l'occidente non decide d'incamminarsi sulla via del socialismo democratico, ad un certo punto dovrà per forza riproporsi l'esigenza di controllare con sicurezza il proprio impero (vedi ad es. la guerra contro l'Irak, vera cartina di tornasole dello stretto legame esistente tra imperialismo e risorsa petrolifera, che di tutte quelle che garantiscono il dominio mondiale è la decisiva).

Infatti i paesi ex-comunisti, sia che accettino il socialismo autogestito (quello realmente democratico) o il capitalismo *tout-court*, è difficile che permettano all'occidente di fare affari sui loro territori senza trarne alcun vantaggio: non vorranno certo essere trasformati in una nuova "periferia" della metropoli occidentale. La cultura dell'"alternativa" (al modello occidentale) qui è abbastanza forte perché ciò non debba accadere.

In ogni caso l'esigenza dell'imperialismo politico-militare sarà determinata non tanto o non solo dalla decisione dei paesi ex-comunisti di restare liberi e indipendenti, ma anche e soprattutto dai tentativi del Terzo mondo di emanciparsi economicamente dalla dipendenza neo-coloniale che da secoli lo affligge.

È probabile, in tal senso, che quando l'emancipazione economica del Terzo mondo si farà strada con più sicurezza di quanto fino ad oggi è accaduto, dai paesi ex-comunisti si guarderà all'occidente con maggior disincanto, in quanto ci si renderà meglio conto che tanta parte del nostro benessere si regge sullo sfruttamento di una buona fetta del genere umano. Ciò che oggi non può ovviamente apparire nei media borghesi (stenta persino ad apparire nella pubblicistica di sinistra!). Il fatto è che non si vuole assolutamente ammettere (soprattutto adesso che il cosiddetto "impero del male" è crollato) quanto i principi democratici dell'occidente siano in realtà una colossale truffa ai danni dell'umanità.

La stessa sinistra occidentale ritiene che la democrazia borghese sia già "compiuta" sul piano politico-istituzionale, e che gli unici ritocchi vadano fatti in campo socio-economico, senza per questo dover parlare di "collettivismo" o di "socializzazione (non statalizzazione) dei mezzi produttivi"! Il socialismo non deve essere altro, per questa sinistra, che la "forma suprema" di razionalizzazione del capitale...

L'interdipendenza globale e locale

Ormai non c'è più nessun problema che l'umanità possa pensare di risolvere restando divisa in Stati e nazioni. Rifiutare l'interdipendenza significa condannarsi al sottosviluppo. Ma accettarla significa che gli enti, i soggetti in causa devono porsi in modo paritetico. *Non c'è vera interdipendenza senza uguaglianza.*

Oggi si è capito che l'umanità è non solo caratterizzata da *discontinuità* e *diversità* (si pensi p.es. alle diverse formazioni sociali), ma anche da *integrità* e *unicità* (nel senso p. es. che le contraddizioni tra le varie formazioni devono svilupparsi all'interno dell'unità globale e strutturale della società umana).

Dobbiamo, in sostanza, stare uniti (e lottare per questa unità) nella consapevolezza delle diversità che ci caratterizzano (e che possono anche dividerci). Il rifiuto di questa necessità, oggi, coi mezzi bellici che abbiamo a disposizione, può portare la civiltà alla barbarie.

La formula dialettica dell'unità e della lotta dei contrari è familiare al marxismo. In questo momento si sta cercando di ridimensionare la valorizzazione unilaterale del momento della "lotta" a vantaggio di quello dell'"unità". La globalità del mondo è consolidata dall'interdipendenza dei suoi elementi, che va aumentando di continuo. Ma se l'unità non è voluta da tutti, sarà inevitabile il predominio della lotta. L'unità è un bene assoluto; la lotta un bene relativo (relativo cioè al fatto che il suo obiettivo resta sempre quello dell'unità).

La diversità non è un ostacolo allo sviluppo, ma anzi un suo fattore propulsivo. Ora però occorre capire che il "potere" (di decidere) va diviso in parti uguali, altrimenti l'unità ricercata sarà soltanto funzionale agli interessi dei paesi più forti e, in questi paesi, soprattutto agli interessi delle classi più forti.

Interdipendenza significa mettersi al servizio dei bisogni dell'intera umanità. Perché questo si realizzi dev'essere la stessa umanità (e non poche nazioni) a interpretare la natura di tali bisogni, facendosi garante della giusta modalità per soddisfarli.

Oltre a ciò bisogna affermare che, per essere efficace, democratica e umanistica, l'interdipendenza, su scala mondiale, deve procedere in modo parallelo all'interdipendenza su scala locale. Nel senso cioè che quanto più si afferma una coscienza e una prassi universale delle cose (a livello economico, sociale, politico, culturale...), tanto più gli uomini devono sentirsi padroni dello *spazio locale* del loro habitat, altrimenti avranno la percezione d'essere dominati da meccanismi infinitamente più grandi della loro volontà, del tutto incontrollabili.

172

Soltanto attraverso la *gestione diretta e locale dei nostri bisogni*, potremo evitare di fare discorsi astratti sull'interdipendenza universale. È solo nell'ambito locale che si può verificare il grado di maturità sociale, culturale e politica delle masse e dei singoli individui. Quel politico che rinunciasse all'impegno locale per un impegno nazionale, sovranazionale o addirittura universale sarebbe destinato, inevitabilmente, all'astrattezza, alla demagogia o al populismo, anche se gli strumenti a sua disposizione potrebbero artificialmente ridurgli il tempo e lo spazio come più desidera. La simulazione non solo non può mai riprodurre fedelmente la realtà, in quanto la libertà umana può essere espressa solo da se stessa, ma, per essere verosimile, deve anche porsi continuamente al servizio della realtà, nel senso che dev'essere la realtà (sociale in primo luogo) a decidere il significato e le modalità d'uso della simulazione.

L'impegno universale dev'essere sempre e comunque un riflesso dell'impegno locale.

È possibile liberarsi del colonialismo?

Può un paese prevalentemente agricolo liberarsi del colonialismo quando il paese che lo sfrutta è industrializzato? Il marxismo ha sempre detto di no, almeno finché anche la colonia non si industrializza.

Eppure l'Ottobre russo venne fatto in un paese prevalentemente agricolo, e con questa struttura agricola si poté vincere la controrivoluzione interna e persino l'interventismo di potenze straniere ben industrializzate. Non solo, ma quando, a rivoluzione compiuta e consolidata, si cercò, con lo stalinismo, d'imporre l'industrializzazione a tutto il paese, scoppiò una tragedia d'incalcolabile portata.

È vero, dopo l'Ottobre la Russia non fu colonizzata da nessun paese occidentale, ma è anche vero che oggi essa è stata conquistata dalle idee della borghesia e dalla prassi del capitalismo, seppur sotto un controllo statale. Dunque, è servito a qualcosa avviare un processo di industrializzazione con cui cercare di evitare il colonialismo occidentale? O doveva maturare anche qualcos'altro?

Indubbiamente il colonialismo e l'imperialismo non favoriscono lo sviluppo industriale nelle colonie, preferendo puntare sulla specializzazione di determinate colture agricole, che sono favorite da particolari condizioni climatiche o di altra natura. Il che non esclude che singole aziende multinazionali non possano servirsi di lavoratori delle colonie per produrre particolari beni industriali (ivi inclusi quelli energetici), i quali lavoratori, ovviamente, saranno sottopagati rispetto agli standard occidentali. Il capitale non ha confini geografici.

Tuttavia non è detto che il paese colonizzato non possa liberarsi del colonialismo solo perché è prevalentemente agricolo. L'India ha forse avuto bisogno di industrializzarsi prima di liberarsi degli inglesi? Oppure prendiamo l'Italia o il Giappone, paesi fortemente industrializzati: da quando hanno perso la II guerra mondiale sono forse riusciti a liberarsi del colonialismo statunitense?

Presi in sé gli aspetti tecnico-materiali risultano irrilevanti quando ci si vuole liberare del colonialismo. Sono decisivi, invece, quelli soggettivi e organizzativi. Una resistenza popolare può risultare efficace anche senza l'apporto dell'industrializzazione. Non bisogna infatti dimenticare che il capitalismo non è solo un determinato modo di produzione, ma è anche una cultura, una mentalità. Laddove s'impone la produzione industriale, tende ad affermarsi anche lo stile di vita borghese, e quanto più questo stile di vita si estende, si approfondisce, tante meno possibilità vi sono per liberarsi del colonialismo. L'idea di benessere corrompe anche i più convinti sostenitori dell'indipendenza nazionale.

Non è stato abbastanza curioso che l'elaborazione nettamente rivoluzionaria delle idee politiche del socialismo sia avvenuta non tanto in Europa occidentale (se si escludono i due momenti, abbastanza circoscritti, del 1848 e della Comune di Parigi), dove già si erano sviluppati il socialismo utopistico e scientifico, quanto piuttosto nella Russia semifeudale e proto-capitalistica, dove le idee socialiste, in riferimento allo sviluppo industriale, erano tutte un prodotto d'importazione? La Russia, al massimo, conosceva quella forma embrionale di socialismo agrario chiamata obščina o mir.

E non è stato piuttosto sconcertante che i dirigenti socialisti dei partiti euroccidentali della II Internazionale non capirono nulla dell'importanza politica della rivoluzione bolscevica? Da questi atteggiamenti si ha l'impressione che una liberazione dal colonialismo, dall'imperialismo, dal capitalismo possa avvenire soltanto in paesi materialmente poveri.

I limiti di Cheik Anta Diop

La tesi fondamentale che questo storico africano sostiene è la seguente: l'Egitto dei faraoni, e non la Grecia, andrebbe considerato il padre della civiltà europea, e sarebbe un Egitto tutto africano, antichissimo, in grado d'influenzare (sul piano culturale, sociale, politico) tutte le culture e civiltà limitrofe, da quelle ittita, fenicia, ebraica sino a quella greco-romana. L'Africa quindi non è un continente senza storia, ma la fonte della civiltà europea, che quest'ultima però, evolvendo in maniera irrazionale, non ha voluto riconoscere. Ed è stato per colpa del colonialismo

174

europeo se l'Africa non ha potuto svilupparsi, pur avendone tutte le premesse fondamentali. Essa quindi deve emanciparsi completamente dalla civiltà occidentale (capitalistica) se vuole avere un proprio futuro.

Cosa c'è che non va in questa tesi?

1. Anzitutto andrebbe specificato che l'Egitto faraonico fu una civiltà schiavistica, seppure non nella forma privata della cultura greco-romana, bensì in quella pubblica, che si ritrova anche in Asia e Americalatina. Certo, questa civiltà può essere considerata alla base di quella europea, ma al momento abbiamo bisogno di trovare un'alternativa radicale al capitalismo: non serve a nulla cercare delle radici africane alla cultura schiavistica europea.

2. Noi dobbiamo valorizzare quei modelli pre-schiavistici che sono stati distrutti dalle civiltà schiavistiche, private o statali che siano. Per svilupparsi l'Africa non ha bisogno di diventare come l'attuale Europa occidentale: non deve illudersi che sia sufficiente prendere la scienza e la tecnica dell'occidente e innestarla in un contesto di vera democrazia e uguaglianza sociale. Tale errore è già stato compiuto dal cosiddetto "socialismo reale" dell'Europa dell'est.

3. Indubbiamente l'Africa deve liberarsi completamente da qualunque forma di colonialismo, ma subito dopo deve chiedersi che tipo di economia alternativa vuole realizzare. In tal senso scegliere un'economia di mercato o totalmente pianificata dall'alto sarebbero errori capitali. Prima che scompaiano del tutto l'Africa deve tornare a valorizzare le esperienze lontane dai mercati e dagli Stati centralizzati. Deve valorizzare le culture e le società che rispettano la natura, che garantiscono le modalità per praticare l'autoconsumo, l'autosussistenza alimentare, e che favoriscono la democrazia diretta.

Conclusione

Perché tutte le volte che si comprende come dovrebbero funzionare le cose, si finisce sempre col fare il contrario? Esiste una regola generale che possa spiegare il meccanismo di questo fenomeno, oppure dobbiamo attribuirlo alla casualità, cioè al fatto che l'incoerenza può anche non accadere?

Prendiamo ad es. la destalinizzazione inaugurata da Krusciov nel 1956. In virtù di essa ci si sarebbe dovuti aspettare un aumento della democrazia; invece, a partire da Brežnev, si sviluppò la stagnazione. Prendiamo l'esempio ancora più clamoroso della *perestrojka* di Gorbaciov, iniziata nel 1985: chi avrebbe immaginato che, dopo di essa, si sarebbe sviluppata, con Eltsin e Putin, una Russia del tutto capitalistica?

Cos'è che impedisce agli uomini d'essere coerenti coi loro ideali? Esempi come questi si trovano anche nelle rivoluzioni borghesi compiute dal 1688 al 1789 in Inghilterra, Stati Uniti e Francia. Proprio nel momento in cui si affermano i princìpi della democrazia, si sviluppa la dittatura, più o meno mascherata.

In Italia abbiamo avuto la Controriforma dopo oltre mezzo millennio di vita borghese o, se vogliamo, dopo oltre un secolo d'incredibile sviluppo di idee laiche espresse dall'Umanesimo e dal Rinascimento. Abbiamo fatto l'unificazione nazionale in nome degli ideali francesi di libertà, uguaglianza e fratellanza, e ci siamo ritrovati nella dittatura dei Savoia. Mussolini voleva fare una rivoluzione socialista e finì col realizzare il suo opposto.

Se sapessimo individuare la regola che c'induce a fare il contrario di ciò che vorremmo, forse potremmo commettere meno errori. Partiamo anzitutto da un fatto incontrovertibile: noi ereditiamo dal passato delle situazioni conflittuali che non ci agevolano ma ci *condizionano* pesantemente nel compito di realizzare un'alternativa. Nei confronti di questi condizionamenti si hanno, in genere, due atteggiamenti opposti: o si ritiene che siano troppo gravosi per poterne prescindere, oppure si ritiene che il loro peso non sia così gravoso da impedire la realizzazione dell'alternativa.

Quando si propende per il primo atteggiamento, e si vuole comunque realizzare un'alternativa, la tendenza è quella di diventare autoritari, cioè di affrontare le situazioni dall'alto, usando le leve delle istituzioni, che oggi coincidono con lo Stato.

Quando invece si propende per il secondo atteggiamento, non si capisce mai fino a che punto ci si possa spingere a favore della democrazia. Cioè si teme sempre che la situazione generale, a motivo di talune importanti concessioni fatte, possa sfuggire di mano. Ed è proprio in virtù di questa incertezza che, dopo un certo tempo, finisce col prevalere la soluzione autoritaria.

Dunque, perché quando si pensa che i condizionamenti del passato non siano così gravosi per realizzare l'alternativa, non si riesce mai ad assumere un atteggiamento coerente? Il motivo sta proprio nel fatto che non siamo abituati alla *democrazia*, sicché temiamo, quando la vediamo svilupparsi, ch'essa si trasformi velocemente in *anarchia*, cioè in un tipo di organizzazione sociale in cui gli interessi particolari o soggettivi finirebbero col prevalere sugli ideali generali o sul bene comune.

Sono 6000 anni che pensiamo che il concetto di "democrazia" non possa prescindere dal concetto di "istituzione", proprio perché sono 6000 anni che il concetto di "istituzione" domina incontrastato. Cioè anche quando s'è lottato per abbatterla, in quanto si era convinti ch'essa facesse unicamente gli interessi delle classi dominanti, alla fine, nel migliore dei casi, ci si è soltanto limitati a sostituirla con un'altra. E così siamo passati da istituzioni favorevoli allo schiavismo, al servaggio, ai capitalisti e alla nomenklatura di un partito e ai funzionari dello Stato.

Quando si fanno le rivoluzioni è troppo forte la tentazione di servirsi delle medesime istituzioni che si sono abbattute. I motivi possono essere leciti o illeciti, comprensibili o inaccettabili: p. es. il timore di vedere sconfitta la rivoluzione, in seguito agli attacchi del nemico; il desiderio di diventare una persona di potere; la convinzione di poter accelerare il conseguimento degli obiettivi rivoluzionari, ecc. Qualunque sia la motivazione, ciò che manca è la *fiducia nella popolazione*, soprattutto in quella che ha compiuto il rivolgimento istituzionale.

A questo punto ci si può chiedere quale sia la regola per evitare questa pericolosa involuzione autoritaria. La regola può essere una sola: o la democrazia si *autogestisce* o, col tempo, si tradisce. Detto in altre parole: o la democrazia è *diretta dal popolo*, oppure quella delegata e rappresentativa è destinata, prima o poi, a trasformarsi in una dittatura.

Permettere che la democrazia si autogestisca implica una *concessione di fiducia* ai cittadini. Se non si corre questo rischio - che ovviamente può comportare degli esiti catastrofici per la rivoluzione -, il tradimento è assicurato. Ma se tradimento deve esserci, è meglio che vi sia mentre si cerca, dal basso, di costruire la democrazia, e non perché questa, dall'alto, è stata trasformata in una dittatura. Cioè se il destino è quello di tradire degli ideali rivoluzionari, è meglio che di esso si faccia carico la stessa popolazione che avrebbe dovuto realizzarli, piuttosto che un'élite di intellettuali, che quando parlano di democrazia dicono di farlo in nome del popolo.

Questo peraltro è l'unico modo efficace per far capire alla popolazione che, se non è capace di realizzare la democrazia, lo deve unicamente a se stessa, e che quando vorrà imparare dai propri errori, non dovrà aspettarsi una soluzione dall'alto. In ogni caso fino a quando non saranno finite tutte le illusioni nei confronti del sistema sociale che si vive, difficilmente si riuscirà a liberarsi del peso dei suoi condizionamenti. Gli uomini sono così abituati alle illusioni che hanno bisogno di gravi catastrofi per smettere di credervi. Devono arrivare al punto di non avere più alcuna certezza: in quei momenti o si diventa rivoluzionari o ci si comporta peggio delle bestie.

Bibliografia su Amazon

Memorie:
Sopravvissuto. Memorie di un ex
Grido ad Manghinot. Politica e Turismo a Riccione (1859-1967)
Storia:
Homo primitivus. Le ultime tracce di socialismo
Cristianesimo medievale
Dal feudalesimo all'umanesimo. Quadro storico-culturale di una transizione
Storia dell'Inghilterra. Dai Normanni alla rivoluzione inglese
Scoperta e conquista dell'America
Il potere dei senzadio. Rivoluzione francese e questione religiosa
Cenni di storiografia
Herbis non verbis. Introduzione alla fitoterapia
Arte:
Arte da amare
La svolta di Giotto. La nascita borghese dell'arte moderna
Letteratura-Linguaggi:
Letterati italiani
Letterati stranieri
Pagine di letteratura
Ribaltare i miti: miti e fiabe destrutturati
Pazìnzia e distèin in Walter Galli
Dante laico e cattolico
Grammatica e Scrittura. Dalle astrazioni dei manuali scolastici alla scrittura creativa
Poesie:
Nato vecchio; La fine; Prof e Stud; Natura; Poesie in strada; Esistenza in vita; Un amore sognato
Filosofia:
Laicismo medievale
Ideologia della chiesa latina
L'impossibile Nietzsche
Da Cartesio a Rousseau
Rousseau e l'arcantropia
Il Trattato di Wittgenstein
Preve disincantato
Critica laica
Le ragioni della laicità
Che cos'è la coscienza? Pagine di diario
Che cos'è la verità? Pagine di diario
Scienza e Natura. Per un'apologia della materia
Spazio e Tempo: nei filosofi e nella vita quotidiana
Linguaggio e comunicazione

Interviste e Dialoghi
Economia:
Esegeti di Marx
Maledetto capitale
Marx economista
Il meglio di Marx
Etica ed economia. Per una teoria dell'umanesimo laico
Le teorie economiche di Giuseppe Mazzini
Politica:
Io, Gorbaciov e la Cina (pubblicato dalla Diderotiana)
L'idealista Gorbaciov. Le forme del socialismo democratico
Il grande Lenin
Cinico Engels
L'aquila Rosa
Società ecologica e democrazia diretta
Stato di diritto e ideologia della violenza
Democrazia socialista e terzomondiale
La dittatura della democrazia. Come uscire dal sistema
Dialogo a distanza sui massimi sistemi
Diritto:
Siae contro Homolaicus
Diritto laico
Psicologia:
Psicologia generale
La colpa originaria. Analisi della caduta
In principio era il due
Sesso e amore
Didattica:
Per una riforma della scuola
Zetesis. Dalle conoscenze e abilità alle competenze nella didattica della storia
Ateismo:
L'Apocalisse di Giovanni
Amo Giovanni. Il vangelo ritrovato (ed. Bibliotheka)
Pescatori di uomini. Le mistificazioni nel vangelo di Marco
Contro Luca. Moralismo e opportunismo nel terzo vangelo
Metodologia dell'esegesi laica. Per una quarta ricerca
Protagonisti dell'esegesi laica. Per una quarta ricerca
Ombra delle cose future. Esegesi laica delle lettere paoline
Umano e Politico. Biografia demistificata del Cristo
Le diatribe del Cristo. Veri e falsi problemi nei vangeli
Ateo e sovversivo. I lati oscuri della mistificazione cristologica
Risorto o Scomparso? Dal giudizio di fatto a quello di valore
Cristianesimo primitivo. Dalle origini alla svolta costantiniana
Guarigioni e Parabole: fatti improbabili e parole ambigue
Gli apostoli traditori. Sviluppi del Cristo impolitico

Indice